船舶电工工艺

主　编　邓　颖
副主编　陈双全　姜春萌　赵澄澄
主　审　吕金华

哈尔滨工程大学出版社
Harbin Engineering University Press

内容简介

本教材依据船舶电气工艺施工的岗位内容进行编写，全书采用理实一体化的架构，突出船舶电气施工工艺标准的学习，并保证船舶电气工艺学科知识体系的完整性。

全书突出能力训练，着力培养学生分析和解决实际问题的能力。全书内容包括船舶电工工艺初探、船舶电气设备安装作业、船舶电缆敷设作业、船舶电气设备接线作业以及船舶 EMC 作业共计五大项目，十六个任务。每个项目有德育导向，每个任务有知识链接，重要章节还配置立体化教学资源，任务实施中有明确的动手操作步骤，可使学生构建理论和实践的有机联系。

本教材以实用和标准化为原则，兼顾了知识的体系化；以项目驱动组织教学内容，以培养高技能型人才的实践能力为重点，突出实用性。

本教材可作为船舶电气类专业高职、中职学生，成人大专，职工培训教材，也可以供从事船舶电气工程技术人员自学使用。

图书在版编目（CIP）数据

船舶电工工艺/邓颖主编. —哈尔滨 ：哈尔滨工程大学出版社，2023.12

ISBN 978-7-5661-4154-5

Ⅰ. ①船… Ⅱ. ①邓… Ⅲ. ①船用电气设备-电工技术-高等职业教育-教材 Ⅳ. ①U665

中国国家版本馆 CIP 数据核字（2023）第 225078 号

船舶电工工艺

CHUANBO DIANGONG GONGYI

选题策划 史大伟　雷　霞
责任编辑 刘海霞
封面设计 李海波

出版发行 哈尔滨工程大学出版社
社　　址 哈尔滨市南岗区南通大街 145 号
邮政编码 150001
发行电话 0451-82519328
传　　真 0451-82519699
经　　销 新华书店
印　　刷 哈尔滨午阳印刷有限公司
开　　本 787 mm×1 092 mm　1/16
印　　张 15.5
字　　数 397 千字
版　　次 2023 年 12 月第 1 版
印　　次 2023 年 12 月第 1 次印刷
书　　号 ISBN 978-7-5661-4154-5
定　　价 49.00 元

http://www.hrbeupress.com

E-mail:heupress@hrbeu.edu.cn

前　言

我国2022年修订的《中华人民共和国职业教育法》规定，职业教育是与普通高等教育具有同等重要地位的教育类型，当前职业教育已经从规模扩张进入全面深化教育教学改革和提质培优的新阶段。本教材在总结高职高专国家示范重点专业建设经验基础上，根据国家高等职业学校船舶电气工程技术专业标准进行编写。利用国家级职业教育资源库，通过校企合作，以项目驱动式的学习情境编写模式，以企业所要求的职业知识、职业素养和职业能力为内涵，深入浅出地把知识技能和岗位能力融入五个项目中。本教材是符合船舶电气施工岗位培养目标和教学改革要求的一套新形态教材。

本教材为立体化教材，按照“项目导向，任务驱动”的教学模式编写。根据船舶电气施工内容的需求，选取了五个项目覆盖电气工艺的主要工作内容，并且结合项目特点将每个项目分为若干任务，分别由任务描述、知识链接、任务实施、知识拓展几个部分组成。在重要的项目中还配套了微课或动画等立体资源以供船舶电气工程技术人员学习。教学上，建议56学时为宜。

本教材以郑悬老师主编的《船舶电气工艺设计与施工》和宋谦老师主编《船舶电工制作》为基础，在充分研究了船舶电气设备生产业、船舶制造业技能型人才对岗位知识和技能需求前提下改编而成。在项目任务选取中，尽量做到了覆盖船舶电气设计、船舶电气设备安装、船舶电缆的选择和敷设、船舶电气设备接线、船舶电气接地的全部知识点，结合船舶制造行业的新技术、新工艺，对教材内容、教学资料进行了整合，它是一本基于生产过程，以能力培养为特色，知识体系较为完备的应用型教材。

本教材面向船海类专科院校，是船舶电气工程技术专业及相关专业学生的一门核心专业课的教材。通过该课程的学习，学生可全面掌握船舶电工工艺中图纸、各种舾装件制作、设备及电缆安装工艺等多方面、全过程的专业知识，为毕业后从事船舶与海洋工程方面的工作打下坚实的理论和实践基础。本教材还可作为船舶行业工程技术人员培训教材，为船舶行业内人员提供专业参考与借鉴。

本教材由武汉船舶职业技术学院邓颖高级工程师主编，武汉船舶职业技术学院陈双全老师、姜春萌老师以及招商邮轮制造有限公司赵澄澄主任副主编，武昌船舶重工集团有限公司叶茂高级工程师以及武汉船舶职业技术学院的王高阳老师、郑智老师、徐蓝青老师、杨金福老师、曾鸣老师参编,吕金华教授主审。其中,赵澄澄主任编写了项目一,邓颖高级工程师编写了项目二、项目三,姜春萌老师编写了项目四,陈双全老师编写了项目五,王高阳老师、郑智老师、徐蓝青老师、杨金福老师、曾鸣老师分别参与了项目一~项目五的资料整理工作。招商邮轮制造有限公司孙海涛高级工程师、上海智鹏科技有限公司张军总监、湖北海洋工程装备研究院张顺工程师也参与了部分任务的编写与指导工作。本教材编写的过程中还得到了武汉船舶职业技术学院唐依鸣老师、黄金花老师、祝福老师、周民老师、黄罗朋老师的大力帮助,在此一并表示感谢!

由于编者水平有限,经验不足,书中难免会存在一些缺点和不足,诚挚希望广大读者批评指正。

编 者

2023 年 6 月

目　　录

项目一

船舶电工工艺初探

德育启迪

中国"辽宁号"航空母舰建造全过程

2012年9月25日,中国第一艘航空母舰——"辽宁号"正式下水,交付海军使用!

但是,谁能想到,这艘装备精良的航空母舰,在十几年前,居然是一艘荒废数年,舰上设施已经被拆卸干净,甚至连动力系统都没有的废弃船只!

2003年,我国海军以及中国船舶重工集团有限公司(简称中船重工)的科研专家们登上"瓦良格号",并对其进行实船勘验。

在勘验过程中,专家们发现,由于苏联极为出色的钢材加工技术,以及十分精细的船体防腐蚀处理,这艘已经经过近二十年风吹雨淋的废弃航母,其舰体所使用的外部钢板几乎是全新的!除了舰体钢板完好外,这艘航母并没有受到过结构性损伤,整体质量极为优秀!而在勘验航母的内部系统时,专家们还发现,这艘航母的动力系统并没有被黑海造船厂所拆毁。除了少部分的线路受到损伤外,4台rT3A-674型舰用齿轮传动汽轮机组、8台KBr-4型燃油锅炉以及THA-4型涡轮泵附件等原装动力装置保存得全都十分完好。可以说,"瓦良格号"简直就是我国积累航母建造经验,提升技术水平的最佳平台。在"瓦良格号"的帮助下,我国对于航母的研究可以节省近二十年的时间,而这对于时间极为紧迫的我们来说,无疑是极为关键的助力!在经过了多次讨论后,中央最终决定,开始对"瓦良格号"进行改造,中国终于踏出了发展航母事业的第一步。

2005年4月26日,在全体工作人员的注视下,"瓦良格号"被拖进大连造船厂内的30万吨级船坞,针对"瓦良格号"的改造正式开始!在此船坞中,"瓦良格号"重新上漆,并且将原先在黑海造船厂被拆卸掉的供电系统、照明系统、通风系统等各种设备重新安装。在将这些最基础的工作完成后,"瓦良格号"就从无法运转的废弃船只,变成了一艘可以运转的正常船只。在保证"瓦良格号"能够正常运转后,接下来要做的,就是为"瓦良格号"安装极为重要的作战系统!

首先,作为一艘航母,"瓦良格号"必须具备让舰载机可以起飞与着陆的能力,因此,技术人员很快便开始为其装配飞机光学着陆系统以及着陆拦阻装置等多个保证飞机可以正常起降的模块。随后,为了保证航母自身的安全,技术人员开始为"瓦良格号"安装包括18联装的红旗10防空系统以及国产1130近防炮在内的诸多极为先进的舰载武器。

2009 年 4 月 27 日，“瓦良格号”离开了原先的船坞，前往大连船舶重工集团有限公司新建造的 30 万吨级船坞。在这个新船坞中，“瓦良格号”被铲去了原先的俄文舰名，这也意味着“瓦良格号”正式跟它的过去说再见，从此之后，世界上只有中国的第一艘航空母舰！2011 年 8 月 10 日，初步改装完成的航空母舰开始进行第一次试航，8 月 14 日，完成了试航的航空母舰回到了港口。

在经过此次试航后，一些问题也暴露了出来，在经过了对船只的重新调整后，2011 年 10 月 29 日，航母进入大连湾进行了第二次海试。在随后的一年时间中，我们的第一艘航空母舰又陆续经历了 7 次出海试航，在不停的调整中，我们的第一艘航空母舰终于达到了验收标准，可以正式交付海军服役！

2012 年 9 月 25 日，舷号为“16”的“辽宁号”正式交付海军，我国终于成为拥有航空母舰的国家！

“辽宁号”对于我国海军发展的意义完全称得上是划时代的，它正式弥补了我国海军远洋作战的短板，在装配了歼-15 舰载战斗机后，“辽宁号”航母编队的打击范围可以扩大到方圆近两千千米，总面积达到数十万平方千米的作战区域。因此，“辽宁号”的下水，十分有力地维护了我国远海地区的合法权益，保证我们的国家利益不受任何势力的侵害！

同时，“辽宁号”为我国海军提供了宝贵的学习机会！通过“辽宁号”航母的建造，我国积累了大量关于航空母舰建造方面的经验。依靠着这些经验的指导，我们在建造国产航空母舰时避免了许多问题，这极大程度地帮助了我国进行国产航空母舰的建造，为我国海军训练出了更多的人才！

（摘自网络）

知识目标

1. 了解常见船型的特点。
2. 了解船舶分段的基本概念。
3. 掌握船舶电气建造工艺原则。
4. 掌握船舶电气工艺流程和内容。

能力目标

1. 能够对船舶图纸进行初步认知。
2. 能够制定船舶电气建造施工流程。
3. 能够制定电气设计阶段任务书。

任务一 船舶初认知

任务描述

走进船舶建造厂可以发现，码头上停泊着各种各样的船舶，其按照用途来分，可以分为客货船、普通货船、集装箱船、滚装船、特种货船等多种多样的船舶，这些船舶由于用途不同其特点也不尽相同，请说说这些船舶各有什么特点。

相关知识

一、船型认知

船舶分类方法很多，可按用途、航行状态、船体数目、推进动力、推进器等分类。按用途分类一般分为军用和民用船舶两大类。军用船舶通常称为舰艇或军舰，其中有直接作战能力或海域防护能力者称为战斗舰艇，如航空母舰、驱逐舰、护卫舰、导弹艇和潜艇等，担负后勤保障者称为军用辅助舰艇。民用船舶一般又分为运输船、工程船、渔船、港作船等，以下列举几种船型进行介绍。

1. 豪华邮轮

豪华邮轮是造船业内的集大成者，是皇冠上的明珠，邮轮的主要功能是作为跨越大洋的交通工具。邮轮过去也叫邮船，负责洲际间或水上长距离间传送邮件，这类大型客船通常是航行在固定航线上并定期启航和按时到达的，于是这类大型客船便常被称为邮船。随着航空技术的发展，邮船逐渐完成历史使命，退出了历史舞台，取而代之的是大型豪华游船。

大型豪华游船主要服务对象是游客，而不是旅客，是那些喜欢享受海风、日光，喜爱广袤的大洋，喜爱到世界各地大城市观光，喜欢体会船上的五星级宾馆的服务和海上生活情趣的游客。这类大型豪华游船可以带点货，但承运邮件已不是它的主要任务了，所以习惯上把大型的豪华游船还是称为豪华邮轮。

2. 集装箱船

集装箱船又称“货柜船”，广义是指可用于装载国际标准集装箱的船舶；狭义是指全部舱室及甲板专用于装载集装箱的全集装箱船舶。其运货能力通常以装载 20 ft① 换算标准箱的箱位表示。第 1 艘集装箱船是美国于 1957 年用一艘货船改装而成的。由于它装卸效率

① 1 ft = 0.304 8 m。

极高,停港时间大为缩短,并减少了运输装卸中的货损,因而得到迅速发展。到 20 世纪 70 年代,集装箱船已经成熟定型。集装箱船的形状和结构与杂货船明显不同,它外形狭长,单甲板,上甲板平直,货舱口大,其宽度可达到船宽的 70%~80%,甲板和货舱口盖上有系固绑缚设备,以便固定甲板上装载的集装箱,货舱内部装有固定的格栅导架,以便于集装箱的装卸和防止船舶摇摆时箱子移动。

集装箱船的大小通常是以装载多少个 20 ft 标准箱(twenty feet equipment unit,TEU)来表示的。

集装箱船在技术上具有如下特点:

(1)追求高的载箱量,在舱内和甲板上装载尽可能多的集装箱。

(2)在追求载箱量的同时,追求高的平均箱重指标或在一定平均箱重(如 14 t/TEU)下追求高的载箱率。

(3)集装箱船的主尺度如船长、船宽和型深等主要由船舶的载箱量来决定。

(4)货舱开口大,货舱和货舱口的尺度规格化,货舱口宽度一般为船宽的 80%左右,最大有达 89%的,甚至更大。货舱口长度通常以能吊装 40 ft(或 2 只 20 ft)集装箱为好。

(5)稳性问题十分突出。甲板上堆装大量集装箱,会引起货物重心的升高及受风面积增大。在装卸舱内集装箱时,船舶横倾角不能大于 5°,以免集装箱被导轨卡住。

(6)航速高,主机功率大。为了保证定期班轮的准点率,新建的大型集装箱船的服务航速在 22 kn 以上,3 500 TEU 以上的第四代集装箱船的服务航速多数在 24 kn 以上,且其主机的储备功率也较大。新建中型集装箱船的服务航速均在 18 kn 以上,有的还达到 20~21 kn。新建 300 TEU 以上的小型集装箱船的服务航速也在 15 kn 以上。因此,船舶的方形系数相应较小。

3. 散货船

散货船是用以装载无包装的大宗货物的船舶。按载运货物的不同,又可分为矿砂船、运煤船、散粮船、散装水泥船、运木船等。这种船大都为单甲板,舱内不设支柱,但设有隔板,用以防止船在风浪中运行时舱内货物错位,又称散装货船。散货船专用于运送煤炭、矿砂、谷物、化肥、水泥、钢铁等散装物资,其数量仅次于油船。

典型的散货船有以下几种船型:

(1)20 万 t 以上的超大型散货船,主要装运矿砂;

(2)13 万~17 万 t 的好望角型(cape size)散货船,它是在苏伊士运河通航受阻时,为适应长航程、大载量的需求,由绕好望角航行的散货船发展而来的;

(3)6.4 万~7.3 万 t 的巴拿马型散货船,标准的巴拿马型散货船吃水 12.5 m,通常仅能获得 6 万 t 左右的载重量,在船长、船宽不变的条件下,将船舶吃水增加到 13.7~14.0 m,载重量增加到 7.3 万 t;

(4)4 万~4.8 万 t 灵便型(handy size)散货船,其结构吃水达到 11.7~12.0 m;

(5)2.7 万~3.4 万 t 大湖型散货船,此船型要通过圣劳伦斯航道,不但船宽受到很大限制,而且进入五大湖吃水不大于 7.92 m 时要获得大的载重量,部分船东提出载重量要大于 2 万 t,因此该船型船长较长,L/B 很大。

在散货船发展过程中,船型受到港口和航道水深的制约,出现了浅吃水肥大型船和超浅吃水肥大型船（B/T 在 4.0 以上），这种船型与常规型船舶相比，在吃水受到制约的情况下，同样的船长能极大地提高载重量，其经济性好。但需要指出的是，如果吃水不受到制约，那么浅吃水肥大型或超浅吃水肥大型船舶的经济性是比不上常规型船舶的，即随着航道的整治，原来优秀的浅吃水肥大型船舶将被常规型船舶所取代。

除了上述几种散货船以外，还有自卸散货船和大舱口散货船。大舱口散货船的特征是货舱开口大，在 70%船宽以上甚至达到 80%船宽以上，极大部分是箱形舱，舱容利用率高，货物装卸特别方便，载货品种广泛，适应性强。

4. 油轮

油轮是油船的俗称，是指载运散装石油或成品油的液货运输船舶，从广义上讲是指散装运输各种油类的船，除了运输石油外，还装运石油的成品油、各种动植物油、液态的天然气和石油气等。

其结构特点是：①用油泵通过管路装卸货物，故甲板上没有起货设备和大的货舱口，但设有人孔舱口。②由于石油易于挥发、燃烧和爆炸，因此载重量 2 万 t 以上的新造油船，须有惰性气体防爆设施，机舱须设在艉部。③货油舱用多道纵舱壁和多道横舱壁分隔，以减小自由液面对稳性的影响。④船体长深比大，弯曲力矩大，故多采用纵骨架式结构，以增加纵向强度。⑤现代大型油船须设有专用压载水舱，或用油舱装压载水，压载以前须将油舱洗净，因此油船必须设有原油洗舱设备。

油船发生海损事故造成的损失和危险远高于货船，对海洋污染和所承担的索赔可能远高于油船本身价值。因此，在设计时应首先考虑以预防为主，其次在发生事故后能及时把损失降低至最低限度。为此，在设计时采用先进导航系统、提高船舶操纵性能等，以达到避免或减少碰撞等事故，加强油船本身的保护性措施，如限制货油舱单舱的容量，货油舱区采用双壳体和惰性气体保护，设置有效的探测、报警和消防系统等，并且要求在发生事故后能即刻采取防止火灾、爆炸和减少溢油等针对性操作。对上述要求应从全船整体来考虑。

5. 海洋工程船

工程船是水上水下工程作业船舶，不同于运输船舶。其安装有特种机械，常见的海洋工程船主要有：海上浮吊船、半潜船、运输驳船、三维物探船、海底铺管船、油气勘探船、ROV 潜水支持母船、钻井支持驳船、自航钻井船、海上居住船支持船、三用工作船、平台供应船、海上建造船、海底井口干预船等。

三用工作船和平台供应船是海上钻井作业的常备船，也是建造量最大的两种海洋工程船，据统计，三用工作船的全球总量在 2015 年将达到 3 000 艘左右，平台供应船的总量也将达到 2 600 艘左右。

平台供应船（platform supply vessel，PSV）的主要任务是为海上平台运送人员和物资，随着深水开发的推进，PSV 的尺度和载重量越来越大，主流的船型达到 3 000 载重吨（DWT）以上，最大的接近 5 000 DWT，所能运载的物资不仅包括传统的燃油、钻井水、淡水等，还包括干散货系统、钻井泥浆和盐水、基础油、甲醇和乙二醇等特殊货物。

与之相比，三用工作船又称操锚供应拖轮（anchor handling tug supply，AHTS），不仅能对钻井平台等大型结构物进行远洋拖航，起、抛锚作业，动力定位和供应物资，而且，在特定情况下还能用作紧急救援船。与 PSV 最大的不同之处是，AHTS 自带拖缆机、鲨鱼钳，用来完成对海上设备进行拖带和锚泊;这类船舶的船尾通常是开敞式的,既可以装载专用锚具,又能进行高难度的拖缆和系缆作业。

上述两种船舶的共同之处在于通常设有一定数量的气动力散料输送系统(dry bulk handing system)和泥浆处理系统(liquid mud handling system)。散料输送系统的主要工作是把石油钻井材料(如水泥、重晶石粉、土粉等)通过气动力传输装置输送到平台;泥浆处理系统的工作则是根据平台的需求,将特定数量和种类的泥浆输送给平台,或者将平台多余的泥浆回收,送陆地做无污染处理。此外,为进行深海作业而建造的一大批新船,还装备有运载水合物抑制剂的甲醇/乙二醇输送系统,它是以液压驱动的高效泵送系统,符合《国际散装运输危险化学品船舶构造与设备规则》(简称 IBC 规则)和《经 1978 年议定书修订的<1973 年防止船舶造成海洋污染国际公约>》(简称 MARPOL 公约)等规定。

6. 破冰船

破冰船是用于破碎水面冰层,开辟航道,保障舰船进出冰封港口、锚地,或引导舰船在冰区航行的勤务船。

破冰船的特点:船身短而宽,长宽比值小,底部首尾上翘,艏柱尖削前倾,总体强度高,艏艉和水线区用厚钢板和密骨架加强。推进系统多采用双轴和双轴以上多螺旋桨装置,以柴油机为原动力的动力推进。螺旋桨和舵有防护和加强。破冰时,艏部压挤冰层在行进中连续破冰或反复突进破冰。

破冰船分为江河、湖泊、港湾和海洋破冰船。

7. 液化天然气船

液化天然气船是专门散装运输液态的石油气和天然气的船,也有人称其为特种油船。按其运输时液化气体的温度和压力,分为三种类型:

(1)压力式液化气体船:这种液化气体船,适用于近海短途运输少量的液化气体。它是在常温下,将气体加压至液化压力,把液化气体贮藏在高压容器中进行运输。这种运输方式,船体结构及操作技术都比较简单,但容器质量大,船舶的容量利用率低,不适用于建造大型高压容器。

(2)低温压力式液化气体船:把液化气体的温度控制在 45 ℃以下,但高于液化气体的沸点,在这样的温度范围内,把气体加压至液态进行运输。采用这种方式运输,对于液化气体的温度和压力都需要进行控制,舱内要隔热绝缘,并且设置冷冻装置。

(3)低温式液化气体船:在大气压力下,将气体冷却至液态的温度以下进行运输。船上设有温度和压力控制装置。它适用于运输大量的液化气体,目前这种类型的液化气体船较多。

二、船体分段认知

微课 船体分段认知

目前,船厂建造船体时一般采用分段制造、船台合拢的方法,即根据船体结构特点和船厂生产条件(包括起重能力)、船舶建造工艺等,将船体划分为若干分段,先在车间或其他场地的胎架或平台上分别建造,并将小型分段组装成大型分段或总段,最后在船台上依次合拢成完整的船体。

我们以散货船为例,散货船通常为专门散装运输谷物、煤炭、矿砂、水泥、化肥、卷筒钢板、废钢铁、纸浆、重货等散货的船舶。根据航线不同,运输的货物以其中一两种为主。其包括诸如矿砂船和兼装船等船型。散货船的结构如图 1-1-1 所示。

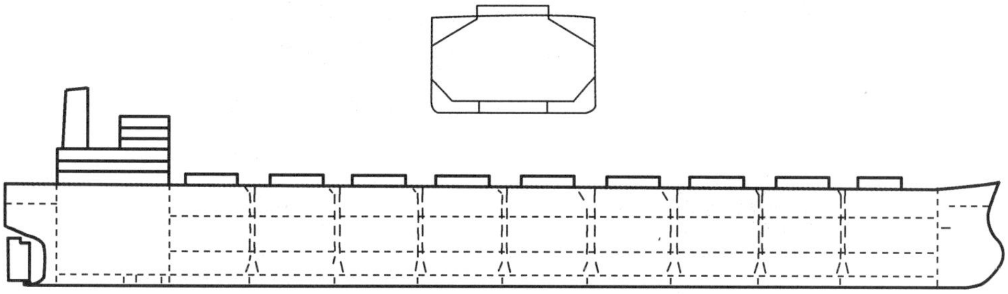

图 1-1-1　散货船的结构

1. 环形总段

环形总段(图 1-1-2)是由底部分段、舷侧分段、甲板分段及舱壁分段组成的。一般以底部分段为基准分段,依次将预先装焊并经检验合格的舱壁、舷侧和甲板分段吊到底部分段上组装。

2. 双层底分段

双层底分段(图 1-1-3)一般是指货舱的底部分段,其内底板又可分为平直的、舭部向下折角、舭部向上折角和阶梯状等四种。由于双层底分段的结构形式,通常建造方法有正身建造及反身建造,大多数船厂都采用反身建造,此方法简单,翻身次数少,危险性小,同时也增加了产品效益。

一般双层底都是反身装配,所以需要为双层底制造反身的胎架,对于这个可不能有半点马虎,因为装配的外板直接放在胎架上,若出现误差可能导致分段埋弧焊盖面时大面积变形。一般由现场质量控制小组用激光经纬仪进行测量,通过检验后方可将钢板放在胎架上进行装配。

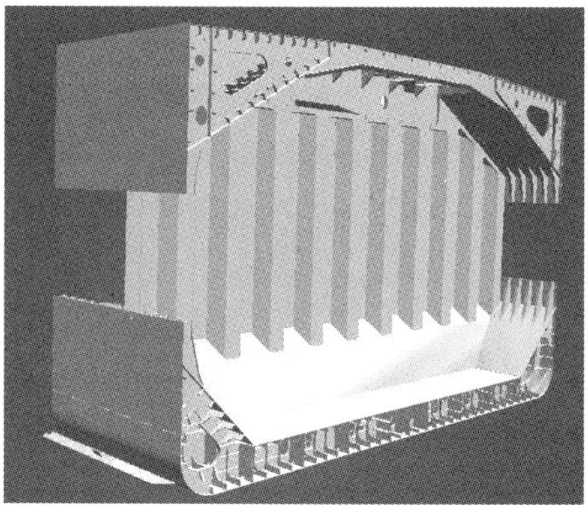

图 1-1-2　散货船环形总段

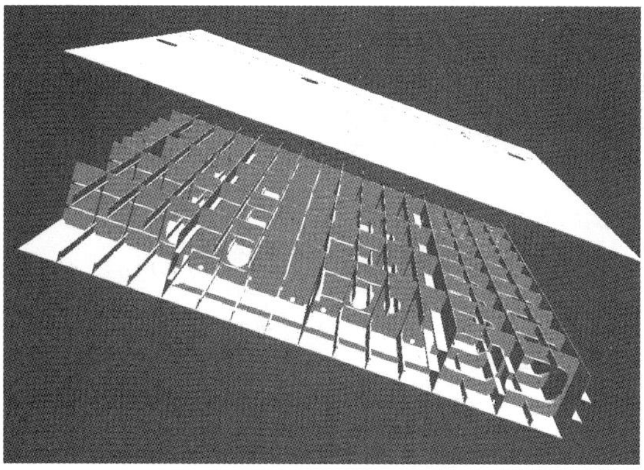

图 1-1-3　双层底分段

3. 底边舱

底边舱指船舶底部自龙骨以上至货舱以下的水密压载水舱,用于承载船舶压载水,调节船舶吃水深度和横、纵倾的舱室。压载水舱是专用于装载压载水的液体舱,用来调整船的重心位置、浮态和稳性,以及由重心升高而导致的稳性不足或吃水不适当的问题。在潜艇或车客渡船中,压载水舱还可起调节平衡的作用,如图 1-1-4 所示。

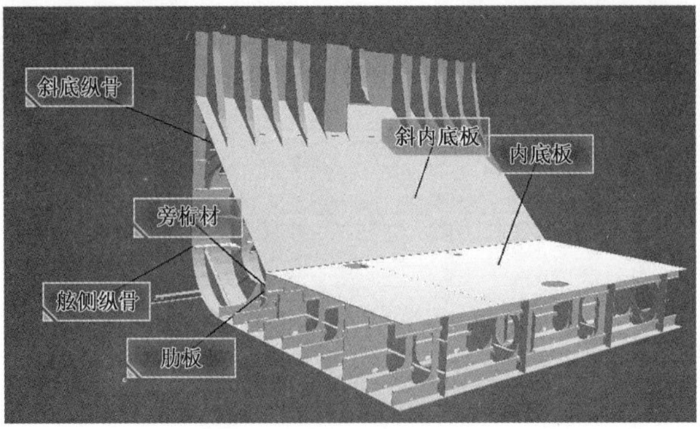

图 1-1-4　压载水舱

4. 顶边舱

顶边舱一般指散货船上位于货舱顶部两侧角隅处的舱,如图 1-1-5 所示。

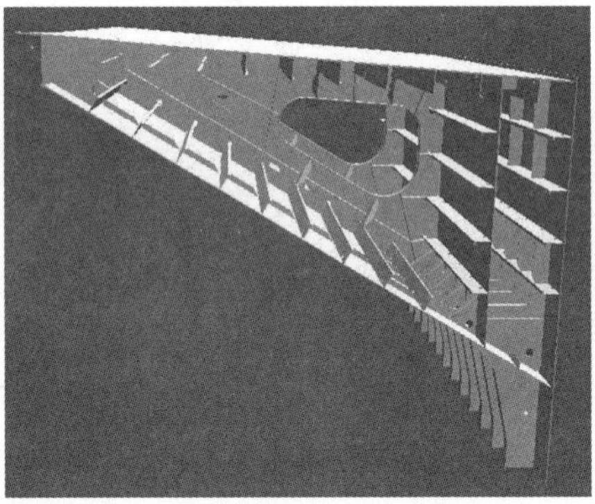

图 1-1-5　顶边舱

任务实施

任务名称:船体分段结构识别

一、目的

1. 通过项目的实施使学生掌握船体分段结构的特点,能够正确识别船体分段。
2. 通过项目的实施使学生掌握典型船型的特点。

二、实训条件准备

船舶电工工艺仿真软件。

三、项目内容及要求

1. 船型认识

船舶分类方法很多,可按用途、航行状态、船体数目、推进动力、推进器等分类,请根据用途标明图 1-1-6 中的船舶类型。

(a) ________

(b) ________

(c) ________

(d) ________

(e) ________

图 1-1-6

2. 船体分段结构认识

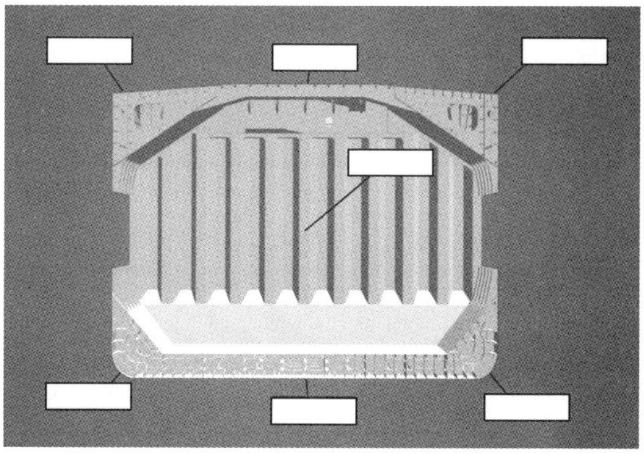

图 1-1-7

四、提交报告

各组代表展示作品，介绍任务完成情况，并完成评价表。

表 1-1-1　学生自评表

任务	完成情况记录
任务是否按计划时间完成	
相关理论完成情况	
技能完成情况	
材料上交情况	
收获	

表 1-1-2　学生互评表

序号	评价项目	小组互评	教师评价	总评
1	任务是否按时完成			
2	材料完成上交情况			
3	任务完成质量			
4	语言表达能力			
5	小组成员合作情况			

表 1-1-3　教师评价表

序号	评价项目	小组互评	教师评价	总评
1	学习准备			
2	引导问题填写			
3	规范操作			
4	完成质量			
5	关键操作要领掌握			
6	完成速度			
7	参与讨论主动性			
8	沟通协作			
9	展示汇报			
10	5S 管理(如有)			

注：评价档次统一采用 A(优秀)、B(良好)、C(合格)、D(努力)4 档。

知识拓展

一、船舶总布置图的识图

总布置图是表示全船总体布置图的图样，集中反映了船舶的技术、经济性能，是重要的全船图样之一。总布置图的主要用途有：

（1）表示船舶上层建筑的形式以及舱室、设备、门窗、通道等的布置情况；

（2）进行其他设计和计算的依据，例如全船质量、重心计算、系统设计、结构设计；

（3）作为绘制其他图样的依据，如绘制各类设备、系统布置图、门窗扶梯布置图等。

总布置图由主要量度栏和一组视图组成，其中视图主要由侧视图、甲板图、平台平面图、舱底平面图组成，从不同方向反映了船舶总体布置情况，它们之间保持着对应的投影关系。

1. 主要量度栏

主要量度栏中列有反映船舶技术、经济性能的一组数据，通常布置在图纸的右方，如图 1-1-8 所示，其内容一般有：船体主尺度、排水量、载货量或载客量、主机功率、转数、航速、船员定额、续航力、甲板间高度。

主要参数 PRINCIPLE DIMENSION

总长	Loa	Max. 229.00	m
垂线间长	Lbp	222.50	m
型宽	B	32.26	m
型深	D	20.10	m
设计吃水	Td	12.20	m
结构吃水	Ts	14.50	m
载重量	DWT (at Ts)	81700	t
服务航速	Vs (at Td at CSR with 15% sea margin)	14.3	kn
续航力		22000	n.mile
定员		27	P
苏伊士船员		6	P
主机	Man 5S60MC-C8 Tier II		one(1) set
	MCR	11900 kW x 105 r/min	
	SMCR	10115 kW x 96 r/min	
	CSR(0.85SMCR)	8598 kW x 90.9 r/min	

图 1-1-8　总布置图的主要量度栏

2. 总布置图的视图

（1）侧视图

侧视图是从船舶右舷向投影面投影而得到的视图，是总布置图的侧视图，如图 1-1-9 所示。它表达的基本内容有：船舶侧面外貌、主要舱室划分的概况、船舶设备布置的概况、门窗扶梯等布置概况。

（2）甲板图和平台平面图

船上的每层甲板及平台一般都绘制相应的平面图。某一层甲板平面图就是沿该甲板的上一层甲板下表面剖切船体后，向该甲板投影而得到的视图，如图 1-1-9 中各甲板、平台平面图所示。甲板图和平台平面图表达的基本内容有：甲板或平台上，舱室划分和舱内设备、用具等的布置情况以及这些舱室和设备、用具等在船长和船宽方向的位置；甲板或平台上，舱室外船舶设备、机械的布置情况以及这些设备、机械在船长和船宽方向的位置；甲板或平台上，通道、门、窗、扶梯等的布置情况和位置。

（3）舱底平面图

舱底平面图是沿最下层甲板或平台下表面剖切船体后得到的情况以及双层底空间内液舱布置的情况，如图 1-1-9 中舱底图所示。舱底平面图表达的基本内容是：对双层底部分表达了双层底上面的舱室、设备布置的情况以及双层底空间内液舱布置的情况；对单底部分表达了船底构件上方舱室和设备布置的情况。

图 1-1-9　清晰版

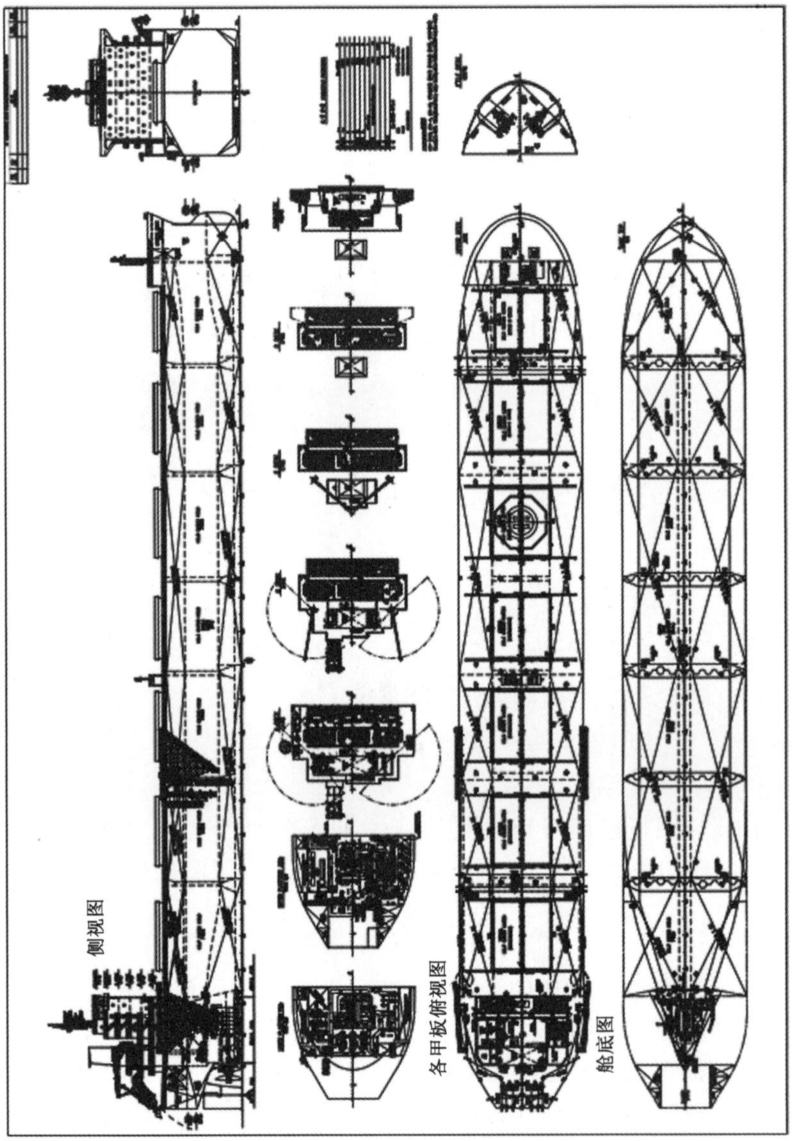

图 1-1-9　总布置图视图

总布置图表达的内容繁多，涉及面广。为了把内容表达清楚完整，便于绘制和识读，总布置图中采用了一些特殊的表达方法——图形符号表示法，总布置图的设备、舱壁、门、窗、开口、扶梯、舱室家具、舱口、舱口盖、栏杆等都采用形象化的图形符号来表达。但是，图中不直接标注定位尺寸和定位位置，其定位尺寸由肋位号、甲板、平台、中线面确定，精确尺寸则由设备明细表或其他专用图纸提供。

二、船舶区域划分方法

为了缩短船舶建造周期和方便生产管理，设计和建造中通常将船体分为几个大区域，大区域包含若干个中区域，中区域又包含多个小区域，最基本的船体建造单元为分段。船厂根据生产能力和管理方式进行分段划分，方法各不相同，但思路大同小异。近些年来应用的编码系统使生产准备和建造管理完全计算机化，生产管理更加规范、快捷和有效。目前国内大型船厂一般都有自己的编码及管理软件系统，船舶电气设计与安装也必须依据船体区域划分方法和编码原则进行工作，设计图纸中的分段焊接件安装图背景依据船体的分段划分命名，下面将以某船厂为例介绍区域划分及其编码方法。

1. 编码系统的种类

编码系统适用于各阶段的日程计划管理；成本汇总及预算管理；生产图纸设计；物资目录表制作和物资的托盘配送。涉及的部门很多，这里仅介绍其中的分段和区域划分编码原则和方法。

(1)分段编码

——为了便于造船，把船以分段为单位分类后命名固定的管理编码。

——根据船厂的分段生产能力，决定分段划分原则。

——由区域区分代码+方向区分代码+序列号构成。

(2)区域编码

——把船以区域区分后命名固定的管理编码。

——由大区域区分代码+中区域区分代码+小区域区分代码构成。

2. 编码方法

在分段编码和区域编码中，由于分段编码与船厂的建造能力和生产能力相关，因此通常分段编码方法使用较多，现就分段编码方法进行介绍。

分段编码方法及结构形式如图 1-1-10 所示。

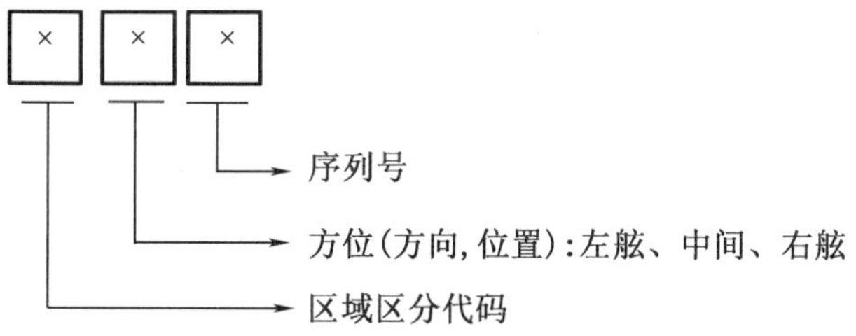

图 1-1-10　分段编码方法及结构形式

(1)区域区分代码规则

区域区分代码规则如表 1-1-4 及图 1-1-11 所示。

表 1-1-4　区域区分代码及内容

代码	内容	代码	内容
1	艉部、机舱(AFT PART,ENGINE ROOM)	6	舷侧(S/SHELL)
2	货舱底(CARGO HOLD BOTTOM)	7	舱口围(HATCH COAMING)
3	备用(SPARE)	8	艏部(FORE PART)
4	舱壁(BULKHEAD)	9	甲板室、烟囱、机舱棚(DECK HOUSE,FUNNEL,CASING)
5	上甲板(UPPER DECK)(521/531)	0	舱口盖(HATCH COVER)

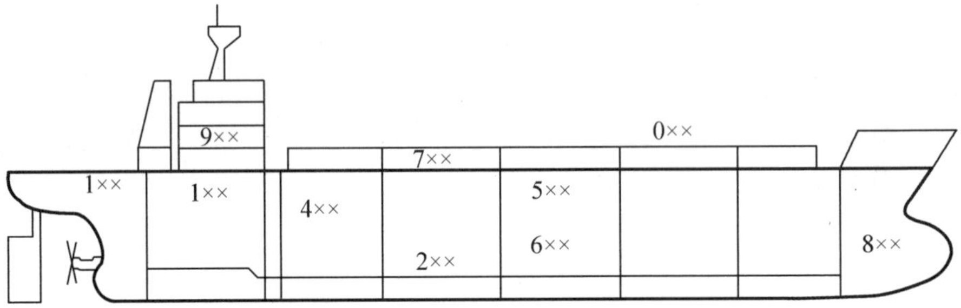

图 1-1-11　区域区分代码规则(侧视图)

(2)方向、位置

中间:0,1

左舷:2,4,6,8(偶数)

右舷:3,5,6,7(奇数)

左右舷区分根据分段类型从 2,3 开始。

(3)序列号

1,2,3……阿拉伯数字,表示顺序的一连串号码。以机舱壁为基准,对于船首,按由船尾向船首的方向,由下而上的顺序排列。对于船尾,按由船首向船尾,由下而上的顺序排列。

但是当序列号超过 9 时,则需将方向、位置代码按照左右用代码 4,5 依次命名。

3. 实船分段划分及编码应用

由于分段的大小和总数量是根据船体的结构和船厂的吊装能力确定的,即使同样的船,不同的船厂分段的数量和划分也可能大不相同。下面是某船厂建造的散货船的分段划分图样,其中分段划分样图侧视图和货舱区分别如图 1-1-12 和图 1-1-13 所示。

其中货舱区分段划分从 2,3 开始,但分段序列号超过 9 时,则用代码 4,5 依次命名,如图 1-1-13 中分段编码 529 后面的 541,539 后面的 551 即是。

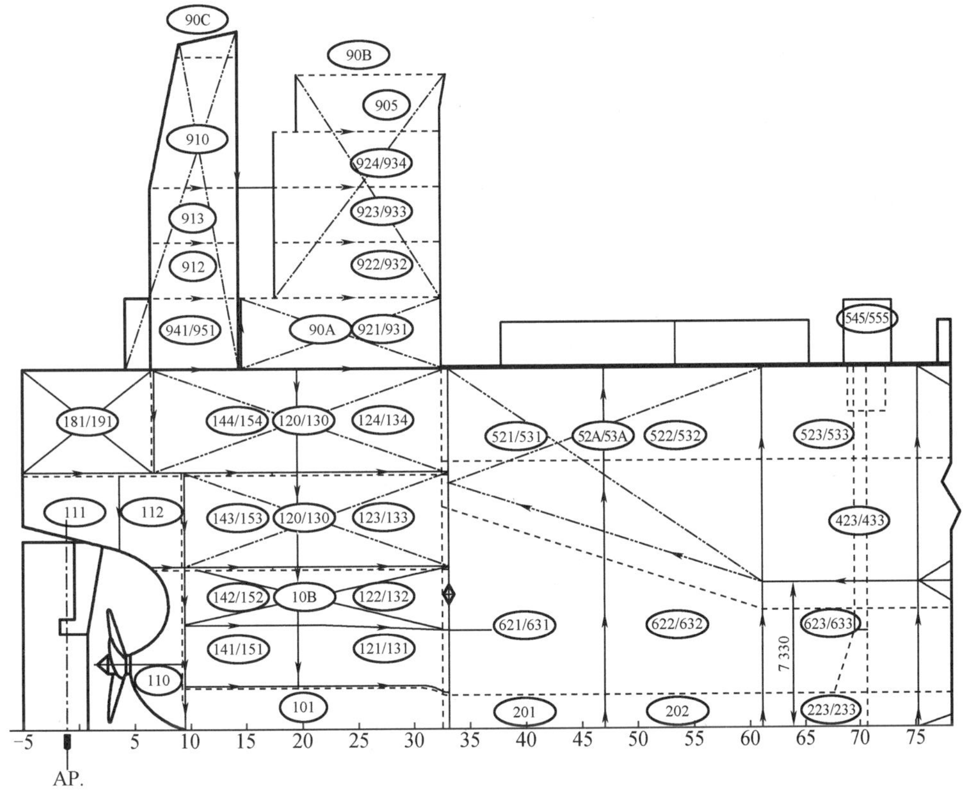

图 1-1-12　分段划分样图(侧视图)

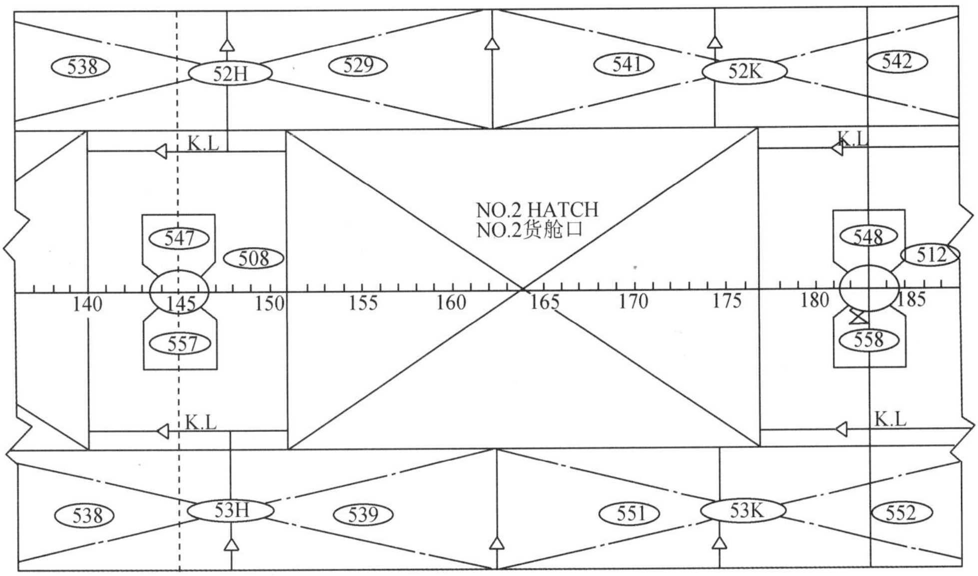

图 1-1-13　分段划分样图(货舱区)

任务二　船舶建造中的电气工艺

任务描述

在上一个任务学习中我们走进船厂，看到了各种各样的船型，了解了它们的特点。那么这些船舶是如何建造的，在建造过程中电气工艺有哪些？本节任务将以船舶建造流程为主线，介绍船舶建造中的电气工艺，使读者掌握电气工艺的原则、流程和内容，进而了解船舶各设计阶段的任务，从而达到掌握船舶电工工艺的内涵和外延的目的。

相关知识

船舶电气建造是一项较为复杂、综合的系统工程，它具有工作复杂、劳动量大、设备繁多、线路复杂、空间狭小、施工周期短、交叉作业及工作条件较恶劣，而对建造质量的要求又极为严格的特点。由此，如何合理地安排生产流程和生产计划，以实现船舶电气建造工作的高质量和高效率，显得极为重要。

一、船体建造流程中的电气工艺

船舶电气建造的内容与船体建造的各工艺阶段是密不可分的，在船体的不同工艺阶段，其电气建造的特点和内容是不同的。必须将船舶电气建造工程分成若干个计划统计单位，即电气工艺阶段。

划分工艺阶段，实际上就是把所有的安装工作穿插安排到船体专业建造工艺阶段中去，使得各专业、各工程间能协同一致，以达到按期按质完成造船任务的目的。

划分工艺阶段应与造船工艺路线和船舶建造的总程序相适应。在成批造船时，更应如此。为了便于安排计划，工艺阶段的延续周期最好为一个月或其倍数，划分工艺阶段时也应便于车间组织生产，并保证各工艺阶段内的各项工作能平行进行。工艺阶段的划分一般应在船舶施工设计阶段进行，并作为组织船舶建造和工艺准备的重要基础。

1. 船体准备阶段

船体准备阶段是电气建造的工艺准备及生产准备阶段。在该阶段，要确定电气施工的工作量、工时定额；组织电气放样、完善材料清单；进行非标件、特殊材料及仪器仪表的加工与配套；开展技术培训、安全教育等。

2. 船体备料加工阶段

船体备料加工阶段是车间内场加工制作与配套阶段。在该阶段，施工人员要熟悉图纸资料、施工要点；进行全船所用电气材料、安装紧固件、设备工装的自制加工；开始全船所用电气材料、设备等的配套，部分设备内场的模拟调试；确定缺料清单。

3. 船体分段建造阶段

在该阶段，要结束自制工件、工装、设备的加工并入库；完成电气设备的工艺配套；开始电缆紧固件与大型电气设备的初步安装、电缆工艺备料与拉敷及分段设备的安装与接线。

4. 船体分段合拢阶段

在该阶段，要进行主干电缆的工艺备料与拉敷紧固；完成局部电缆的补遗、校对与紧固；开始进行设备的安装与电缆引入设备的接线。

5. 舾装阶段

在该阶段，要结束全船电缆的拉敷、查对、紧固，以及全船电气设备的安装与接线、密封件的密封；完成导航设备、测深仪、计程仪等特种设备的安装；完成系泊试验前的准备，包括试验方案的制定及工装的准备等。

6. 系泊试验阶段

在该阶段，要完成全船机电设备安装收尾、全船电气设备的报验与清洁检查；完成发电屏与配电屏之间汇流条的分离；配电屏接岸电并准备系泊试验。依据试验大纲，对强、弱电设备分别进行调试并报验结果；完成航行试验准备工作。

7. 航行试验阶段

在该阶段，要明确航行试验大纲的项目指标，提出配合工作项目，并申报上级主管机关批准；进行备品备件、图纸资料及生活供应品的准备；提交各种设备和装置的效用试验报告及其参数指标；依据试验大纲的要求，完成在特定海域及海情下对电气设备的各项效用及指标的考查。

8. 交船阶段

在该阶段，要解决航行中出现的问题，并完善设计施工图纸；编制完工文件并进行设备的维护保养；向船主进行技术交底并申明注意事项；移交设备与备品备件及各种图纸资料；在指定限期内向船主移交完工文件；确定缓装电气设备的安装计划；编制本产品的建造总结，审定后归档。

二、船舶电气建造工艺原则

微课　船舶电气建造工艺原则

1. 船舶电气建造工艺原则分类

船舶电气建造工艺原则可根据船舶的不同类别、船体及电装车间的生产能力来确定，经常采用的几种工艺原则如下所述。

(1)按合拢顺序安装工艺

特征：在某段船体合拢完毕并经火工校正后，即进行各阶段的电气安装工作，将跨区的主干电缆卷绕挂起，按合拢顺序向前推进。

优点：开工较早，能缩短船舶建造的周期，节省人力。

缺点：电气施工周期较长，与其他工种交叉作业，电缆及一些设备易受损伤。

应用：适于船体建造能力不强，大合拢时间较长而又要求缩短造船周期的大、中型船舶的建造。

(2)全面平行安装工艺

特征：在船体大合拢完毕并经火工校正后，将全船按工艺分区，各小组按区实施同步平行作业；各小组也可实现局部交叉流水作业。

优点：安装效率较高，人员可机动投入，缩短造船周期。

缺点：电气安装工作开始较迟，若调配不当，可能会延长电气安装周期，应注意统筹。

应用：适于船体建造能力较强，大合拢时间较短的大、中型船舶的建造。

（3）分段预安装工艺

特征：在船体某一分段建造完成后，即可进行该分段电气紧固件及大型设备的预安装；无试水要求的舱室的电缆、设备等的安装与接线。主干电缆在大合拢时再敷设。

优点：能缩短船舶建造周期，在分段倒置时能寻找到有利的安装位置，变空中作业为地面作业，降低劳动强度。

缺点：电气安装周期较长，电缆线路所占的位置较大。

应用：适于批量产品或标准型的大、中型船舶的建造。

（4）总段预安装工艺

特征：各专业工种均在各总段中完成舾装任务，电气安装工作可大部分完成。主干电缆在大合拢时再敷设。

优点：能大大缩短船舶建造周期。

缺点：电气安装周期较长，电缆线路所占的位置较大。

应用：适于大型或超大型单一建造的船舶及标准型的大、中型船舶的建造。

（5）部件安装工艺

特征：把船上的部分安装工作移到内场进行，连成一个部件后再上船安装。如电缆紧固件和电气设备安装件的内场安装等。

优点：可改善劳动条件、减轻劳动强度、提高效率、保证安装质量。

缺点：部件的运输及安装不便。

应用：适于批量生产的各种船舶的建造。

除了上述介绍的安装工艺原则外，还有分区安装工艺、流水安装工艺等原则，在船舶的电气建造过程中，往往采取上述各种不同安装工艺原则的有机综合。

2. 船舶电气建造工艺原则的选择

船舶电气建造工艺原则的确定主要是尽量缩短船舶电气建造的周期，减少电气安装的工作量、降低劳动强度、提高船舶建造的质量及合理安排劳动力。因此在确定工艺原则时，应综合考虑船厂建造能力、人力情况以及所建造船舶特点，从而确定合适的工艺原则。

船舶电气建造工艺原则的选择与船体建造的水平、合拢方法及周期有很大的关系，可按照以下原则进行选择：

（1）当船体采用小分段依次逐段合拢时，大合拢的周期较长，电气建造工艺宜采用“按合拢顺序安装工艺”。

（2）船体车间自动化程度较高，采用总段大合拢的建造方法，当合拢周期较短时，常采用“全面平行安装工艺”。

（3）当船体采用分段依次合拢，且在分段完成后，留有各专业的预装时间，常采用“分段预安装工艺”。

（4）当船体采用总段大合拢方式的大型船舶建造时，各总段的建造周期较长，应采用

“总段预安装工艺”。

(5)由于其他工种施工的需要,某一特定部分的安装件及电气设备需要提前或滞后安装,应采用局部性的施工工艺。

(6)在确定完整体电气建造施工工艺后,还要考虑电气安装各工艺阶段中劳动力的调配,应尽量采用平行作业、内部工作与外部工作交叉进行的安装工艺。另外,还应将每一船体总段分成若干个工艺安装区及电气安装阶段,以便能在各阶段中投入机动劳动力或多余的劳动力,易于统筹安排。

(7)对于批量产品的建造,可考虑流水作业法,即某一安装小组专门负责每一条船舶上的同类别电气建造工作。

(8)可根据产品要求及生产情况,对全船性施工方法和局部性施工方法进行有机组合,通过实践总结出适合本厂实际的各种施工方法。

三、船舶电气建造工艺流程

船舶电工工艺即船舶电气建造工艺,是指电气工作人员在船舶建造过程中,对船舶电气进行安装、调试以及维护保养等工作所必须遵循或参照的技术规范和工艺方法。其主要任务是通过采用先进的工艺手段及合理的生产组织,在确保船舶电气建造质量的前提下,尽量节约原材料、降低成本、提高生产率且缩短生产周期。

微课　船舶电气建造工艺流程

1. 船舶电气建造遵循的规范

(1)船舶电气建造遵循中国船级社(China Classification Society,CCS)颁布的《钢质海船入级规范》及国家标准(GB)、船舶标准(CB)的相关规定。

(2)中国船级社隶属于国际船级社协会(International Association of Classification Societies,IACS)。国际船级社协会包括英国劳氏船级社(LR)、法国船级社(BV)、意大利船级社(RINA)、美国船舶检验局(ABS)、挪威船级社(DNV)、德国劳氏船级社(GL)、日本海事协会(NK)、俄罗斯船舶登记局(RS)、波兰船舶登记局(PRS)、韩国船级社(KR)、印度船级社(IRS)、克罗地亚船舶登记局(CRS)、中国船级社(CCS)13家会员。IACS由理事会领导并制定总政策,理事会设立一些工作组去执行协会的具体任务。

①IACS设有下列工作组:集装箱、发动机、防火、液化气船和化学品船、内河船舶、海上防污染、材料和焊接、系泊和锚泊、船舶强度、稳性和载重线。

②各工作组完成的项目有:拟定各会员之间统一规则和要求的草案;起草对国际海事组织要求的答复;对国际海事组织的标准做统一的解释;监控与本专业有关的工作。

(3)国际海事组织(International Maritime Organization,IMO)是联合国负责海上航行安全和防止船舶造成海洋污染的一个专门机构,总部设在英国伦敦。

2. 船舶电气建造阶段

现代造船,主要采取分段造船的模式,即船体分段建造。这种模式,可以做到在确保船舶建造质量的前提下,提高生产率且缩短船舶建造周期。船舶电气建造一般分为内场作业和外场作业两个阶段。内场作业就是将一些安装件及设备的制作、部分设备调试、材料工装的准备等工作在车间的内部完成。外场作业则是在船台或船舶上进行船舶电气的安装与调试。随着造船工业的发展，船舶电气建造的工作量在不断地增加，应该尽可能多地把船舶上的外场作业转移到车间内场来完成。

(1)内场作业的特点

由于内场作业主要在车间内完成，因此可充分利用车间内的设备与场地，提高生产效率、缩短建造周期；提高码头及船台的利用率；改善劳动条件、减轻劳动强度、提高安全系数；有利于保证和提高电气安装工作的质量，降低材料等的消耗，管理方便。

(2)内场作业的内容

内场作业内容主要包括三个方面，即熟悉图纸及工艺文件、设备配套及安装件准备以及电缆备料。

熟悉图纸及工艺文件主要包括：充分了解船舶电气建造部分的图纸与工艺文件；了解船舶输配电方式及输配电设施的布局；了解电气设备的安装位置、电缆走向及其工作原理，并对相关人员进行技术培训。

设备配套及安装件准备主要包括：依据电气设备及安装件的图表，按照安装区域或舱室配齐该部分的电气设备及所需螺栓、减震器等；完成设备的检查、校验、内部接线及局部安装；清理工作现场，准备必需的机械设备工具；制造非标或已决定自制的电气设备安装件以及进行安装件的组装和焊接等。

电缆备料主要包括：根据电缆册进行电缆总量的备料并进行电缆切割卷入电缆筒；对电缆端头进行标记，标明电缆型号、规格、代号及来去路线；电缆端头的密封等。

3. 船舶电气建造流程

船舶电气安装工作环节多，涉及面广，与其他工种的配合又很密切，所以只有周密合理地安排施工工艺和人员调配，才能高质量、高速度地完成生产计划。目前，船舶电气建造常采用的工艺流程如图 1-2-1 所示。

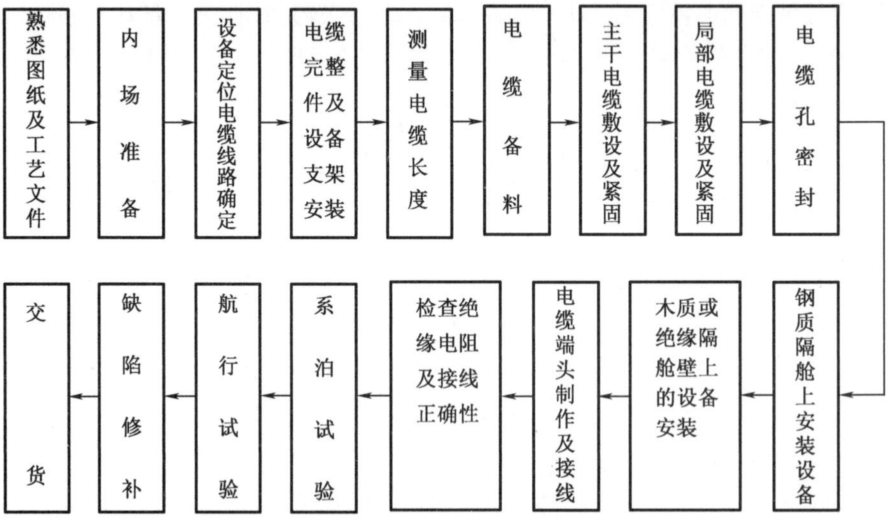

图 1-2-1　船舶电气建造工艺流程图

任务实施

任务名称:制定船舶电气建造流程及施工内容

一、目的

1. 结合船厂建造能力、船型特点,制定电气建造工艺原则。
2. 确定船舶电气建造流程。
3. 确定船舶电气建造各流程的电气施工内容。

二、实训条件准备

船舶电气施工任务书。

三、项目内容及要求

1. 熟悉船舶电气建造流程
2. 根据船舶电气建造流程,确定船舶电气建造内容

船舶电气建造流程制定任务见表 1-2-1。

表 1-2-1　船舶电气建造流程制定任务

任务	考核内容及要求
制定船舶电气建造流程	结合船厂建造能力,根据船型特点以及船舶电气施工生产任务,制定船舶电气建造流程。要求需符合生产实际,语言准确、精练,流程主要包括以下方面: 1. 生产准备阶段; 2. 分段电气预舾装阶段; 3. 船装阶段; 4. 系统完整性检查阶段; 5. 系泊试验阶段; 6. 航行试验阶段; 7. 交船阶段
确定各流程船舶电气建造内容	根据本任务所学,制定电气各阶段施工内容,要求全面准确

四、项目评价

船舶电气建造流程及内容制定考核评分表见表 1-2-2。

表 1-2-2　船舶电气建造流程及内容制定考核评分表

任务编号：		组号：	姓名：	总分：	
考核任务	考核内容	分值	评分标准	得分	备注
船舶电气建造流程	结合企业生产实际，制定船舶电气建造流程	20 分	1. 按照船舶电气施工顺序，完成船舶电气建造流程设计，每缺 1 项扣 5 分； 2. 各阶段内容不符合造船企业生产实际每项扣 5 分； 3. 各阶段具体内容不合理每项扣 3 分		
	确定船舶电气建造各流程的施工内容	30 分	1. 各阶段内具体施工内容有重要缺项扣 5 分； 2. 各阶段内具体施工内容不准确每项扣 3 分		

知识拓展

一、船舶设计阶段及其任务

微课　船舶设计阶段概述

按照设计流程，船舶设计阶段可以分为四个部分：方案设计、初步设计、技术设计以及施工设计。其每个阶段的主要任务如下。

1. 方案设计

首先由船方代表向设计单位提出设计任务书，指出有哪些主要用电设备、控制方式、导航及通信设备等。

2. 初步设计

在此阶段电气专业设计内容有：

（1）编写电气专业说明书。

（2）编制电力负荷表。

（3）编制电气设备清单。

（4）绘制电力系统原理图。

初步设计完成后，先由设计单位内部进行审查，然后征求船方意见。

3. 技术设计

根据初步设计的审批结果，进行船体、轮机、电气部分的详细计算和绘图，解决设计的主要技术性问题。船舶电气专业的技术设计内容如下：

（1）编写图纸目录。

（2）核算电力负荷表。

（3）设计电力拖动的原理图、外部接线图。

（4）设计照明系统图。

(5)设计弱电设备系统图及原理图。

(6)设计主配电板、应急配电板、充放电板及自制的控制箱(板)原理图和面板布置图。

(7)设计电力系统及主要设备布置图。

(8)设备清单、备品清单及材料明细表的绘编。

(9)借用图纸目录。

(10)编写技术设计说明书,其主要内容有:

①电源部分:说明电源制度,发电机型号、规格与数量,电力负荷情况,发电机工况,配电板的屏数,每屏用途,主要尺寸及其保护、控制、操作设备的说明,电站的布置情况。

②电力拖动部分:主要拖动设备的型号、规格、数量及布置情况,工作原理及控制方式。

③照明部分:照明系统的种类,照明灯具的型号、规格与数量及分布情况,分配电板的布置及用户情况,其他特殊要求。

④弱电设备:设备的型号、规格、数量、布置与使用情况。

⑤电缆部分:说明电缆的型号、规格及使用情况。

⑥防干扰、防雷等具体安全措施。

4. 施工设计

施工设计的依据是技术设计及审查会议的意见、施工单位的技术水平和设备条件。所绘制的施工图纸,作为工厂的施工依据。施工设计中电气专业的主要内容如下:

(1)修改技术设计图纸。

(2)编写各种试验大纲。

(3)绘制主干电缆线路图,编制电缆册、设备布置及电缆线路综合图、专用舱室综合图等。

(4)修改电气设备(包括电缆)清单。

(5)自制设备(如主配电板、控制箱等)结构图。

(6)设计非标准电气固定件制作图。

(7)设计其他各种施工图。

在船舶电气专业的设计中,应考虑到生产中的工艺方法,适合于所造船的特点和承造厂的情况,以及能最有效地进行电气安装工作,如尽可能地将设备布置得合理;主干线路尽可能短而直;安装件尽可能采用标准件等。总之,设计的图纸在技术与经济指标上都应达到要求。

项目二

船舶电气设备安装作业

德育启迪

打造“蛟龙”的大国工匠

“蛟龙”号潜航器的成功,让全国人民认识了驾驭“蛟龙”的潜航员叶聪以及他的团队。但站在叶聪身后、负责装配任务、肩负潜航员生命安全责任的“蛟龙”号组装者却从未现身。

2015 年“五一”期间,央视《大国工匠》专题中,一位默默无闻、名不见经传的普通劳动者终于露出真面目,他就是在无锡中船重工第 702 研究所(简称 702 所)干了 43 年的老师傅、“两丝”钳工顾秋亮。

调皮徒弟练就“两丝”绝活

深海载人潜水器有十几万个零部件,组装起来最大的难度就是密封性,精密度要求达到“丝”级。而在中国载人潜水器的组装中,能实现这个精密度的只有钳工顾秋亮,人称“顾两丝”。

顾秋亮作学徒的时候可没少挨师傅的骂。说起爱徒顾秋亮,他的师傅张桂宝笑着说:“那时候,他刚进车间,比较调皮,经常挨骂,还屡教不改,我们就说他,像茅坑里面的石头一样,又臭又硬。”

但骂归骂,聪明灵巧的顾秋亮仍然是师傅们眼中的一块好材料。就像对待一块优质钢板一样,要制作成高精度的零件,就得一下一下、一层一层地用锉刀锉磨。师傅们不厌其烦的调教终于让这块“顽石”慢慢收住了心,开始专心于技术,沉下心来用最扎实的办法练习基本功。

回忆让顾秋亮感慨不已。那时,师傅要求他将一块 10 cm 大小的方铁,锉成一块 0.5 cm 厚的铁板,就是 5 mm。为此,他连锉了十五六块方铁,锉刀都用断了几十把。一遍遍地锉钢板,一遍遍地动脑筋琢磨,渐渐地,顾秋亮手里的活儿有了灵性,做的工件全部免检,“两丝”的名号也渐渐被叫响了。

顾秋亮打了个比方:锉钢板能达到 0.2(丝)的精度,对手的控制力的要求极高,就好像拿着一碗水去跑步,既要快,又不能让水泼出来。

为“蛟龙”号装上明亮的“眼睛”

在人体的各种器官中,眼睛是最为娇嫩、最为精密的器官了。潜水器载人舱的观察窗就是“蛟龙”的眼睛。

2004年，“蛟龙”号开始组装，顾秋亮和他师傅级的前辈们一起被抽调到这个项目上。凭着“两丝”的功力，顾秋亮被任命为装配组组长。他们最大的挑战就是确保潜水器的密封性。

1 kg海水的重力，是深海中1个指甲大小的面积上要承受的水压。1丝，只有0.01 mm，也就是一根头发丝的1/10那么细；载人潜水器上所有密封面的装配精度，必须控制到几丝，才能确保潜水器在深海里既不漏水，又能缓冲巨大的水压。谁能担当这一重任呢？只有顾秋亮！

“蛟龙”号安装的难度是在球体与玻璃的接触面，要控制在0.2丝以下。0.2丝，用精密仪器来控制这么小的间隔或许不算难，可难就难在载人舱观察窗的玻璃异常娇气，不能与任何金属仪器接触。因为一旦两者摩擦出一个小小的划痕，在深海几百个大气压的水压下，玻璃窗就可能漏水，甚至破碎，直接危及下潜人员的生命。因此，安装载人舱玻璃，也是组装载人潜水器里最精细的活儿。而为了解决潜水器密封性的问题，要做大量装配试验，顾秋亮在整个试验和装配过程中，每天工作到凌晨，双休变成单休，周末加班，这些都是常有事。

除了依靠精密仪器，顾秋亮更多的是依靠自己的判断。他即便是在摇晃的大海上，纯手工打磨维修的潜水器密封面平面度也能控制在两丝以内。

“蛟龙”号是中国首个大深度载人潜水器，组装起来没有可以借鉴的经验，顾秋亮只能一点点摸索。

靠眼睛看、靠手抚摸。时间长了，顾秋亮两只手基本上没有纹路了，现在用指纹打卡都成问题。

用平凡之躯铸就的大师级工匠

20世纪80年代中期，顾秋亮锉到“丝”级别的这手绝活，曾震惊国内机械圈。有人请他出去工作，开出的薪水相比当时的物价简直就是天价：先给6万元，之后每月工资500元，但被那时每月工资不到百元的顾秋亮拒绝了。

刚参加“蛟龙”号项目时，他原来所在的实验室一直希望他回去，收入能多一半，这对于他这个单职工、女儿上学急需用钱的家庭来说，能起不少作用，但他一想到自己的使命，还是坚持了下来。

他印象最深的是“蛟龙”号的第一次海上试验。对于极度晕船的顾师傅来说，出海就是对身体极限的挑战。

3 000 m，5 000 m，7 000 m，随着“蛟龙”号不断升级的技术攻关，顾秋亮更是没有什么时间能照顾到家里。7 000 m海上试验，船刚刚启航，他就接到妻子打来的电话，说被查出疑似恶性肿瘤，顾秋亮几乎动摇了。领导们都来安慰他，所里的党政工领导还上门慰问独自面对疾患的妻子。万幸的是后来查出不是恶性肿瘤，回来后他和妻子哭着抱成一团。

2015年3月，顾秋亮参加装配的“蛟龙”号离开了702所，正式安家在青岛国家深海基地码头。而另一项任务又下达到顾秋亮等人的肩头——组装中国首个自主设计制造的4 500 m载人潜水器。

顾秋亮说，“蛟龙”号中的载人球是在俄罗斯定制的，而要组装的4 500 m载人潜水器，完全是中国自己制造的,这对于国家、对于他和同事们来说,意义当然非同一般。虽然顾秋亮即将退休,但他仍选择继续接受新挑战,他表示,只要身体没问题,就将坚持下去。当然,这或许也是他组装的最后一台潜水器。 (摘自网络)

知识目标

1. 了解船舶电气设备的特点。
2. 了解设备的安装阶段。
3. 掌握设备安装的形式。
4. 掌握设备安装的工艺要求。

能力目标

1. 能够进行设备安装件的设计和选择。
2. 能够编写设备安装工艺文件。

任务一　船舶电气设备认知

任务描述

微课　船舶电气设备概述

随着对船舶电气建造工艺的深入了解,我们知道了船舶电气工艺内容之一为船舶电气设备安装。本节任务的主题就是船舶电气设备,通过学习,希望大家可以回答以下三个问题:

1. 船舶电气设备具体涵盖哪些设备?
2. 船舶电气设备与陆地电气设备有何不同?
3. 在船舶这个大载体下,船舶电气设备的安装有哪些基本要求?

相关知识

一、船舶电气设备组成

船舶电气设备或各个电气系统是组成船舶电气的基本单元,船舶电气设备可以分为如下几个基本单元。

1. 船舶电站

船舶电站是整个船舶所需电能的提供系统,包括主电站、停泊(备用)电站、应急电站、中频电站及小应急蓄电池电站等。其主要包括:

(1)发电机

发电机通过发电可提供给船舶内的各种机器电能,发电机种类主要如下:

①涡轮增压发电机:利用从主机排出气体的热量或锅炉产生的蒸汽来带动发电机发电的发电机。

②柴油发电机:运转柴油机发电的发电机。

③轴带发电机:安装在主机的轴上,利用主机轴旋转产生的能量带动发电机发电的发电机。

④应急发电机:当①②③类发电机在正常运转中发生异常时,紧急采用的发电机。

(2)配电板

配电板控制发电机所提供的电能,合理分配给各个需用电设备,其种类和构造如下:

主配电板:

①发电机屏:主要包括发电机励磁控制、发电机并车控制、测量仪表、保护装置、连锁、报警以及指示回路等,其目的是连续地提供电能。

②440 V 屏:船舶的各种设备中,除通过组合启动屏供电的设备外,其余大部分需要440 V 电的设备由此屏供电。

③组合启动屏:船舶的各种设备中,船舶的运转及安全所必需的重要的辅助设备由此屏供电,并可以在此处进行控制。

④220 V 或 110 V 屏:发电机所产生的电压,通过变压器转换为 220 V 或 110 V,并供电给 船舶内各种照明器具及航海通信设备。

应急配电板:

当主发电机正常运转时,通过主配电板,传递电能到此配电板,在主发电机发生异常时,应急发电机运转,仅供电给连接到应急配电板的负荷。

①发电机屏。

②440 V 屏。

③220 V 或 110 V 屏。

(3)启动器

组合启动器:为方便在一个地方控制船舶运转最必要的设备,将对它们的控制操作集合在一起(在主配电板上),在此处控制这些与船舶的运转有直接关系的泵,这些设备大部分都由同样容量的两台泵构成,即使一个泵出现异常,另一个泵也可以运转,每种泵都从发电机屏的左侧与右侧,连接到左侧和右侧的组合启动屏上。

单独的启动器:为了更安全、更方便地控制各个泵,防止直接操作主开关带来的危险,对除组合启动器内所包括的泵以外的泵进行单独的控制。

本地组合启动器板:本地组合启动器是按区域或按系统划分而集中设置的,其目的是减少现场的工作量和节约材料,现今普遍应用于各种船舶。

(4)分电板

不能把所有负荷从主配电板的 440 V 屏分配,因此,在主配电板的各个负荷之间,考虑负荷所处的位置及控制的便利性进行设置,一般每艘船设置 8~10 个分电板,从主配电 板分配到此处,再由此分电板分配到各个负荷。分电板的种类主要包括:动力分电板、照明 分电板、内部通信分电板等。

(5)变压器

变压器把发电机发出的 440 V 电压转换成 220 V 或 110 V 供给相应的设备,其种类有以下两种:

①主变压器:将主发电机发出电能的电压转换成 220 V 或 110 V。

②应急变压器:将应急发电机发出电能的电压转换成 220 V 或 110 V。

(6)岸电箱

岸电箱是维修船舶或进坞时,陆上的电源提供给船舶内的连接装置。

2. 船舶电网

船舶电网用来完成整个船舶电能的输送和分配,包括一次网络、二次网络及应急网络等。

3. 电力拖动系统

电力拖动系统用来完成船舶上的各种机械的拖动,包括泵系统、风机系统、舵系统,以及绞车、绞盘、艇机、锚机等。

4. 照明系统

照明系统用于船舶上的不同位置和要求的照明,包括正常照明、应急照明及临时应急照明。

5. 船内通信系统

船内通信系统用于船舶上语言信息或指令的传递。其中主要包括:

(1)自动电话系统

自动电话系统用于各舱室之间的日常工作和事务的通信联络,多采用程控电话交换机,用微处理器控制,可提供多种电话服务,如遥控广播、强行占线、叫醒和有线电话与无线电话组网通信等,使无线电话呼叫有线电话如同有线电话互相呼叫一样简单。

(2)声力电话系统

声力电话是航行指挥电话,用于航行驾驶和各操纵部门之间进行指挥和通信联络。HS 型船用声力电话系统可分为选通型和直通型两种。

(3)船用有线对讲机

船用有线对讲机用于船舶操纵部门之间的指挥通信。

6. 电气信号系统

电气信号系统用于船舶上各种呼叫、报警等非语言信息或指令的传递。其主要包括:

(1)船用广播系统

船用广播系统分布于船舶各个舱室,用于指挥、通信、对外喊话和娱乐活动。

(2)通用报警系统

该系统主要由驾驶室操作,是在紧急情况下向全船人员发出的,召唤全船人员至集合部位的紧急报警系统。

(3)失火报警系统

该系统由驾驶室或消防控制站操作，在失火时，向全船人员发出紧急报警。

(4)灭火剂释放报警系统

该系统是指对将充满 CO_2 或其他灭火剂的处所，如机舱、泵舱，在释放之前和释放过程中发出紧急报警的系统。

(5)探火报警系统

该系统在船舶发生火灾时，由手动或自动探火装置发出报警。根据船舶类型、结构防火的保护方法、自动化程度的不同，船上可采用不同的探火报警装置。目前船上使用的有自动探火报警装置、抽烟式报警装置，此外，还有可燃气体探测报警装置。

7. 船舶辅助控制系统

船舶操纵系统用于船舶的操纵和船舶机械设备的控制等，其主要包括如下设备的电气控制系统：

(1)主机遥控系统

主机遥控系统是使船舶得到推动力的原动机，分为柴油机、蒸汽机等。但从目前来看，几乎所有船舶都设置柴油机，以实施主机的遥控(即驾驶员直接从驾驶室对主机的转速进行控制)及安全功能(自动降速，安全停车)。

(2)辅机控制系统

辅机控制系统是指发电机、辅锅炉等使船舶运行的各种辅助机器的控制系统，其主要辅助机器类的功能如下：

①发电机

发电机是船舶航行时，为给必要的辅助动力装置、照明装置及其他装置提供必要的电力的原动机，通常设置2~3台发电机。

②辅锅炉

辅锅炉是燃油滑油加热和货油加热及舱室的取暖、炊事、洗浴时所必要(蒸汽)的发生装置。

③舵机

舵机是船舶的舵向的变更及维持、移动舵叶的装置，设置在船尾，依照驾驶室的自动舵的命令信号进行操作。

④净油机

净油机为净化提供给各种主、辅助机器类的油，并利用离心力解除掺杂在油内的不纯物质的装置。

⑤燃油黏度控制系统

燃油黏度控制系统为维持燃烧柴油机所必要的燃油黏度，通过调整燃油的温度进而控制燃油黏度的系统。

⑥焚烧炉

焚烧炉是指消除从船内各种机器处所产生的废品、废油等的装置。

⑦油水分离机

油水分离机是指分离掺杂在污水里的水与油，把水排到舷外的装置。

⑧造水机

造水机是制作船舶内使用的淡水的装置。

⑨污水处理装置

污水处理装置是对船舶内所产生的生活废水或粪料进行储存或清理及排除到船外的装置。

⑩泵

泵是指把水或油等液体引到高处或利用高压推进的机器，通常利用电动机进行驱动。

⑪压载控制系统

由于气象条件、货物的装载量及装载状态等因素的影响，为防止船舶航海时稳性被破坏，压载控制系统可以把适当量的海水通过压载泵倒入或抽出船体内部。

以上都是为安全航海，调整压载舱内海水量的控制装置。

⑫惰气发生器

惰气发生器设置在油船内，往油舱内投入惰性气体，可以防止由于货油的流动产生燃气从而引起自燃起火。

(3)机舱报警监测系统

船舶自动化控制及综合监测装置，包括设置在机械处所的主机和各种辅助机器类的运转/操作状态，能在一个场所集中监视及适当地驾驶和有效地进行工作的设备，现代船舶都采用计算机报警监测系统。

①延伸报警功能

船舶内准备的机械处所报警，应当把警报传达给相关人员或乘务员。与此同时在集控室、机舱乘务员居住区域及驾驶区域里，通过适当的手段和方法传达警报。这是为乘务员巡逻机舱、机舱无人化驾驶时，将机舱所发生的反常状况通知给值班员及驾驶室操作者的警报。从方便角度来说，报警是主要按照报警的性质或依照临界或非临界的概念，采取分组化传达报警，相关乘务员应快速跑到中央集控室，确认详细状况后采取必要措施，准备好应急措施。

②传感器

传感器为从远处监视主、辅助机器类的运转/工作状态所必要的装置，按功能可分为 如下几种：

a. 温度传感器(开关，变送器)。

b. 压力传感器(开关，变送器)。

c. 液位传感器(开关，变送器)。

d. 油量检出器。

e. 扭矩测量传感器。

f. 油雾探测器。

g. 盐度测量器。

8. 航行信号灯系统

航行信号灯系统用于船舶的航行和进出港的信号指示，包括各种航行灯、作业状态信号灯、通信信号灯、特殊航区航行信号灯、战斗航行信号灯等。

9. 船舶导航系统

船舶导航系统用于船舶的空间定位及天气测定，包括观察和避碰的雷达、保证航向的罗经、了解船位的定位仪、救生或导航的测向仪、掌握航速的计程仪、了解海情的测深仪及气象仪等。

10. 无线电通信系统

无线电通信系统是船舶在海上航行时，与陆地、其他船舶、飞机等进行通信联系的重要工具，包括各波段的发射接收天线、信号收发处理装置、呼唤装置、终端设备等。

11. 电气测量系统

电气测量系统用于船舶上各种电气设备或系统的电气参数的测定，包括各种测量用仪器仪表。

二、船舶电气设备特点

船舶电气设备安装的载体为船舶，而船舶下水以后或停泊或航行于海上，因此船舶上的电气设备也会受到海洋条件的影响，并且由于船舶本身空间小、设备多的特征，船舶电气设备还会受到船舶内部的环境的影响。综合以上外部和内部的环境，船舶电气设备具有如下特点：

(1)船舶航行区域广阔，气象、海情、气温、湿度变化大，海洋上和舱室内的空气常带有盐雾、油雾、霉菌等腐蚀物，甚至混有爆炸性气体。另外因风浪作用，船舶经常摇摆、受冲击。

(2)主机、辅机等动力机械运行中造成的振动，使某些部位存在共振现象，装在此部位的电气设备将受到严重的影响，可能使连接螺栓或支架焊缝被振坏，甚至使安装于室外的设备跌落。

(3)船舶舱室容积小，通风差，舱室内湿度较大，易使电气设备的绝缘性能降低。

(4)电气设备之间有较大的电磁干扰，其频率和量值范围广。任何形式的电磁转换，如火花、闪光、弧光等都会对工作在不同频率下的电子设备产生干扰，发生杂音、错码、图像畸变等。

(5)成套电气设备分散安装在船舶各部位通过遥控进行操作，在整机或全系统工作时，无法凭人的视觉、听觉、触觉等方法来监视。

三、船舶电气设备安装基本要求

由于船舶设备具有以上特点，因此船舶设备安装中应满足如下基本要求：

(1)工作可靠。要求电气设备在运行过程中，不易发生故障，能正常稳定地工作。

(2)生命力强。当船舶部分地受到损坏，或其他原因使电气设备受到影响时，要求它仍能基本上保持不间断地工作。

(3)体积小，质量小，标志清晰，操作方便，外形美观。

(4)应具有防盐雾、防油雾、防霉菌和防水、防燃、防爆的性能,并应有抗冲击,耐振动,承摇摆,经低温、高温以及湿度的能力。

(5)效率高,绝缘性能好。具有过载、欠压等保护能力。

(6)电气设备的部件、机架等结构,应便于拆装、维修和更换,尽量做到标准和通用。

(7)要有防止无线电干扰和磁干扰的措施。

任务实施

任务名称:编制船舶电气设备清单

一、目的

掌握船舶电气设备组成,编制电气设备清单。

二、实训条件准备

船舶电气技术规格书。

三、项目内容及要求

根据船舶电气技术规格书,确定船舶电气设备清单。船舶电气设备清单编制任务见表2-1-1。

表 2-1-1 船舶电气设备清单编制任务表

任务	考核内容及要求
编制电气设备清单	结合船舶电气技术规格书要求,制定船舶电气设备清单。要求需符合实际,语言准确、精练,主要包括以下方面: 1. 船舶电站系统; 2. 船舶电力拖动系统; 3. 船舶照明系统; 4. 船内通信系统; 5. 电气信号系统; 6. 辅助机械设备控制系统; 7. 航行信号灯系统; 8. 船舶导航系统; 9. 船舶无线通信系统
确定各系统的设备组成	根据本任务所学,制定船舶电气设备清单,要求全面准确

四、项目评价

船舶电气设备清单编制考核表见表 2-1-2。

表 2-1-2　船舶电气设备清单编制考核表

任务编号:		组号:	姓名: 总分:		
考核任务	考核内容	分值	评分标准	得分	备注
船舶电气设备清单编制	按照电气技术规格书编制船舶电气设备清单	30 分	1. 按照船舶电气技术规格书,完成船舶电气设备清单的分类(10 分); 2. 各分类内容需全面、完整、清晰(20 分)		

知识拓展

一、船舶设备防护等级

船舶电气设备的外壳防护形式,应符合国际电工委员会(IEC)60529 出版物《外壳防护形式的分级》或与其等效的标准规定。其中表示防护等级的标志由 IP 字母后面加两位数字组成,即 IP××,其中第一位数字表示电气防尘、防止外物侵入的等级,具体要求见表 2-1-3;第二个数字表示电气防湿气、防水的密闭程度,具体要求见表 2-1-4。船舶电气设备的 IP 防护等级需按要求进行设计。

表 2-1-3　电气设备防尘、防止外物侵入等级

第一位数字	防护等级	
	简要说明	意义
0	无防护	无专门的防护
1	防护大于 50 mm 的固体	人体大面积部分如手(但对有意识的接触并无防护)。直径超过 50 mm 的固体
2	防护大于 12 mm 的固体	手指或类似物,长度不超过 80 mm,直径超过 12 mm 的固体
3	防护大于 2.5 mm 的固体	直径或厚度大于 2.5 mm 的工具、电线等,直径超过 2.5 mm 的固体
4	防护大于 1.0 mm 的固体	厚度大于 1 mm 的线或片状物,直径超过 1 mm 的固体
5	防尘	并不防止全部尘土进入,但进入量不能达到妨碍设备正常运转的程度
6	尘密	无尘土进入

表 2-1-4　电气设备防湿气、防水密闭等级

第二位数字	防护等级	
	简要说明	意义
0	无防护	无专门的防护
1	防滴	垂直滴水应无有害的影响
2	15°防滴	设备与垂直线呈 15°时，滴水应无有害影响
3	防淋水	与垂直线呈 60°的淋水应无有害影响
4	防溅	任何方向溅水应无有害影响
5	防冲水	任何方向冲水应无有害影响
6	防猛烈海浪	猛烈海浪或强烈冲水时进入机壳水量应无有害影响
7	防浸水	浸沉在规定压力的水中经规定的时间后，进入水量应无有害影响
8	防潜水	能长期潜水，其技术条件由制造厂规定 注：通常设备应完全密封，但对某些类型设备，在不产生有害影响的前提下，水可进入设备

电气设备的外壳防护形式的选择，应与安装的场所相适应，除非另有要求（如船东或其他特殊要求），其船舶舱室不同处所的防护等级应符合表 2-1-5 的要求。

表 2-1-5　船舶不同舱室中电气设备防护等级最低要求

(1)	(2)	(3)	(4)							
			设备							
处所	环境条件	防护等级	配电板，控制设备，电动机启动器	发电机	电动机	变压器，半导体变换器	照明设备	电热器具	电炊设备	附具（例如开关、按线盒）
干燥的居住处所	只有触及带电部分的危险	IP20	X	—	X	X	X	X	X	X
干燥的控制室			X	—	X	X	X	X	X	X
控制室	滴水和（或）中等机械损伤危险	IP22	X	—	X	X	X	X	X	X
机炉舱（花钢板以上）			X	X	X	X	X	X	X	IP44
舵机舱			X	X	X	X	X	X	—	IP44
冷藏机室（氨装置室除外）			X	—	X	X	X	X	—	IP44
应急机械室			X	X	X	X	X	X	—	IP44
一般贮藏室			X	—	X	X	X	X	—	X
配膳室			X	—	X	X	X	X	X	IP44
粮食库			X	—	X	X	X	X	—	X

表 2-1-5(续)

(1)	(2)	(3)	(4)							
			设备							
处所	环境条件	防护等级	配电板,控制设备,电动机启动器	发电机	电动机	变压器,半导体变换器	照明设备	电热器具	电炊设备	附具(例如开关,接线盒)
浴室	较大的水和(或)机械损伤危险	IP34	—	—	—	—	X	IP44	—	IP55
机炉舱(花钢板以下)			—	—	IP44	—	X	IP44	—	IP55
围蔽的燃油分离室			IP44	—	IP44	—	X	IP44	—	IP55
围蔽的滑油分离室			IP44	—	IP44	—	X	IP44	—	IP55
压载泵舱	较大的水和(或)机械损伤危险	IP44	X	—	X	X	IP34	X	—	IP55
冷藏舱			—	—	X	—	IP34	X	—	IP55
厨房和洗衣间			X	—	X	X	IP34	X	X	X
双层底中的轴隧或管道	喷水危险、货物粉尘严重机械损伤、腐蚀性气体	IP55	X	—	X	X	X	X	—	IP56
干货舱			—	—	—	—	X	—	—	X
露天甲板	大量浸水的危险	IP56	X	—	X	—	IP55	X	—	X

任务二　船舶配电板及应急配电板的安装

任务描述

微课　船舶配电板安装

通过前面任务的学习,我们知道了船舶电气设备的特点,并了解了船舶电气设备的分类。下面让我们一起深入船舶内部,观察一下配电板、驾控台、集控台、控制箱、照明设备等一些典型设备是如何安装的。本任务将介绍配电板的设备外形、安装阶段、安装件的选择以及安装工艺。希望通过本任务的学习，大家可以掌握船舶电气设备中最重要的设备——配电板安装件的设计及安装工艺的编制。

相关知识

一、船舶主配电板及应急配电板安装阶段及固定方式的确定

船舶配电板安装阶段及固定方式的确定，需要首先确定设备外形尺寸，从而明确该设备是否属于大型设备，其次要确定设备的安装位置从而规划设备安装阶段，最后还需要确定设备的安装方式，从而结合安装位置确定设备的固定方式。

1. 船舶配电板的外形

(1)船舶主配电板

船舶配电板通常分为主配电板和应急配电板。

船舶主配电板一般由发电机控制屏、负载屏、并车屏、汇流排(母线)组成，其由几个控制屏拼装而成，外形如图 2-2-1 所示。

图 2-2-1　主配电板外形图

每一屏的盘面上装有各种必备的开关、控制电器和测量电表，以完成各自任务。船舶主配电板的主要功能包括：根据需要接通或断开电路(手动或自动)；当电力系统发生故障时，保护装置能按要求动作，切除故障设备或网络，或发出报警信号；测量和显示运行中的各个电气参数，如电压、电流、功率因数等；能对电站的电压、频率，以及并联运行的各发电机组的有功、无功功率进行调整；能对电路状态、开关状态以及偏离正常工作状态进行信号显示。

(2)船舶应急配电板

船舶应急配电板通常由应急发电机控制屏和应急负载屏组成，其同样由几个控制屏拼装而成，外形如图 2-2-2 所示。

屏上所安装的仪表和电器与主配电板基本相同，只是因应急发电机总是单机运行，故不需要并车和逆功率保护装置。应急配电板的主要功能是控制和监视应急电源的工作情况，并将应急发电机发出的电能，通过应急电网向全船应急负载供电。

图 2-2-2　应急配电板外形图

(3)船舶配电板的基本外形尺寸

船舶主配电板和船舶应急配电板都是由每个功能屏组成的,因此每一功能屏的尺寸直接决定了船舶配电板的外形。根据船舶配电板结构的不同,单屏的基本尺寸见表 2-2-1。

表 2-2-1　船舶配电板的单屏尺寸

<table>
<tr><th colspan="2" rowspan="3">屏高/mm</th><th colspan="8">屏宽/mm</th></tr>
<tr><th>550</th><th>600</th><th>650</th><th>700</th><th>800</th><th>900</th><th>1 000</th><th>1 100</th></tr>
<tr><th colspan="8">屏深/mm</th></tr>
<tr><td rowspan="5">封闭式</td><td>1 890</td><td colspan="6">660,760,860</td><td colspan="2">—</td></tr>
<tr><td>2 010</td><td colspan="7">660,760,860,960</td><td>—</td></tr>
<tr><td>2 130</td><td>—</td><td colspan="6">760,860,960,1 060</td><td>—</td></tr>
<tr><td>2 250</td><td>—</td><td colspan="6">860,960,1 060,1 160,1 260,1 360</td><td>—</td></tr>
<tr><td>2 370</td><td>—</td><td colspan="7">1 360,1 460,1 560,1 660</td></tr>
<tr><td rowspan="6">板后开启式</td><td>1 600</td><td colspan="3">630</td><td colspan="5">—</td></tr>
<tr><td>1 800</td><td colspan="4">630,730</td><td colspan="4">—</td></tr>
<tr><td>1 900</td><td>—</td><td colspan="4">630,730,830,930</td><td colspan="3">—</td></tr>
<tr><td>2 000</td><td>—</td><td colspan="4">630,730,830,930</td><td colspan="3">—</td></tr>
<tr><td>2 100</td><td>—</td><td colspan="5">630,730,830,930,1 030</td><td colspan="2">—</td></tr>
<tr><td>2 200</td><td colspan="3">—</td><td colspan="5">930,1 030,1 130,1 230,1 330</td></tr>
</table>

表 2-2-1(续)

屏高/mm		屏宽/mm							
		550	600	650	700	800	900	1 000	1 100
		屏深/mm							
箱式	700	300	—						
	800	300		—					
	900	—	300		350	—			
	1 000	—	300		350		—		
	1 200	—			350		400	—	

由此可以看出,通常船舶主配电板长度不小于 3 m,应急配电板长度不小于 2 m,因此船舶配电板属于大型船舶电气设备。

2. 船舶配电板的安装位置

如上所述,船舶主配电板和应急配电板分别安装在集控室和应急发电机室。以一艘海洋平台工作船为例,其中船舶主配电板位置如图 2-2-3 所示,船舶应急配电板位置如图 2-2-4 所示。

由图 2-2-3 和图 2-2-4 可以看出,船舶主配电板主要布置在机舱平台上的控制室内,在自动化程度较高的船上则与主机操纵台一起都装在带空调并隔离的集控室中;而应急配电板通常安装在主甲板上应急发电机的统一舱室中。

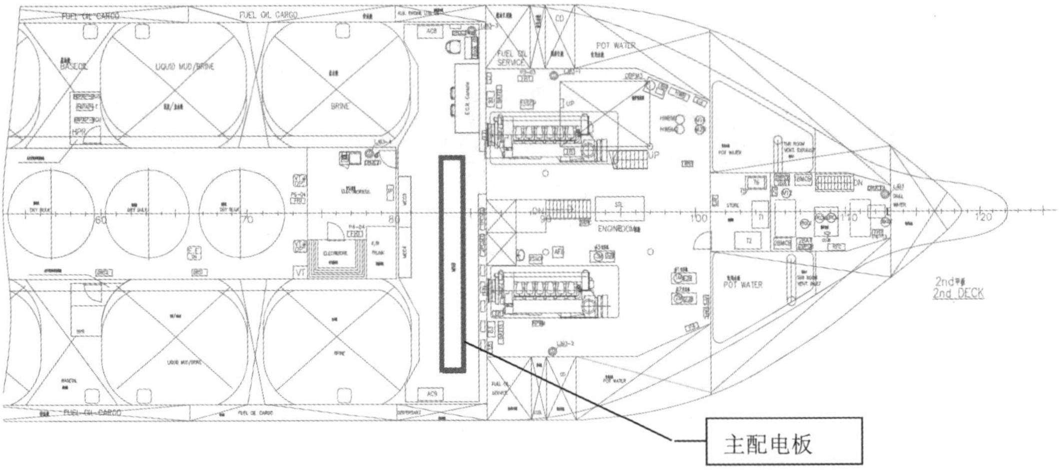

图 2-2-3　船舶主配电板位置

如上所述,船舶主配电板和应急配电板安装在舱室中,其舱口面积较小或安装位置特殊,对于大型电气设备,如发电机组、大型电动机、主配电板、应急配电板、大型操纵台及大型控制设备等,必须在舱室的封口板安装前,或在大型机械设备(如主机、副机等)安装前,按“大型设备进舱清单”的项目及程序,将其安装完毕或安置在安装地点,以保证全船的建造进度,因此船舶主配电板和应急配电板应采用预安装方式进行。

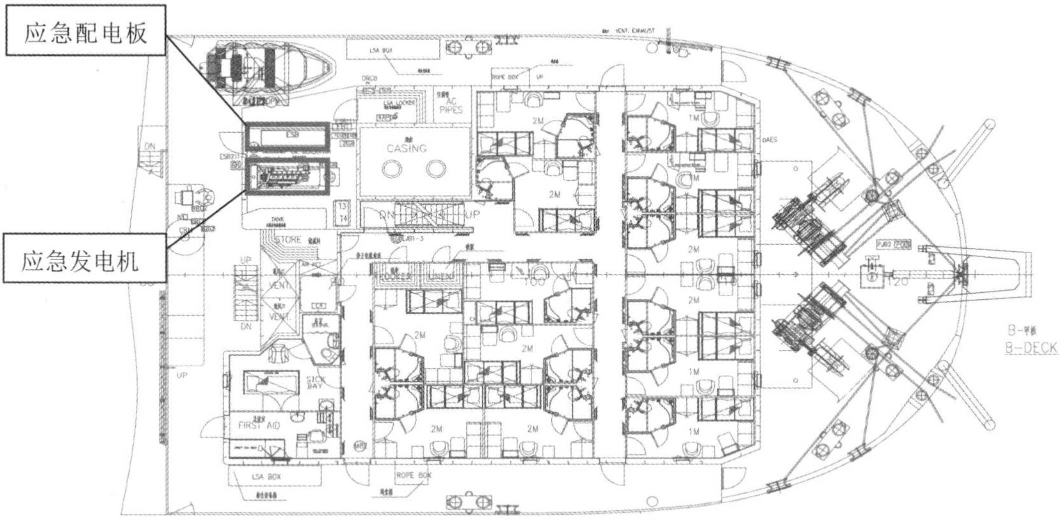

图 2-2-4　船舶应急配电板位置

3. 船舶配电板的安装方式

常用船舶电气设备的安装方式主要有立式安装、壁式安装及嵌入式安装。一般较大的配电装置，如主配电板、应急配电板等，多采用立式安装的结构，即落地式安装，如图 2-2-5 所示。

图 2-2-5　船舶配电板安装实物图

该配电板通常设计为板后开启式封闭结构，并采用板前检修或板后检修的方式。对于板前检修方式，应有后盖板，可以靠壁安装；对于板后检修方式，后面可为开启式或装有防护门，但必须备有水平安装的绝缘扶手。

配电板下面设有底座或底角，安装于甲板上，因此其固定方式常采用电气设备直接固定法，如图 2-2-6 所示。

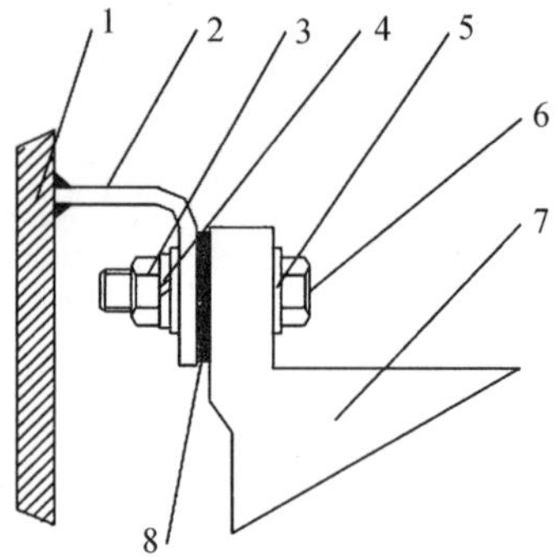

1—船体或金属构建;2—支架或基座;3—螺母;4—弹簧垫圈;5—平垫圈;6—螺栓;7—电气设备;
8—梅花垫片或锡箔纸(仅用于有接地要求的支脚)。

图 2-2-6　电气设备直接固定

该固定方法为电气设备 7 与设备支架或基座 2 连接固定,设备支架通过焊接的方式与船体结构相连,从而起到固定的作用。

此外,有些船舶的配电板位于机舱内部发电机附近,配电板处振动比较强烈,对于对抗振性要求较高的船舶,船舶配电板在安装时必须采用减振器,因此其固定方式为设备通过减振器固定在基座上,如图 2-2-7 所示。

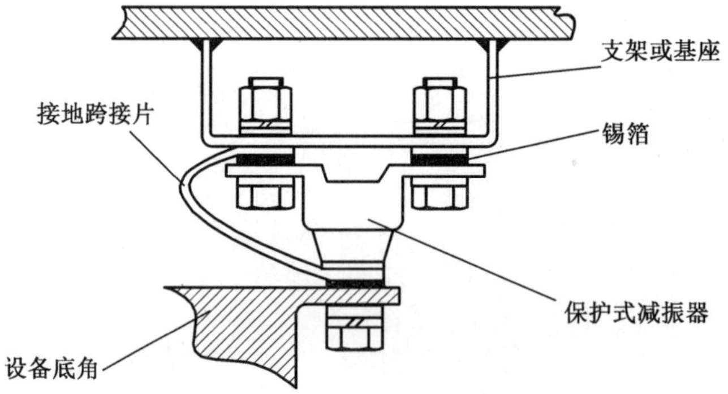

图 2-2-7　保护式减振器

这种固定方式与直接固定方式的区别在于,在设备底角与支架或基座间增设了一个减振器。减振器可以是橡皮座垫、弹簧减振器、保护式(也称 E 型)减振器等。保护式减振器在抗振性要求较高的船舶设备安装时使用较多。

二、船舶主配电板及应急配电板安装件的选择和设计

从前面船舶配电板的固定方式中可以看出,船舶配电板是通过支架或基座与船体结构进行连接的,并不是设备直接固定到船体结构上,这样做的意义在于可以方便设备后期的拆装和维护。因此,在进行设备安装时需选择合适的支架和基座。

1. 船舶配电板安装件的选择

根据标准《船舶电缆敷设和电气设备安装附件 电气设备安装件》(CB/T 3667.4—2013)的规定,常用的电气设备安装件有桥形板、支柱、支架和基座。其中桥形板、支柱主要用于安装开关、接线盒等小型设备;支架主要用于安装质量小于 60 kg 的中型设备;基座主要用于安装中大型设备。船舶配电板属于大型设备,本节首先了解基座的结构和特点,其典型结构示意图如图 2-2-8 至图 2-2-23 所示。

微课　船舶电气设备安装件(三)

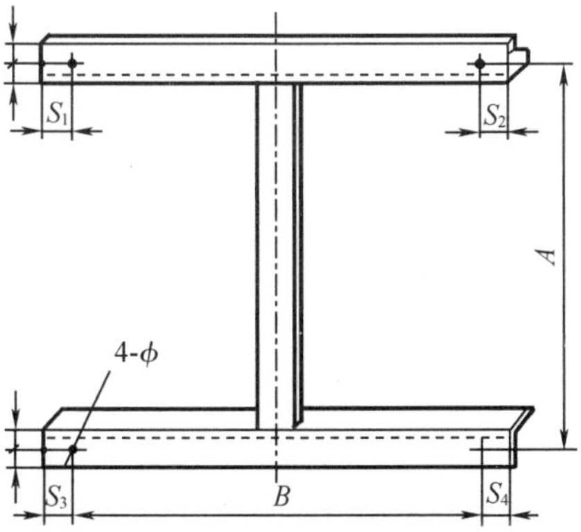

图 2-2-8　4W Ⅰ-AF 型基座

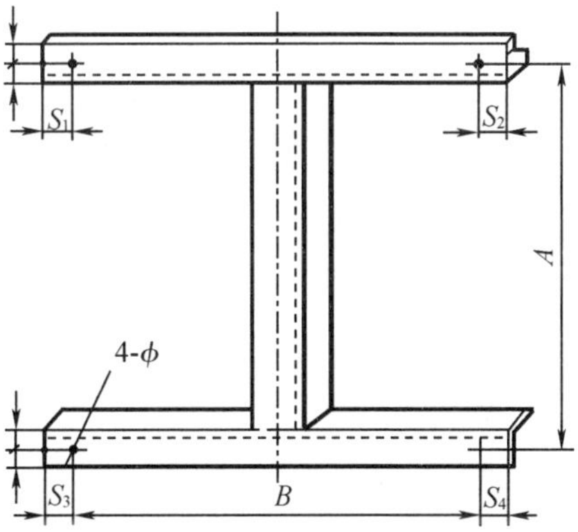

图 2-2-9　4W Ⅰ-AA 型基座

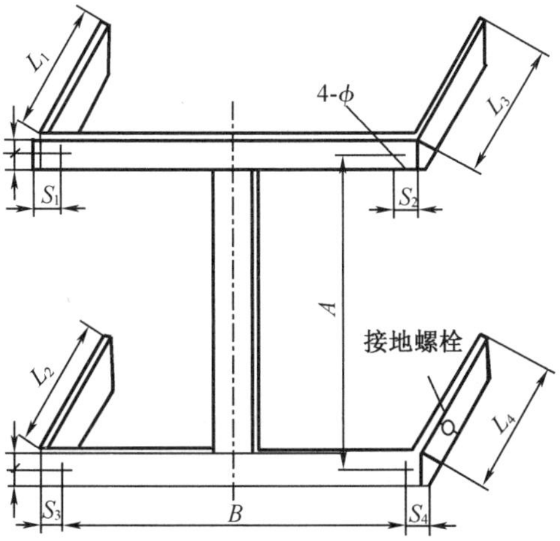

图 2-2-10　4L Ⅰ-FF 型基座

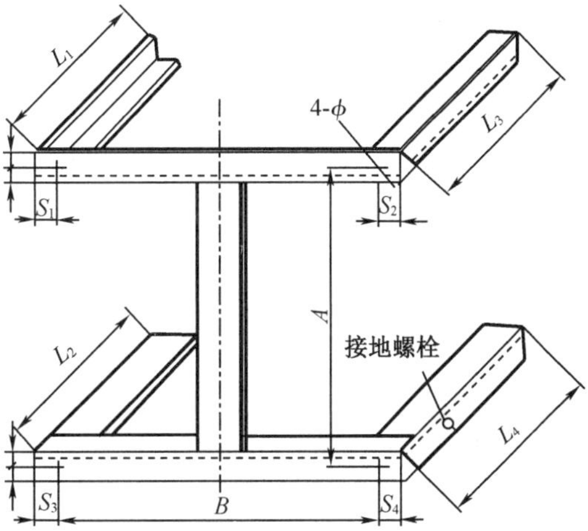

图 2-2-11　4L Ⅰ-AF 型基座

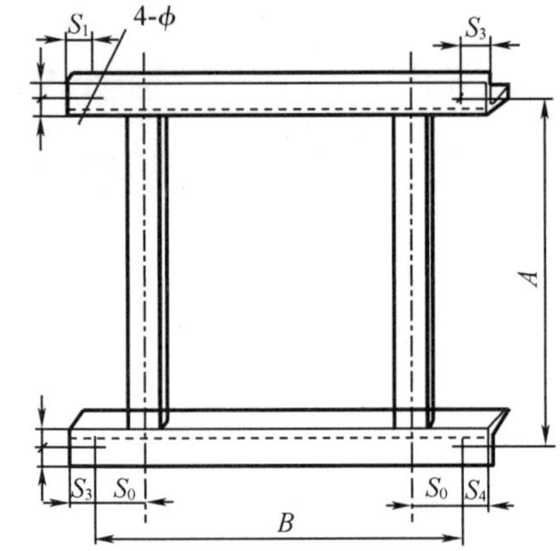

图 2-2-12　4W Ⅱ-AF 型基座

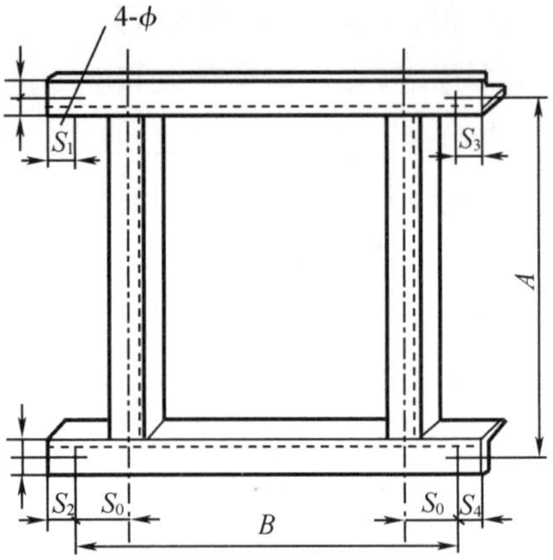

图 2-2-13　4W Ⅱ-AA 型基座

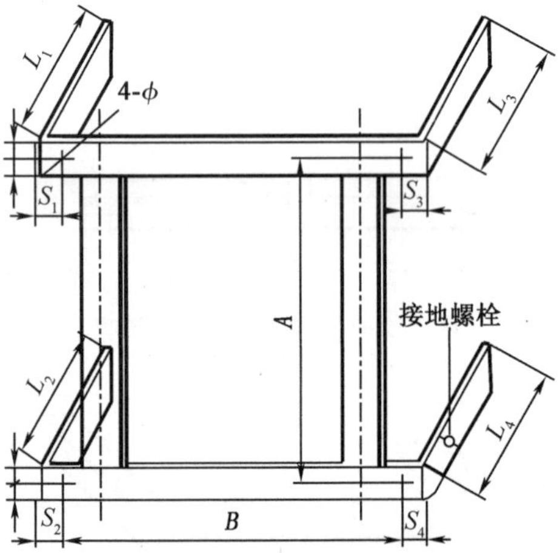

图 2-2-14　4L Ⅱ-FF 型基座

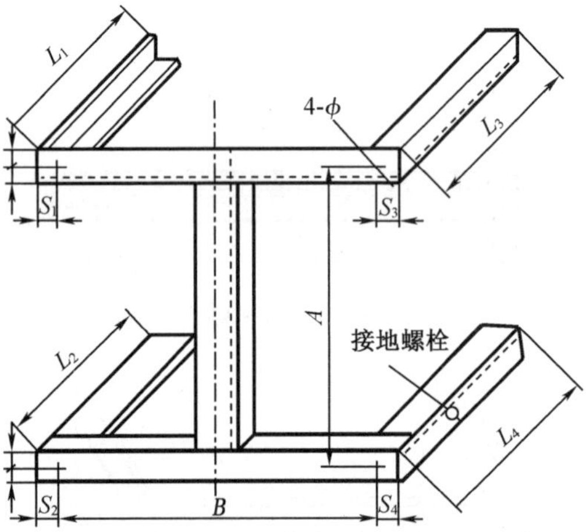

图 2-2-15　4L Ⅰ-AA 型基座

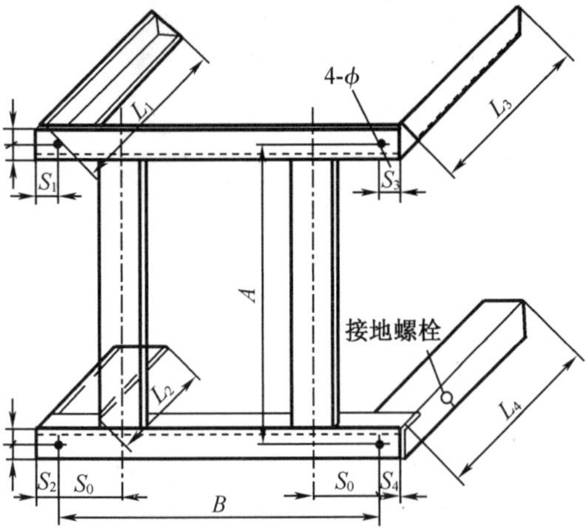

图 2-2-16　4L Ⅱ-AF 型基座

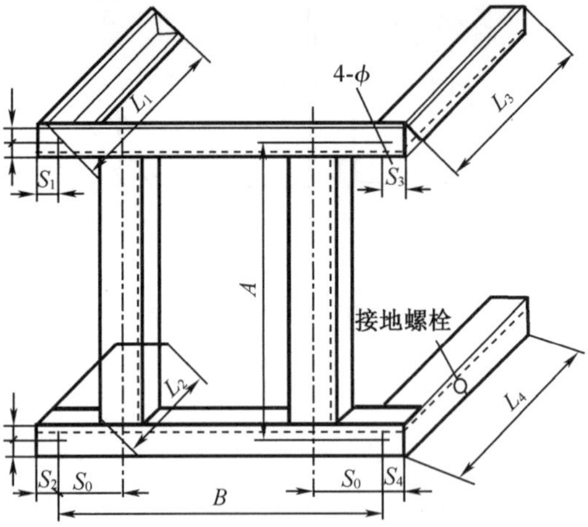

图 2-2-17　4L Ⅱ-AA 型基座

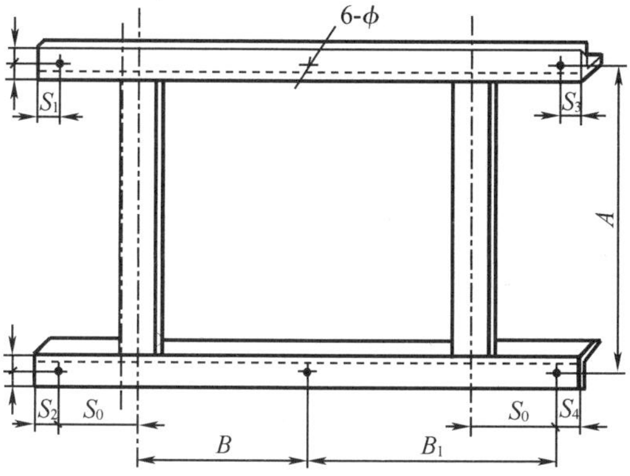

图 2-2-18　6W Ⅱ-AF 型基座

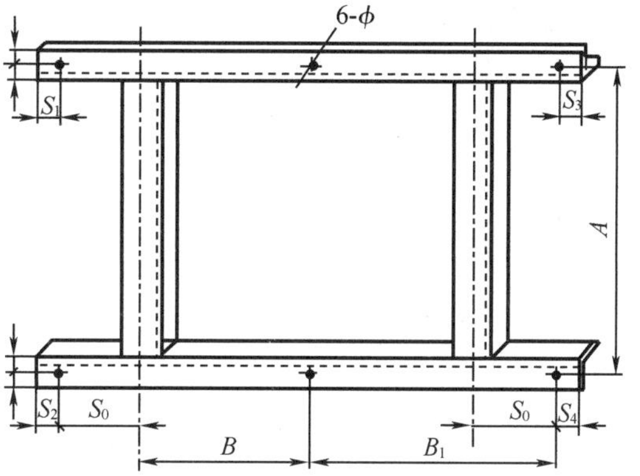

图 2-2-19　6W Ⅱ-AA 型基座

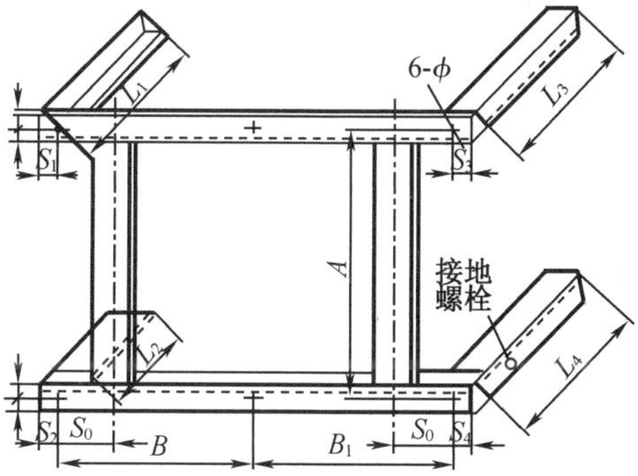

图 2-2-20　6L Ⅱ-AF 型基座

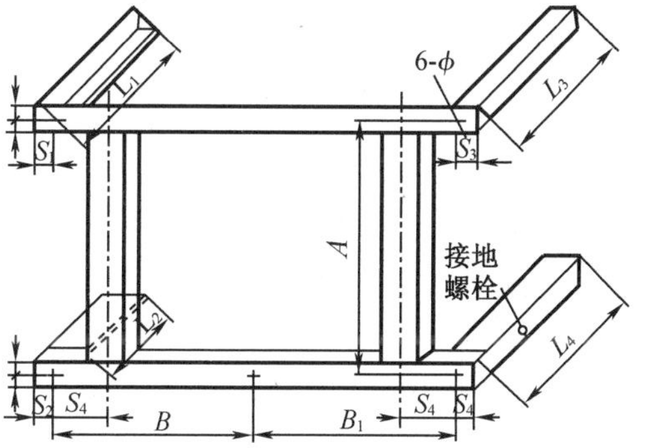

图 2-2-21　6L Ⅳ-AA 型基座

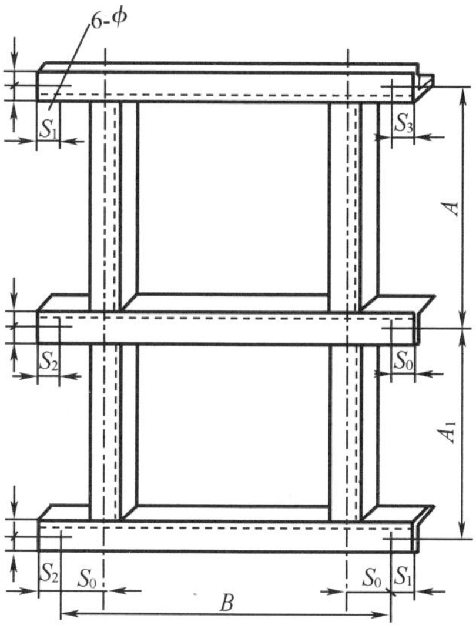

图 2-2-22　6W Ⅳ-AA 型基座

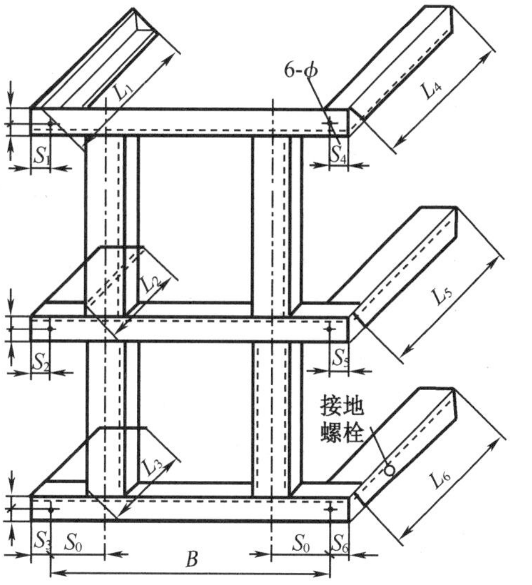

图 2-2-23　6L Ⅳ-AF 型基座

注：$L_1 \sim L_6$——支持长度，由用户确定。

$S_0 \sim S_1$——设备安装尺寸，按照设备尺寸参数确定。

A_1——设备安装尺寸，按设备尺寸参数确定。

B_1——设备安装尺寸，按设备尺寸参数确定。

基座的标记方法如图 2-2-24 所示。

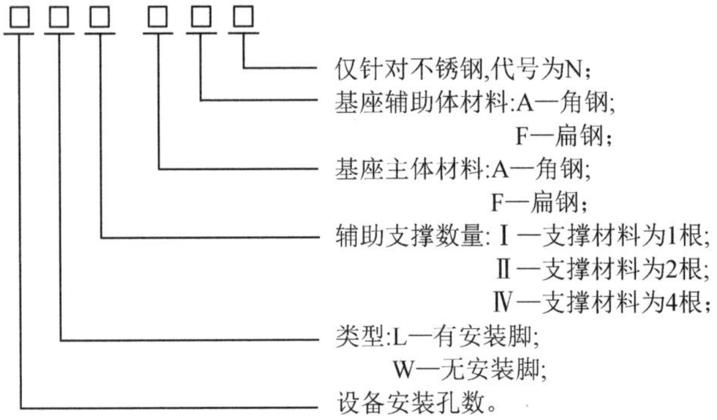

图 2-2-24 基座标记

由以上典型图可以得出如下结论:

(1)基座的结构形式相似,常为扁钢或角钢按照设备安装图进行拼搭,并且相同厚度和材料的扁钢和角钢,角钢构成的基座承重能力大于扁钢。

(2)基座结构可以分为有安装脚和无安装脚两种。

(3)基座安装孔的数量、尺寸均需根据设备安装尺寸进行确认。

2. 船舶配电板安装件的设计

根据基座结构特点,船舶配电板的安装件通常由角钢构成,依据配电板安装尺寸和安装孔数量进行拼搭。在进行船舶配电板安装件设计时,需首先确认配电板的固定形式及处所,然后根据设备安装信息即质量、长度、宽度、安装孔的数量等进行基座设计,从而完成船舶配电板安装件的设计。

下面以一艘散货船的主配电板为例进行说明,该配电板的外形如图 2-2-25 所示,安装图如图 2-2-26 所示。

如图 2-2-25 所示,该配电板外形长 8 400 mm,宽 800 mm,高 2 100 mm,由 13 个单元屏组成,落地式安装,可采用直接固定形式。如图 2-2-26 所示,底座安装孔由 52 个 14 mm×25 mm 的腰圆孔组成,分别位于底座的上下两条长边上且起始点为距边 67. 5 mm 处,宽度方向安装孔间距为 565 mm 或 465 mm。

根据该特点,该配电板的基座采用角钢拼接,安装孔的位置、数量、孔径与设备底座一致,其主配电板的安装基座如图 2-2-27 所示。由图可以看出,该基座主体由 100 mm×63 mm×8 mm 的角钢组成,长度为 8 410 mm,共 52 个安装孔且孔距与配电板设备底座的孔距一致,宽度与船舶配电板的宽度一致。安装后的效果如图 2-2-28 所示。

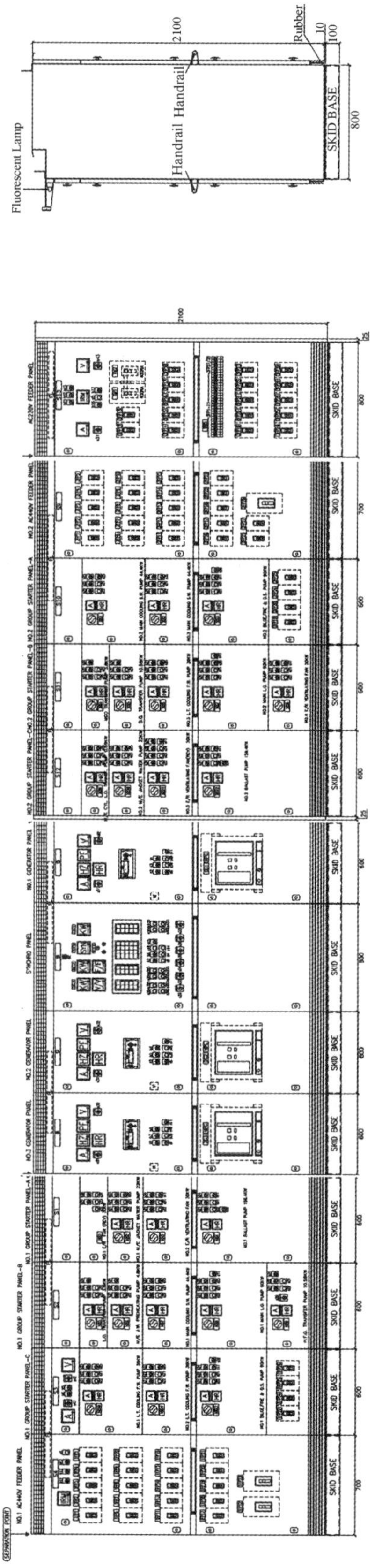

图 2-2-25　船舶配电板外形图

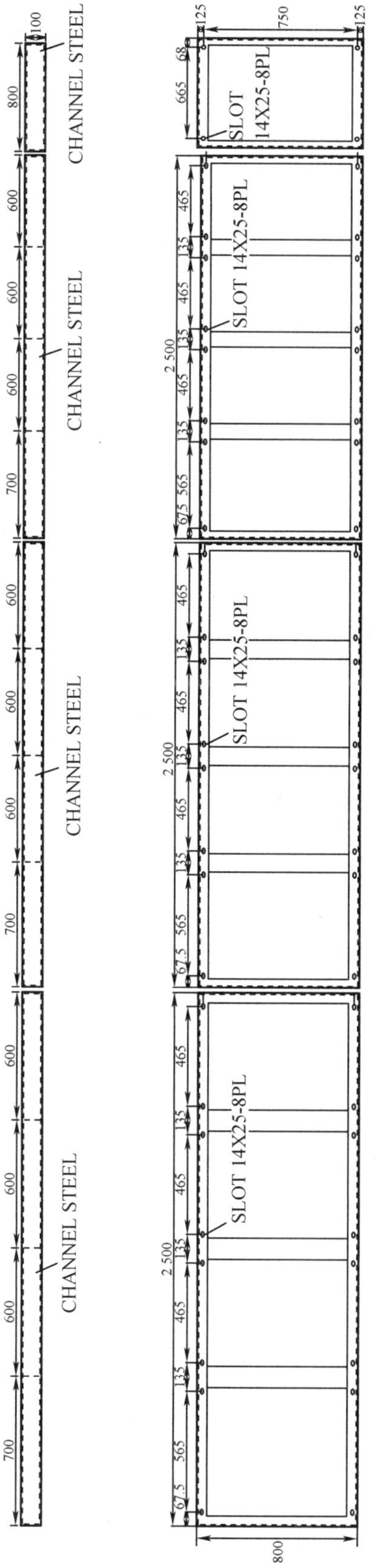

图 2-2-26　船舶配电板安装图

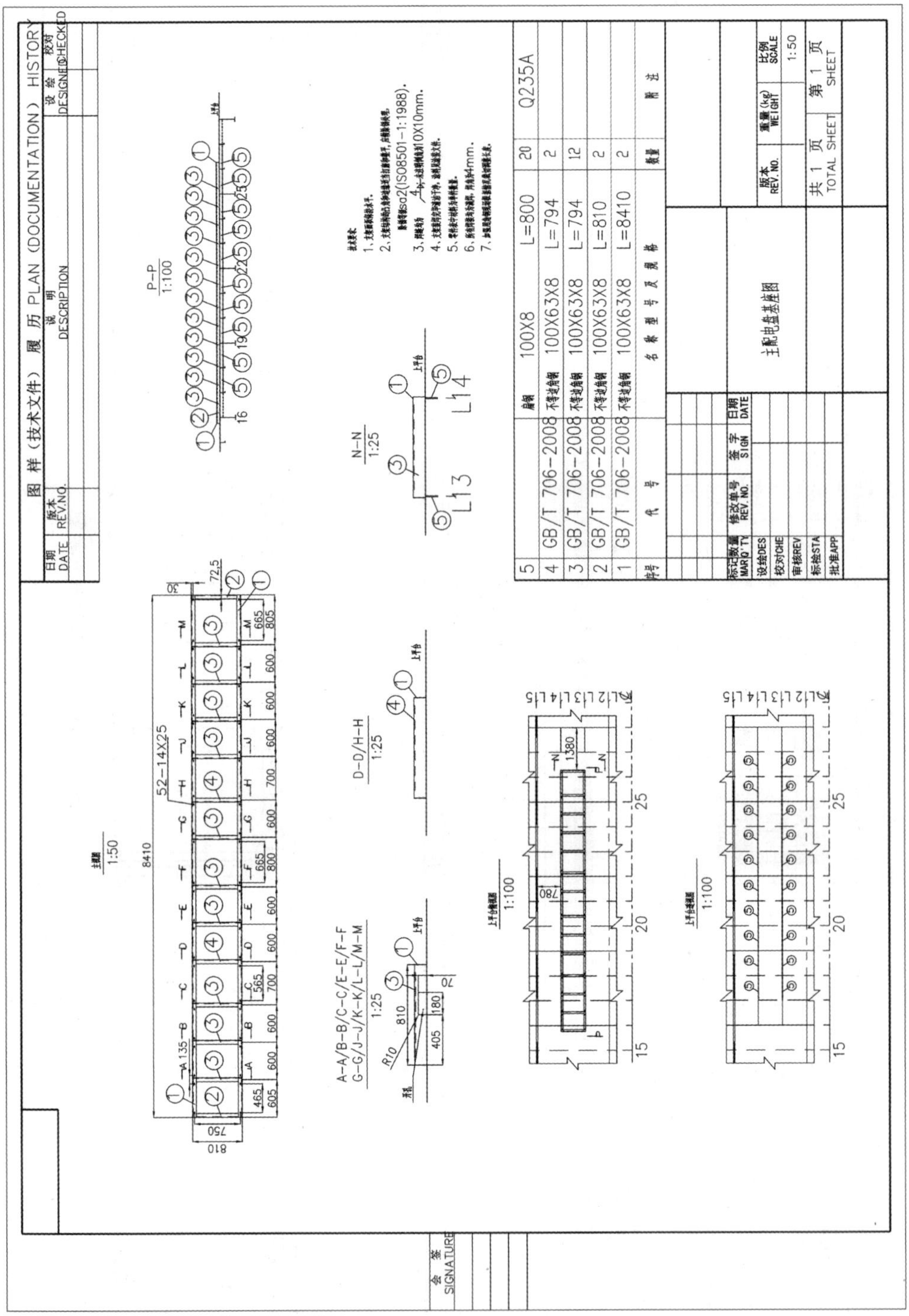

图 2-2-27 船舶主配电板安装基座图

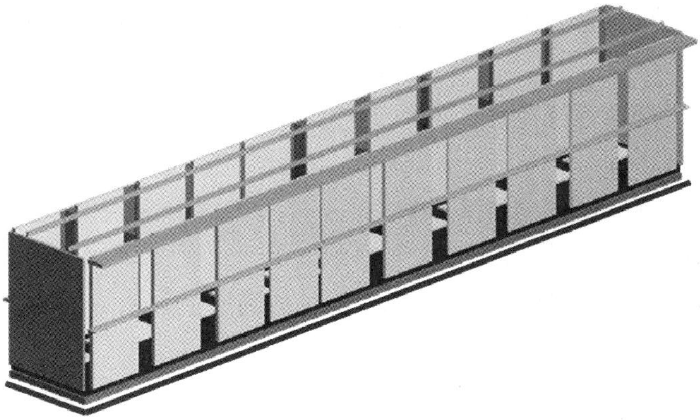

图 2-2-28　船舶配电板安装后效果图

三、船舶配电板安装工艺要求

根据《船舶电气设备安装工艺》(CB/T 3909—2019)的要求,船舶配电板在安装时应满足船舶电气设备的一般工艺要求及船舶配电板的特殊工艺要求,其主要工艺内容如下。

1. 一般要求

(1)设备安装时应考虑安全及便于使用、维修,安装场所有足够的照明,并通风良好。

(2)设备安装时不应破坏舱壁或甲板原有的防护性能及强度。

(3)安装场所若有剧烈振动,并影响设备正常、可靠工作时,设备的安装应设有减振器。

(4)设备的安装应整齐无歪斜现象,并应不影响设备原有防护及工作性能,也不应使设备箱体受力而变形。

(5)设备的安装均应是可拆卸的,其紧固及连接应牢固,并有防止受振动而松脱的装置。

(6)设备的安装施工,应在船体矫正结束、设备基座及隐蔽部位涂装完成后进行。

2. 特殊工艺要求

(1)配电板的前后应留有足够宽度的通道,如图 2-2-29 所示,前面通道宽度不小于 0.8 m,后面通道的宽度不小于 0.6 m。若配电板的结构形式能在前面和侧面进行检查、维护和更换部件,则允许后面不设通道。

图 2-2-29　船舶配电板通道要求

(2)除安装在集中控制室外,其他场所安装的配电板后面通道的入口处,宜配置带锁的门。

(3)配电板前后应铺有符合耐压等级的绝缘橡皮或防滑和耐油的绝缘地毯或经绝缘处理的木格栅。

(4)配电板的后面和上方,不应装有水、油及蒸汽管,当不能避免时,则应采取有效的防护措施。油柜及其他液体容器,不应在上述区域安装。

(5)配电板应安装在甲板的底座上(或封闭板的底座上),引入电缆的穿舱件应不破坏舱室防火或水密性能。

(6)配电板内应配有电路图,以供查阅。

任务实施

任务名称:船舶配电板安装件选择及安装工艺编制

一、目的

掌握船舶配电板安装件的设计方法。

二、实训条件准备

船舶配电板设备资料,船舶总布置图。

三、项目内容及要求

根据船舶总布置图、船舶配电板设备资料,选择船舶配电板安装件并编制安装工艺,具体要求见表 2-2-2。

表 2-2-2　船舶配电板安装件选择及工艺文件编制任务

任务	考核内容及要求
船舶配电板安装件选择	结合船舶总布置图,选择合适的船舶配电板安装件。要求需符合实际,语言准确、精练,主要包括以下方面: 1. 确定配电板安装位置; 2. 确定配电板安装形式; 3. 确定配电板固定形式; 4. 确定配电板外形尺寸及安装尺寸; 5. 选择配电板安装件材料,并根据设备安装尺寸构建配电板安装件图纸
船舶配电板安装工艺文件编制	根据本任务所学,制定船舶配电板板安装工艺,要求内容全面,语言准确、精练

四、项目评价

船舶配电板安装件选择及工艺文件编制考核表见表 2-2-3。

表 2-2-3　船舶配电板安装件选择及工艺文件编制考核表

任务编号：　　　　　　　　　　组号：　　　　姓名：　　　　总分：

考核任务	考核内容	分值	评分标准	得分	备注
船舶配电板安装件选择	按照船舶总布置图和设备资料选择船舶配电板安装件	50 分	1. 能够正确确定配电板安装位置(5 分)； 2. 能够正确确定配电板安装形式(5 分)； 3. 能够正确确定配电板的固定形式(5 分)； 4. 能够正确选择配电板安装件材料，并进行搭建(35 分)		
船舶配电板安装工艺文件编制	根据标准 CB/T 3909—2019 确定船舶配电板工艺要求	20 分	能够正确完整表述配电板安装时的注意事项及工艺要求(20 分)		

知识拓展

一、船舶电气系统图和设备布置图的识图

从前面的学习中可以看出，船舶电气设备安装必须确定船舶设备位置，与电气设备位置相关的主要图纸为船舶电气系统图和船舶电气设备布置图，因此正确认识此类图纸是完成电气设备安装的基础。

1. 船舶电气系统图

船舶电气设备按其功能可归类成五个系统：电力系统、照明系统、内部通信系统、自动化和监控系统、航海和无线电系统。船舶电气系统图的主要功能为采用标准化设计将设备和电缆之间的连接关系描述出来，如图 2-2-30 所示。

该图中的表格部分称为明细表，主要反映系统图中设备代号所表示的设备名称、参数、数量信息，虚线箭头与图纸中的设备代号一一对应。系统图则详细地描述了整条船舶上电气设备的特征、使用的电缆、安装的大概位置，以及设备、电缆相关的代号等，为后续安装施工图纸绘制打下基础。

2. 船舶电气设备布置图

电气设备布置图是电气图纸中较为重要的一份图纸，它将电气系统图中的设备位置集中反映到船体总布置图中，并且根据系统图中的设备代号和电缆代号对设备进行标注，如图 2-2-31 所示。

微课　设备布置图认知

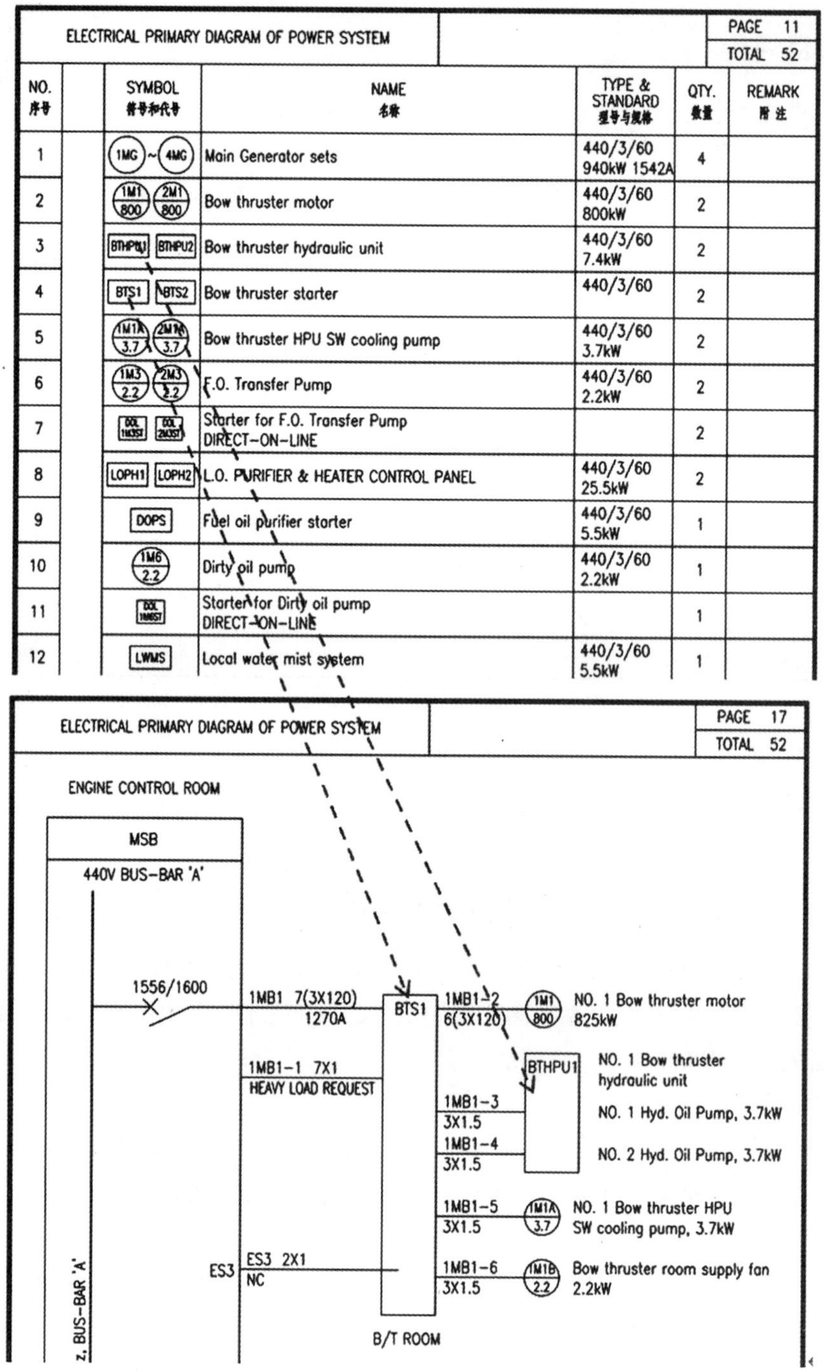

图 2-2-30　船舶电气系统图示例

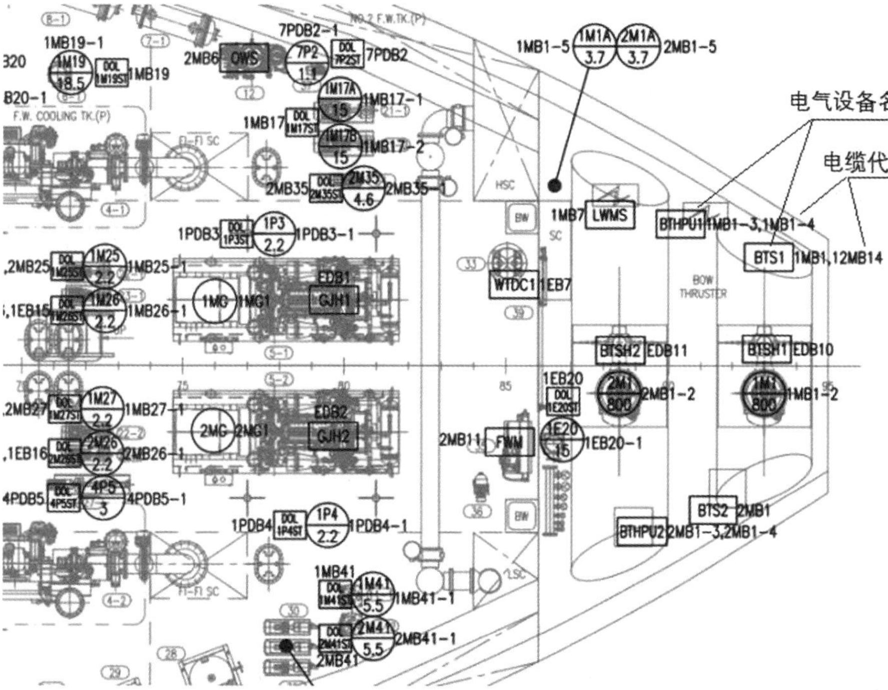

图 2-2-31　船舶电气设备布置图

图 2-2-31 中,BTS1 表示的是 1 号侧推启动器,在 BTS1 旁边的 1MB1 表示从 MSB(主配电板)到侧推启动器的电缆代号,BTHPU1 表示的是 1 号侧推启动器液压启动单元,在 BTHPU1 旁边的 1MB1-3、1MB1-4 表示从 BTS1 到 BTHPU1 的电缆代号。

除了上述设备布置图的绘制方法外,还有不同的布置方式。为了便于查找和标注,也可以把系统图进行分类,分类代码见表 2-2-4。

表 2-2-4　船舶电气设备分类代码

系统分类代码	系统图	系统分类代码	系统图
1	电力系统	4	自动化和监控系统
2	照明系统	5	航海和无线电系统
3	内部通信系统		

电气设备布置图则标注对应的电气系统图分类和页码,如图 2-2-32 所示。

电气系统图 08 页 3 号组合启动器 GP3,在电气设备布置图中旁标为 108(1 代表电力系统图,08 代表第 8 页);4 号组合启动器 GP4,旁标为 111(1 代表电力系统图,11 代表第 11 页)。

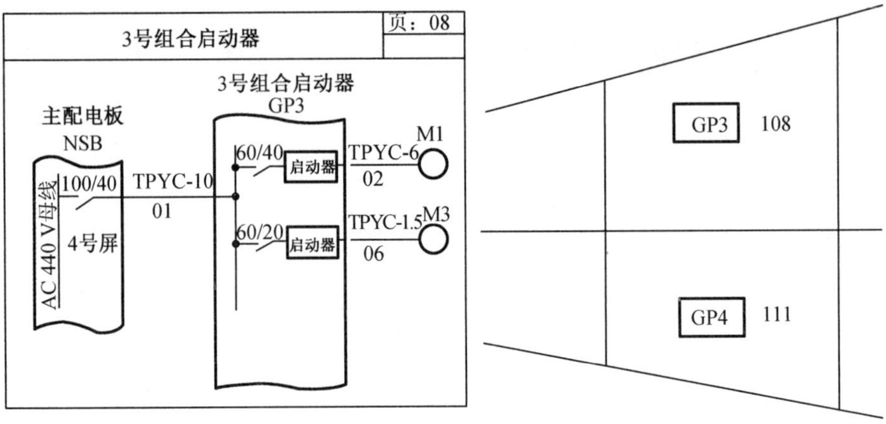

图 2-2-32　电气设备布置图示例

3. 电气设备布置图绘制要求

(1)设绘依据

①船舶总布置图；

②机舱布置图；

③上层建筑舱室布置图；

④专用舱室布置图,如舵机室布置图等；

⑤电气系统图:电力、照明、内部通信、自动化和监控、航海及无线电等；

⑥船体、轮机、舾装、电气等专业涉及电气的设备技术资料,如电气设备外形尺寸图等；

⑦入级船级社规范的有关要求及有关规则、公约、标准。

(2)设绘要求

①全船电气设备布置图用的船体轮廓线图(或舱室布置图)应按具体情况选用适当比例,一般采用 1∶25、1∶55、1∶100。

②船体轮廓线图(或舱室布置图)一般选用相应专业的现成图纸,同时须进行一些技术处理,即取消一些对电气设备布置无关的图形、文字、数据等内容,经处理后的船体轮廓线图(或舱室布置图)以及与电气设备定位有关的机械设备、家具及船体构件均用淡实线表示,电气设备用深实线表示。

③电气设备的图形符号、文字代号必须与电气系统图一致,并且需在每个电气设备图形符号的右上角(因位置限制时,亦可在左上角)标上电气系统图的系统代号及页次号。在电气设备图形符号的右下方标上设备的序号(如有时)。

(3)设绘内容情况说明

①全船电气设备布置图应用系统图上的设备图形符号、代号、设备位置,在平面图上表达全船电气设备的配置情况,并由图形符号的位置来体现电气设备在各舱室、走道及外场所的大致相对位置。

②全船电气设备布置图应按甲板层次分层进行设绘,凡未装有电气设备的舱室和甲板区域可不必绘出。

③凡是电气系统图上出现的所有电气设备,必须在全船电气设备布置图上有所反映。

④若发现某舱室电气设备较多，为了表示清楚，亦可在同张图的空白处绘制此舱室的放大图，把电气设备绘制在舱室放大图中。

⑤在通常情况下，按规范、规则要求单独送审的舱室电气设备布置图或电气设备比较集中而且定位要求较高的舱室，还应另外设绘单独的专用舱室电气设备布置图。

⑥桅杆、起重柱及类似结构可用侧视图表示，然后在侧视图上绘制电气设备。

⑦全船各系统的电气设备通常设绘在同一套布置图上，对某些电气设备较多的船舶，亦可根据实际情况把全船照明设备单独绘制成全船照明设备布置图。

⑧全船电气设备布置图无须标绘安装尺寸，但如有可能，大、中型电气设备的图形符号尽可能按一定的比例设绘布置。

⑨全船电气设备布置图上的图形符号、文字代号所代表的电气设备可查阅相应的电气系统图，在全船电气设备布置图上不另列设备表，但应有如何查阅设备相应的电气系统图的说明。

⑩全船电气设备布置图应编辑成册，应有封面、目录、说明、内页（各层甲板或舱室）等内容。

⑪全船电气设备布置图应有电子版本，各系统的电气设备图形符号应用不同的颜色、不同的图层绘制。

（4）设绘注意事项

①电力设备和一般通信导航设备、自动化设备，应根据系统图绘制布置图，对照明设备和部分船内通信设备，通常先画布置草图，再参照布置草图绘制系统图，然后绘制正式的布置图。

②注意与其他专业的协调性，避免设备相碰。

（5）校对要点

①检查全船电气设备布置图中的电气设备是否与电气系统图相符，即检查设备图形符号、代号、系统代号、页次号、布置位置等。

②按电气系统图检查全船电气设备布置图中电气设备是否有遗漏或重复。

③检查各电气设备的布置是否符合有关规范的要求，是否满足使用要求。

④检查是否与各专业间的有关图纸相协调。

任务三　船舶控制箱、分电箱的安装

任务描述

通过前面的任务，我们走进机舱，进行了船舶配电板安装的学习。本任务我们将走遍全船，了解船用电气控制箱、分电箱的安装。通过学习希望大家可以完成以下几个任务：

1. 完成控制箱安装阶段的确定；

2. 选择控制箱的安装形式；

3. 设计控制箱的安装固定件。

相关知识

一、船舶控制箱、分电箱的安装阶段及固定方式的确定

船舶控制箱安装阶段与固定方式的确定，与船舶配电板的方法一致。首先需要确定设备外形尺寸，其次要确定设备的安装位置，从而结合外形尺寸规划设备安装阶段，最后再将设备的安装方式和安装位置综合考虑以确定设备的固定方式。

控制箱、分电箱是船舶电气系统中数量较多的设备，如图 2-3-1 所示为一艘海洋平台工作船中不同控制箱的实例。

通过图 2-3-1 可以看出，船舶控制箱、分电箱有以下特征：

(1)通过图 2-3-1(a)和图 2-3-1(b)可以看出，船舶控制箱是非标设备，不同电气系统的控制箱外形尺寸存在差异；

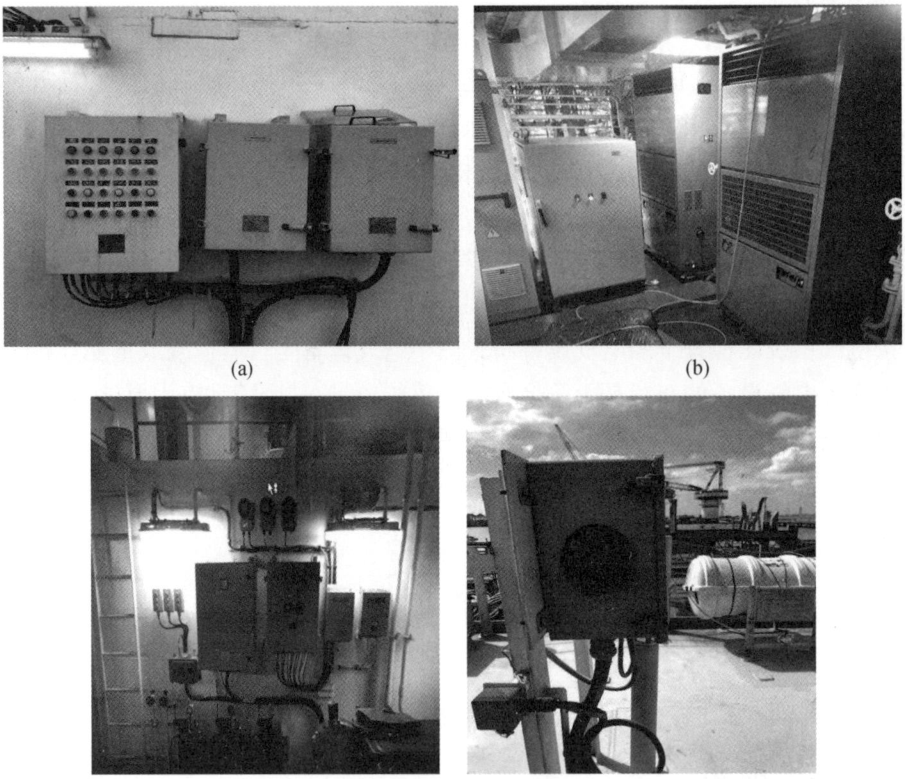

(a) (b) (c) (d)

图 2-3-1　控制箱安装实例

(e)

(f)

图 2-3-1(续)

(2)通过图 2-3-1(c)和图 2-3-1(d)可以看出,船舶控制箱的安装位置可以是室内机舱、室内起居处所,也可以是室外露天场所,其安装位置需按照功能需求结合操作方便性进行合理布置。

(3)通过图 2-3-1(e)和图 2-3-1(f)可以看出,船舶控制箱的安装固定方式存在较大差异,主要有壁挂式和嵌入式两种。壁挂式安装如图 2-3-1(e)所示,是指在控制箱两侧或者背部上下设有安装箱脚,安装在隔壁或者支架上,小型控制箱或者分电箱多采用这种安装方式;嵌入式安装如图 2-3-1(f)所示,是指对于空间受到限制或者要求美观的处所,通常将控制箱安装到隔壁内,采用其面板与隔壁水平或者略微高出隔壁的安装方式。此外,对于体积和质量都特别大的控制箱,其安装方式与配电板类似,为落地式安装。

根据船舶控制箱外形多样化、安装处所多样化、安装形式多样化的特点,其安装阶段及固定方式也存在一定的特点。

1. 安装阶段的选择

根据控制箱外形尺寸的特点,在进行安装阶段的选择时需根据设备质量和外形尺寸进行选择。

(1)对于体积和质量较大的控制箱,如外形尺寸大于舱室通道,无法正常进入;或质量较大,人力无法进行搬运时,通常为落地式安装,应采用大型设备预安装方式,即将设备提前安装到位,再进行舱室的封闭。

(2)对于体积和质量较小的控制箱,如外形尺寸可以通过门、窗等处所进入并可依靠人力或普通吊装设备进行运输时,则可在普通舱壁阶段进行安装,即在船体工作全部完成之后再进行设备安装的方式。

2. 固定方式的选择

由于船舶控制箱具有多样性,因此船舶控制箱的固定方式也较为复杂,根据固定特点可以分为普通钢质舱壁固定和复合岩棉板表面固定两种。

(1)船舶控制箱在普通钢质舱壁固定

船舶控制箱固定在普通钢质舱壁表面时,其固定方式与配电板类似,主要采用直接固定的方式,即控制箱通过安装支架或基座固定在钢质舱壁上,其紧固形式如图 2-3-2 所示。

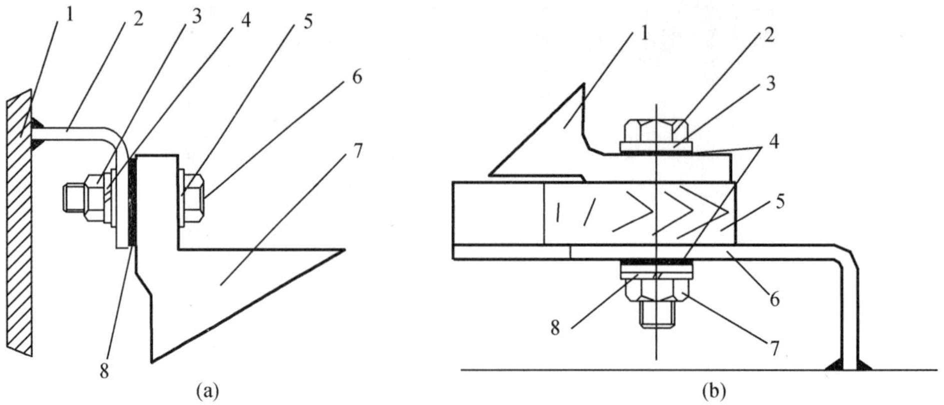

(a)1—船体或金属构件;2—支架;3—螺母;4—弹簧垫圈;5—平垫圈;6—螺栓;7—电气设备;
8—梅花垫片或锡箔垫片(仅用于有接地要求的支脚)。
(b)1—电气设备;2—螺栓;3—平垫圈;4—梅花垫片或锡箔垫片(仅用于有接地要求的支脚);
5—橡皮;6—底座;7—螺母;8—弹簧垫圈。

图 2-3-2 电气设备固定在钢质舱壁上的基本形式

如图 2-3-2 所示为电气设备固定到钢质舱壁上的基本形式,从图中可以看出电气设备通过支架或基座与钢质舱壁相连。图 2-3-2(a)表示电气设备通过螺栓直接与支架或基座相连,适用于对抗振性要求不高的设备安装。图 2-3-2(b)表示电气设备通过橡皮间接与支架或基座相连,适用对抗振性要求较高的设备安装。其中图 2-3-2(b)中的橡皮主要起到减振的作用,也可以替换为其他形式的减振器。

(2)船舶控制箱在复合岩棉板表面固定

船舶控制箱固定在具有复合岩棉板的舱壁时,其固定形式取决于设备质量和设备安装形式。

①当船舶控制箱质量小于 5 kg 且设备安装形式为壁挂式,此时可以采用直接固定的方式,如图 2-3-3 所示。

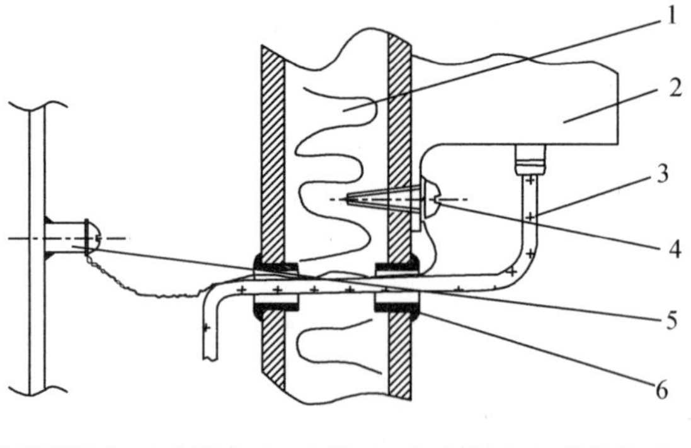

1—复合岩棉板;2—电气设备;3—电缆;4—自攻螺钉;5—接地柱;6—电缆衬套。

图 2-3-3 电气设备壁挂式固定在复合岩棉板上的基本形式

当船舶控制箱为壁挂式安装且质量小于 5 kg 时,可以采用自攻螺钉直接固定在复合岩棉板的表面。

②当船舶控制箱质量大于 5 kg,且由于安装空间的限制需要采用嵌入式安装时,可以采用如图 2-3-4 所示的固定方式。

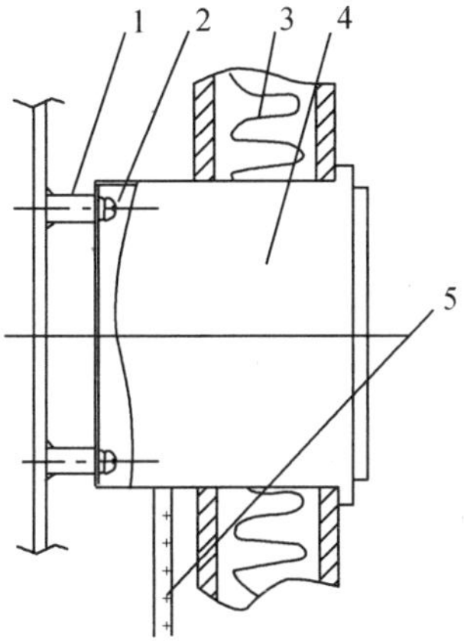

1—支柱或基座;2—螺钉;3—复合岩棉板;4—电气设备;5—电缆。

图 2-3-4　电气设备嵌入式固定的基本形式

当质量大于 5 kg 的船舶控制箱安装在空间狭小且有维修空间要求的区域时,可将设备支架或基座安装件首先焊接在船体钢质构件上,然后按照设备外形尺寸在复合岩棉板上开孔。将设备嵌入复合岩棉板中并与焊接在船体钢质构件上的支架或基座进行固定连接,完成船舶控制箱的安装。

③当船舶控制箱质量大于 5 kg,且安装空间较大可采用壁挂式安装时,可以采用如图 2-3-5 所示的间接表面安装的固定方式。

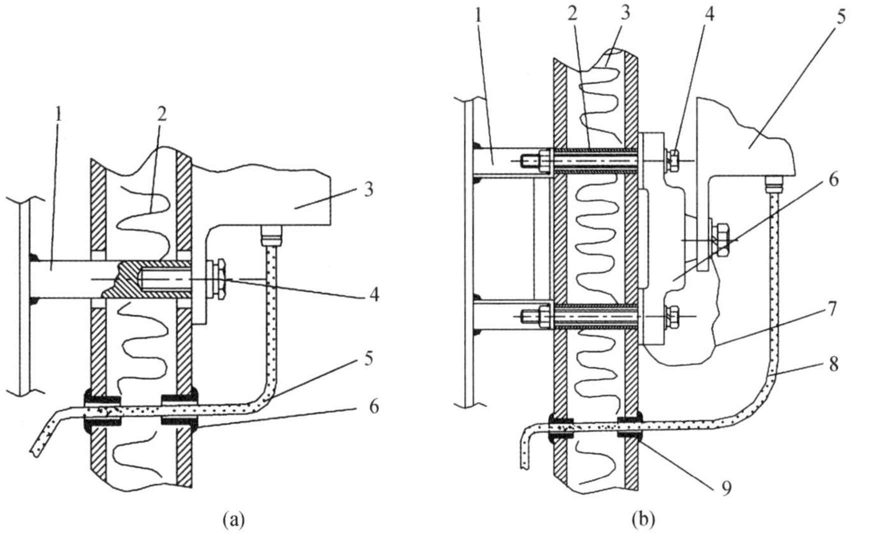

(a)1—支架或基座;2—复合岩棉板;3—电气设备;4—螺栓;5—电缆;6—电缆衬套。

(b)1—支架或基座;2—衬套;3—复合岩棉板;4—螺栓;5—电气设备;6—减振器;7—接地跨接片;8—电缆;9—电缆衬套。

图 2-3-5　电气设备壁挂式间接固定的基本形式

如图 2-3-5 所示，由于电气设备质量较大，因此无法将设备直接固定在复合岩棉板上。需首先将支架或基座焊接在船体钢质构件上，且高度尽可能与岩棉板外部相一致，使得电气设备可以与复合岩棉板紧贴；然后将电气设备与支架和基座进行连接固定。其中图 2-3-5(b)在图 2-3-5(a)的部分增加了减振器，因此适用于对抗振性要求较高的船舶。

二、船舶控制箱、分电箱安装件的选择和设计

船舶控制箱的安装固定方式多种多样，但是其基本固定形式与船舶配电板相同，即船舶控制箱仍然需要通过设备安装件与船体构件连接，因此设备安装件的选择和设计是船舶控制箱安装的关键。

1. 船舶控制箱、分电箱安装件的结构

根据标准《船舶电缆敷设和电气设备安装附件 电气设备安装件》(CB/T 3667.4—2013)中的规定，常用的电气设备安装件有桥形板、支柱、支架和基座。支架主要用于质量小于 60 kg 的中型设备；基座主要用于中大型设备。从船用电气控制的特点可以看出，控制箱的外形尺寸、质量均存在较大差异，因此，支架和基座这两种设备安装件均可用于安装船舶控制箱，基座的结构形式在 2.2.2 中已做介绍，本节主要介绍支架的结构形式。

微课　船舶电气设备安装件(二)

支架按其结构、材料分为 A 型钢质轻型支架、B 型钢质支架、C 型铝质支架和 D 型不锈钢支架四种。

(1)A 型钢质轻型支架的结构和基本尺寸分别如图 2-3-6 和表 2-3-1 所示。

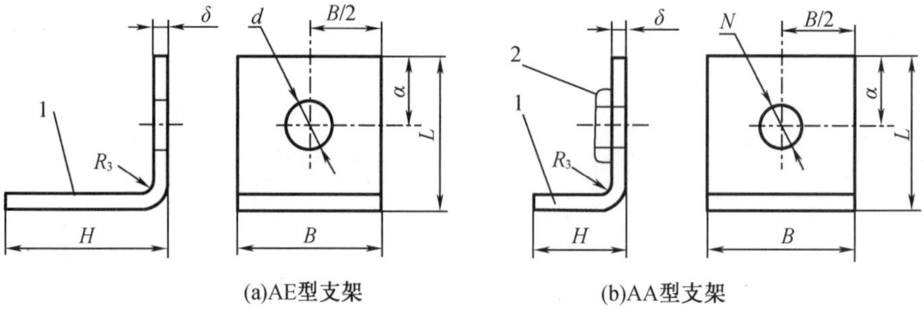

(a)AE型支架　(b)AA型支架

1—角钢；2—螺母。

图 2-3-6　A 型钢质轻型支架

表 2-3-1　A 型钢质轻型支架的基本尺寸　单位：mm

B	L	a	d	δ	M	H						承受质量/kg≤
						25	45	65	85	110	130	
						质量/(kg/1 000 个)						
25	25	11	7	3	6	28	40	52	63	75	87	4
30	30	13	9	4	8	45	54	84	102	126	144	8
40	40	18	13		12	—	99	124	148	179	203	12

（2）B 型钢质支架的结构和基本尺寸分别如图 2-3-7 和表 2-3-2 所示。

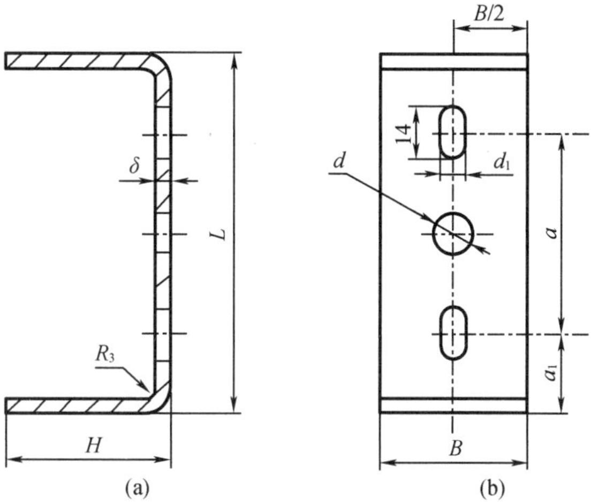

图 2-3-7　B 型钢质支架

表 2-3-2　B 型钢质支架基本尺寸　　单位：mm

B	*L*	a_1	*a*	*δ*	*d*	d_1	*H*						配用隔振器型号	承受质量/kg≤
							25		65	85	110	130		
							质量/（kg/1 000 个）							
96	40	21	54	4	11	7	159	E10 E15 E20	259	309	372	422	E10 E15 E25	25
100	55	16	68	5	13	9	295	E40	468	661	664	750	E40	40
110	65	15	80		15		375	E60	575	675	800	900	E60	60

（3）C 型铝质支架的结构和尺寸分别如图 2-3-8 和表 2-3-3 所示。

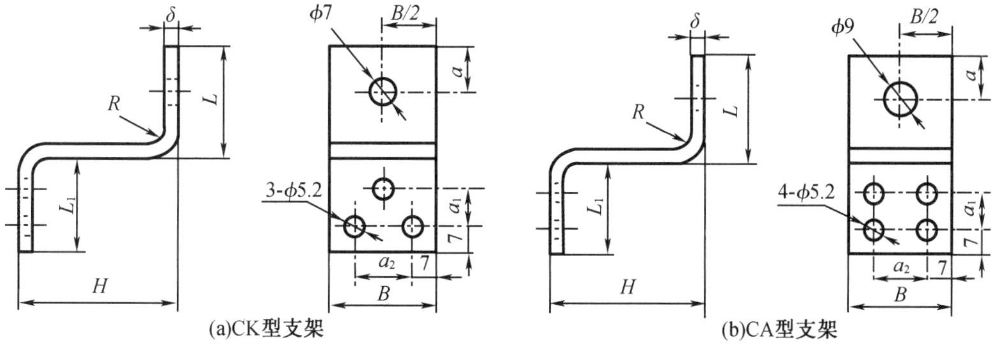

图 2-3-8　C 型铝质支架

表 2-3-3　C 型铝质支架的基本尺寸

B	L	L_1	a	a_1	a_2	δ	R	H						承受质量/kg≤
								25	45	50	65	85	110	
								质量/(kg/1 000 个)						
25	25	21	10	8	11	3	3	16	20	22	24	28	34	3
30	30	25	12	10	16	4	4	30	36	39	43	50	58	6
40	40	35	17	18	26	5	5	60	72	74	83	95	109	10

(4)D 型不锈钢支架的结构和尺寸分别如图 2-3-9 和表 2-3-4 所示。

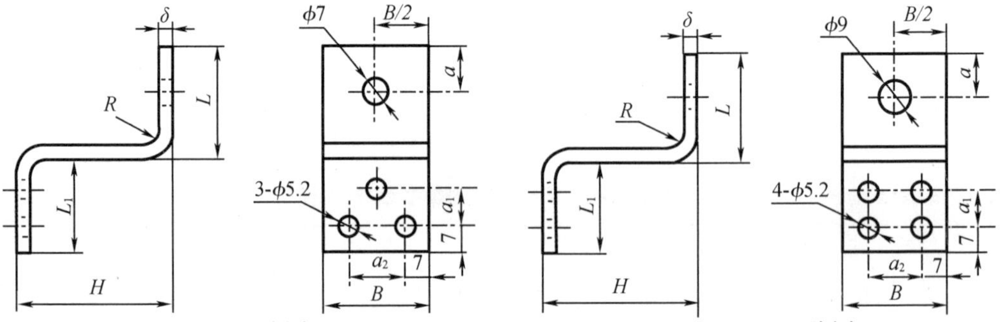

(a)DK型支架　　(b)DA型支架

图 2-3-9　D 型不锈钢支架

表 2-3-4　D 型不锈钢支架的基本尺寸

B	L	L_1	a	a_1	a_2	δ	R	H						承受质量/kg≤
								25	45	50	65	85	110	
								质量/(kg/1 000 个)						
25	25	21	10	8	11	3	3	47	59	65	71	83	101	3
30	30	25	12	10	16	4	4	89	107	114	127	148	172	6
40	40	35	17	18	26	5	5	178	213	219	246	281	323	10

(5)标记方式。

支架标记采用字母和数字结合,标记形式如图 2-3-10 所示。其首字母表示支架的材料,第二个字母表示安装方式,其中 A 表示暗线安装,K 表示明线安装,数字则分别表示长度和高度。

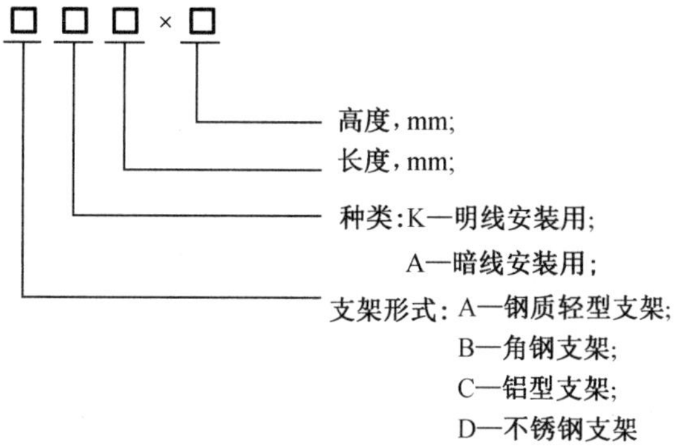

图 2-3-10　支架标记形式

例如:长度 *B* 为 30 mm,高度 *H* 为 65 mm 的明线安装用钢质轻型支架标记为:支架 CB/T 3667. 4—2013 AK30×65。

2. 船舶控制箱、分电箱安装件的选择

船舶控制箱、分电箱的安装件可以选择支架和基座两种结构,通过以上对支架基本结构形式的学习,结合前面学习的基座的结构形式可以看出两者具备以下特点:

(1)结构形式:与基座整体式的结构形式不同,支架的结构形式为分散结构,即需要根据设备安装孔的数量确定支架的数量。

(2)承受质量:基座与支架相比,基座的承重能力大于支架。单个支架最高可承受 60 kg 的电气设备,而单个基座承重能力可达 100 kg,因此基座承重能力大于支架。

(3)适用场合:基座或支架均可以适用船上各种舱室环境,适用性较强。

通过以上分析可以看出,基座和支架都可以满足船舶各舱室安装要求,但是基座为整体性安装件,安装方便,且承重能力较强。因此船舶控制箱及分电箱的安装件优先选择基座,在某些特殊环境和条件下也可以选择支架作为电气设备安装件。

3. 船舶控制箱、分电箱安装件的设计

船舶控制箱、分电箱安装件的设计步骤与船舶配电板相同,首先确定船舶电气控制箱的固定形式及处所,然后根据设备安装信息即质量、长度、宽度、安装孔的数量等进行基座设计,从而完成船舶控制箱安装件的设计。

这里以一艘散货船的岸电箱为例进行说明,船舶岸电箱的外形安装图如图 2-3-11 所示。图中,岸电箱的安装固定点在其背部上下两侧,箱体进线处为箱体底部,因此该暗电箱为壁挂式安装且常安装于钢质舱壁上。其高度方向安装孔之间的距离为 1 040 mm,宽度方向安装孔之间的距离为 610 mm,箱体厚度为 300 mm,安装孔由 4 个直径为 13 mm 的孔组成。该控制箱采用直接固定方式,即岸电箱与安装件连接后,安装件再以焊接到舱壁的方式进行固定。

根据该特点,该岸电箱采用基座结构,由角钢拼接,安装孔之间的距离、数量、孔径与岸电箱的外形安装尺寸相一致,岸电箱的安装基座图如图 2-3-12 所示。

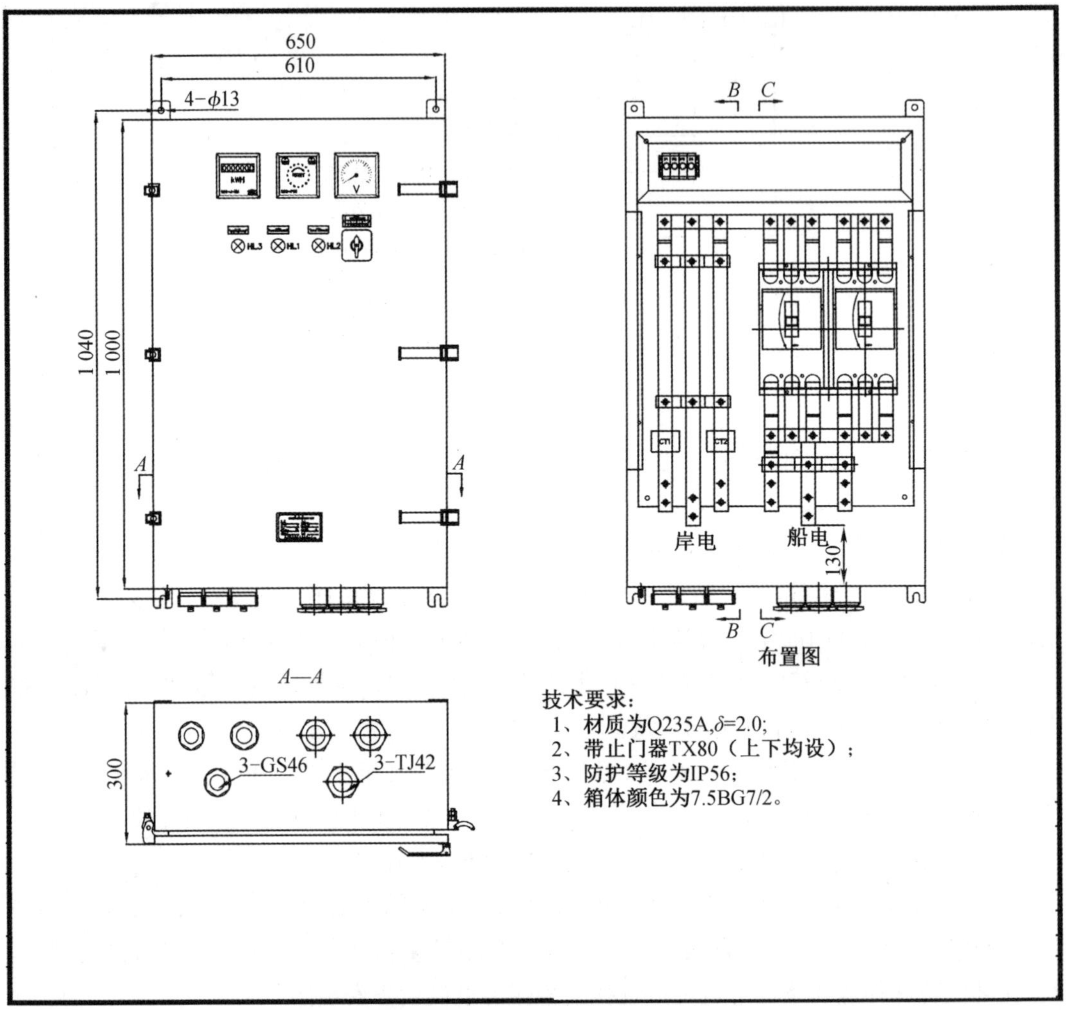

图 2-3-11 岸电箱的外形安装图(单位:mm)

由图中可以看出,该基座主体材料为 2 根长 1 080 mm,2 根宽 560 mm,规格为 50 mm×50 mm×5 mm 的角钢;基座高度为 240 mm,由 4 根长度为 240 mm,规格为 50 mm×50 mm×5 mm 的角钢组成;共 4 个孔径为 13 mm 的安装孔,且孔距与岸电箱孔距一致。进行安装时,首先将基座与船体构件焊接,然后将岸电箱固定到安装件上,从而完成设备安装。

三、船舶控制箱、分电箱的安装工艺要求

根据《船舶电气设备安装工艺》(CB/T 3909—2019)的要求,船舶控制箱在安装时应满足船舶电气设备的一般工艺要求及船舶配电板的特殊工艺要求,其主要工艺内容如下。

1. 一般要求

(1)设备安装时应考虑安全及便于使用、维修,安装场所要有足够的照明,并通风良好。

(2)设备安装时不应破坏舱壁或甲板原有的防护性能及强度。在水密的舱壁、甲板、甲板室的露天外围壁上,不应钻孔,应以螺钉紧固电气设备。

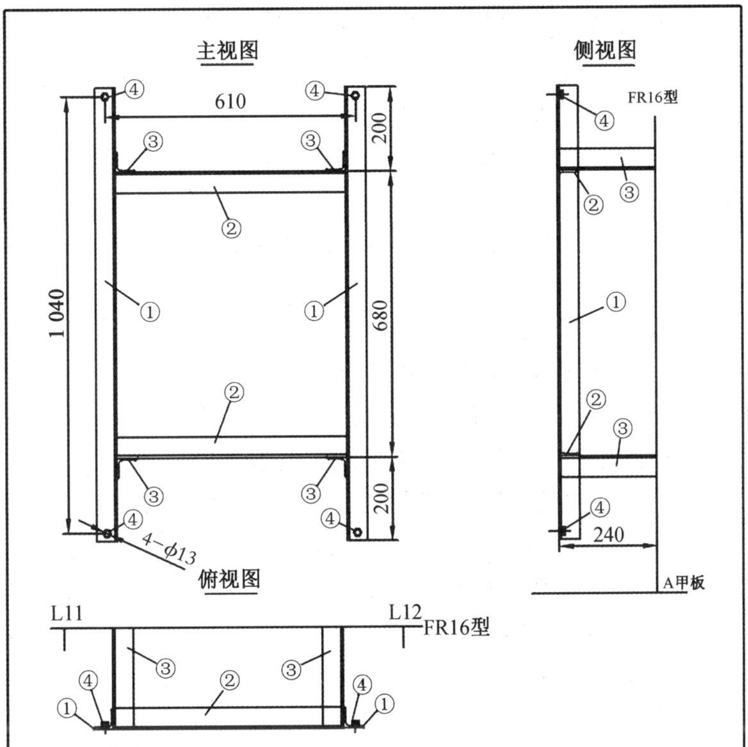

附注：

本支架安状时需要根据现场情况对脚高进行调整使安装面与木围壁平行。

序号	代　号	名称型号及规格		数量	附　注
4		螺母	M12	4	
3	GB/T 706-2008	角钢	50×50×5　L-240	4	
2	GB/T 706-2008	角钢	50×50×5　L-240	2	
1	GB/T 706-2008	角钢	50×50×5　L-240	2	

标记 MAF	数量	修改单号 REV.NO.	签字 SIGN	日期 DATE	岸电箱支架	版本 REV. NO.	重量（kg）WEIGHT	比例 SCALE
设计DES								1:10
校对CHE						共13页 TOTAL SHEET		共3页 SHE
审核REV								
标准STA								
批准APP								

图 2-3-12　岸电箱的安装基座图

(3)电气设备不应直接安装在设计水线以下的船体外板上。

(4)在易燃、易爆舱室，例如蓄电池室、油漆间、煤舱等处。除该处必需的防爆设备外，不应安装其他电气设备。在蒸汽易于积累的地方，除该处必需的防水设备外，不应安装其他电气设备。

(5)舱室的封闭板内不应安装电气设备。

(6)电气设备不应贴近油舱、油柜或双层底、储油舱等的外壁表面安装，若必须安装，则设备与此类舱壁表面之间，至少应有 50 mm 的距离，但工作时能产生高温的电气设备不应安装。

(7)安装场所若有剧烈振动,并影响设备正常、可靠工作时,设备的安装应设有减振器。

(8)当非铝合金设备支架安装在铝制轻围壁上时,中间应用绝缘衬垫(例如橡胶布、涂有白漆的帆布等)隔开,以防直接接触,引起电解腐蚀。

(9)设备的安装应整齐无歪斜现象,并应不影响设备原有防护及工作性能,也不应使设备箱体受力而变形。

(10)设备的安装均应是可拆卸的,其紧固及连接应牢固,并有防止受振动而松脱的装置。

(11)设备的安装施工,应在船体矫正结束、设备基座及隐蔽部位涂装完成后进行。

2. 船舶控制设备及分配电设备的特殊工艺要求

(1)壁式安装启动箱及分配电箱的安装高度,其上边缘距离地面最高宜为 1.8 m(或下边缘宜为 1.2 m)。相邻安装的设备,其箱体宜保持上边沿齐平。

(2)电机启动箱、主令控制器或控制按钮盒,宜安装在电机附近,若采用集中控制,且磁力启动器组装屏离电机较远,则电机附近应装有控制按钮盒,以便操作检修和观察。

(3)控制电器的操纵手轮,沿顺时针方向旋转时应为"电动机的转速增加""上升""起锚""收缆";反之则为"电动机的转速减少""下降""抛锚""放缆"等。控制电器的操纵手柄向前移动时应为"抛锚""放缆""下降";反之则为"起锚""收缆""上升"。

(4)室内甲板上立式安装的主令控制器或操纵台(器),其底部应设有底座。底座宜采用木垫,并在木垫和甲板之间涂以厚白漆封闭。露天甲板上安装该类设备时,则应设有金属底座,其高度不应低于 100 mm,应在设备与底座之间垫以厚度不小于 5 mm 的橡皮保证水密,并在金属材质的底座上增加泄水孔,防止因积水造成腐蚀。

(5)主令控制器的安装,应考虑其手柄操作的方便程度,手柄转轴至操作平台的高度宜为 1 m 左右。

(6)两台或两台以上相同的启动箱及电机相邻布置时,应按统一规定的方向布置,例如:自左向右(或自上而下)按设计代号的序号顺序排列。

任务实施

任务名称:船舶控制箱、分电箱安装件选择及安装工艺编制

一、目的

掌握船舶控制箱、分电箱安装件的设计方法。

二、实训条件准备

船舶分电箱设备资料。

船舶总布置图。

三、项目内容及要求

根据船舶总布置图、船舶电气设备资料,选择船舶分电箱安装件并编制安装工艺,具体要求见表 2-3-5。

表 2-3-5　船舶分电箱安装件选择及工艺文件编制任务

任务	考核内容及要求
船舶分电箱安装件选择	结合船舶总布置图,选择合适的船舶分电箱安装件。要求需符合实际,语言准确、精练,要求主要包括以下方面: 1. 确定分电箱的安装位置; 2. 确定分电箱的安装形式; 3. 确定分电箱的固定形式; 4. 确定分电箱的外形尺寸及安装尺寸; 5. 选择分电箱安装件材料,并根据设备安装尺寸绘制分电箱安装件图纸
船舶分电箱安装工艺文件编制	根据本任务所学,制定船舶分电箱安装工艺,要求内容全面,语言准确、精练

四、项目评价

船舶分电箱安装件选择及工艺文件编制考核表见表 2-3-6。

表 2-3-6　船舶分电箱安装件选择及工艺文件编制考核表

<table>
<tr><td colspan="6">任务编号:　　　　　　　　　　组号:　　　　姓名:　　　　总分:</td></tr>
<tr><td>考核任务</td><td>考核内容</td><td>分值</td><td>评分标准</td><td>得分</td><td>备注</td></tr>
<tr><td>船舶分电箱安装件选择</td><td>按照船舶总布置图和设备资料选择船舶分电箱安装件</td><td>50 分</td><td>1. 能够确定分电箱的安装位置(5 分);
2. 能够确定分电箱的固定形式(5 分);
3. 能够正确选择分电箱安装件材料,并进行搭建(40 分)</td><td></td><td></td></tr>
<tr><td>船舶分电箱安装工艺编制</td><td>根据标准 CB/T 3909—2019 确定船舶分电箱工艺要求</td><td>20 分</td><td>能够正确完整表述分电箱安装时的注意事项及工艺要求(20 分)</td><td></td><td></td></tr>
</table>

知识拓展

一、船舶蓄电池安装工艺要求

目前,船上使用的蓄电池主要有酸性蓄电池和碱性蓄电池两大类型。酸性蓄电池又称铅酸蓄电池,船上使用历史最久,价格便宜,用途最广,常用于应急电源、临时应急电源和备用电源等。碱性蓄电池包括镉-镍蓄电池、铁-镍蓄电池、锌-银蓄电池和镉-银蓄电池等，主要用于无线电通信设备。目前船上广泛使用铅酸阀控式蓄电池，以降低蓄电池室通风要求。

1. 蓄电池的主要性能指标

蓄电池的主要性能指标包括开路电压、工作电压、电池容量、使用温度、寿命和储存期等。

酸性蓄电池中每个小电池的电动势为2.0~2.1 V。放电时，电压逐渐下降，到达某一电压(称放电终止电压)时，将急剧下降，当低至放电终止电压时不应再放电。10 h放电率的每个小电池放电终止电压为1.8 V。充电时，电压变化为2.05~2.8 V，充电终期电压，每个小电池为2.5~2.8 V。充电设备的电压应考虑能调节到每个小电池2.8 V的数值。碱性蓄电池中每个小电池的电动势为1.3 V左右，在额定放电率时平均放电电压为1.2 V。

2. 船用蓄电池的充放电方式

船用蓄电池的充电方式主要有如下5种。

(1)恒电流充电——以恒定电流充电至充电结束，通常利用可变电阻控制或晶闸管控制恒定电流。

(2)恒电压充电——给蓄电池加以恒定电压进行充电，由于充电初期通过电流较大，应根据该电流选定整流器的容量。

(3)准恒电压充电——为了消除恒电压充电的缺点，在充电初期串入电阻，限制充电电流。

(4)连续补充充电——给无负载的蓄电池自行放电进行补充充电，但是利用这种充电方法给已经放电的蓄电池进行充电需要时间较长。

(5)分段充电——按2段或3段变化准恒电压或恒电流充电电流进行充电。

目前，船舶上采用的充放电方式有3种，即交互充放电方式、浮充方式以及交互充放电和浮充方式组合3种。各种充放电方式比较见表2-3-7。

表2-3-7　各种充放电方式比较

充放电方式	主要特征	主要优缺点
交互充放电方式	(1)两组蓄电池的充电和放电相互转换。 (2)充电装置仅接入一组蓄电池，另一组蓄电池接入负载。 (3)充电装置不能与负载回路相接。 (4)一般采用连续补充充电方法	(1)在进行充电-放电转换时，负载侧出现瞬时断电。 (2)两组蓄电池分别独立，一组蓄电池故障时，另一组蓄电池仍可供电，可靠性高

表 2-3-7(续)

充放电方式	主要特征	主要优缺点
浮充方式	(1)蓄电池和负载并联接于充电装置,浮充电压保持恒定。 (2)充电时,蓄电池仅通过补充充电的电流。 (3)由于充电回路都设有限流环节,当出现大电流负载时,将由蓄电池负担部分负载;大电流负载消失后,蓄电池放电部分由充电装置补充充电。 (4)停电时,蓄电池负担全部负载。 (5)失电恢复后,充电装置负担正常负载,并给蓄电池充电	(1)因为浮充时由充电装置给负载供电,停电时由蓄电池给负载供电,所以无瞬时断电,电压波动小。 (2)正常时蓄电池保持最合适的充电电压,处于良好的过充电状态,因此延长蓄电池寿命。 (3)充电装置负担正常负载电流和蓄电池充电电流,蓄电池负担大电流和停电时负载,所以充电装置和蓄电池容量可减少
交互充放电和浮充方式组合	利用转换开关,将一组蓄电池接入快速充电装置,另一组蓄电池与浮充充电装置和负载并联	(1)需两组充电装置,蓄电池容量大。 (2)两组蓄电池可互为备用,可靠性高
	仅设置一个充电装置,正常时两组蓄电池都与负载和充电装置并联,利用转换开关,可对其中一组蓄电池进行均衡充电	(1)充电装置为一台,蓄电池容量小。 (2)可靠性高

3. 蓄电池组在船上的安装要求

(1)安装处所

根据船舶吨位大小以及蓄电池的用途,蓄电池组可以安装在下列处所:

①安装在专用蓄电池室内。这种方式一般在有条件设置专用舱室的较大型船舶上,或设有较多的蓄电池组必须设置专用舱室安装时采用。

②安装于专用箱内。将蓄电池组装于专用的箱或柜内,可放在室内或室外,这种方式一般在小型船舶上,或具有较少蓄电池组的场合采用。

③安装于室内专用架子上。一般在小型船舶上,或不能将蓄电池放置在其他处所(如柴油机的启动蓄电池)时采用。

(2)安装工艺要求

①一般充电功率大于 2 kW 的蓄电池组,应安放在专用舱室内。如果安放在露天甲板上,则应安放在专用的箱或柜中。

对于通常充电功率不大于 2 kW 的蓄电池组可以安放在专用的箱或柜中。若机舱内条件不允许,则可以敞开安放在通风良好的处所。

对于充电功率小于 0.2 kW 的蓄电池组,可以安放在大多数处所中的敞开位置。

蓄电池组不应安放在居住处所内。

②酸性蓄电池和碱性蓄电池不能安放在同一舱室、箱或柜中。

③原动机启动用蓄电池应尽可能安放在靠近原动机的处所。

④作为应急电源、临时应急电源和重要通导设备备用电源的蓄电池组，必须安放在最高一层连续甲板以上，并易于从露天甲板到达之处，且不应装在防撞舱壁之前。如经有关当局同意，货船可以例外。

另外，安装处所应尽可能不与 A 类机器处所或装有主电源、辅助变换设备或主配电板所在处所的限界面相毗邻。

⑤蓄电池组的安装应便于更换、检测、充液和清洁。上下层蓄电池之间应留有不小于 300 mm 的空间，各电池的周围间隙必须大于 20 mm，蓄电池的安装高度，即电池液孔塞至甲板的距离不应大于 1.4 m，否则，应设有踏板以便操作。

⑥蓄电池之间的空隙，应用不吸潮、耐电解液腐蚀的绝缘材料楔隔、衬垫和固定，并有防止漏出的电解液与船体接触的设施。蓄电池箱或柜底部应以厚度不小于 2 mm 的青铅或其他耐腐蚀材料制成的托盘加以衬垫，托盘的四周高度应不小于 750 mm，以防止电解液漏出与船体接触。对敞开安装的蓄电池，其上部还应设有挡板。

⑦蓄电池或柜应设有独立的通风装置。其出风口设在上方，进风口设在下方。进出通风口在布置上，宜设在箱或柜对角线的两端；在结构上，应设有挡板或弯头，以防止水和火星进入。

⑧蓄电池室的门和专用箱、柜的外面应有“禁止烟火”的标志。

⑨蓄电池接线结束后，所有的接线柱处应用凡士林等油脂涂封，以防止腐蚀。

任务四　船舶灯具及附件的安装

任务描述

微课　船舶灯具及附件的安装

通过分电箱安装、控制箱安装的学习，我们已经走遍了全船。在这个过程中大家一定还会发现船舶和我们的房屋一样，需要照明、插座等设备。因此这一个任务中，将开展船舶灯具及附件安装的学习。通过学习，希望大家可以完成以下任务：

1. 了解船舶舱室灯具及附件的种类。

2. 会设计船舶灯具及附件的安装件。

3. 了解船舶灯具及附件安装时需要遵循的原则。

相关知识

一、船舶灯具及附件的认知

照明灯具是一种控制一个或多个光源的出射光分布的装置,它包括所有固定和保护这些灯泡以及把灯泡(或灯管)连接到供电电路所必需的零部件。配光是灯具的一个重要特性,它显示了光源在空间各个方向的光强分布,是衡量灯具性能好坏的重要指标。灯具的配光曲线对照度计算和灯具的选择起着重要作用,灯具制造厂应随灯具资料提供配光曲线供使用者参考。

1. 船用灯具的分类

灯具有多种分类法,可按光源、结构形式、光学性能等分类。

船用灯具是按照国际电工技术委员会(International Electrotechnical Commission,IEC)制定的对潮气和尘埃穿透的防范程度的分类法分类的,具体分类如下。

(1)防护型:用于干燥舱室,如船员和旅客的居住舱、休息室、餐厅、驾驶室、报务室等,防护等级为IP2X。

(2)防潮型:用于有较大潮气的场所,如走道、厨房、洗衣间等,防护等级为IP3X~IP4X。

(3)防水型:用于有滴水、溅水和凝水的场所,如机炉舱、干货舱、轴隧、管弄、露天甲板等,防护等级为IP5X~IP6X。

(4)防爆型:用于可能积聚易燃易爆气体的场所和各有关危险区域。

2. 船用灯具的光源

(1)白炽灯

白炽灯结构简单、价格便宜、使用方便,使用频繁点亮;白炽灯还具有良好的调光性能,更适合做信号照明及舞美艺术照明等。但是,由于白炽灯是利用电流通过白炽体(钨丝)产生热量,使白炽体升温至白炽状态而发光,高温下钨丝容易蒸发变细,会使寿命缩短。白炽灯的发光效率较低。

白炽灯可以分为普通白炽灯和卤钨灯两种。其中普通白炽灯通常为真空泡,但是为了抑制钨的蒸发,一般在灯内冲入氩、氮等惰性气体。

卤钨灯则是在钨丝灯的密闭灯管内冲入适量的卤族元素和惰性气体,灯管发光时,被蒸发出的钨蒸气在相对温度较低的管壁附近与卤素化合成卤化钨。卤化钨再向管心扩散,在高温下又分解成卤素和钨,一部分钨又重新回到钨丝上,有效抑制了钨的蒸发,这样就相对提高了灯的寿命和光效。卤钨灯的特点是灯管直到寿命终止光通量也只下降了2%~5%。

(2)荧光灯

荧光灯是一种管状发光体,两端有钨丝电极,管内充有低压汞蒸气及少量惰性气体,管内壁涂有荧光粉。当灯丝通电预热后,起辉器断开镇流器,产生反电势使得灯管两电极间被击穿放电,汞原子在电离过程中被激发出紫外线照射到荧光粉即发出可见光。

交流供电的荧光灯的功率因数较低,通常约为0.5(滞后),为了得到超前的功率因数,可以串入一个电容,这样功率因数可以提高到 0.85~0.9(滞后)。

(3)金属卤化物灯

金属卤化物灯简称金卤灯,放电管内含有汞、惰性气体以及一种或多种金属卤化物,如碘化钠、碘化铟等。各种金属原子被激发放电,可使得光效和显色性大大提高。金卤灯的尺寸小,功率大,尤其是抗电压波动的稳定性较高,可以用不同的金属卤化物制造成不同颜色,适用于有不同光色要求的场合。

(4)高压钠灯

高压钠灯是在放电管内充入了汞和惰性气体外,还加入了过量的钠。由于钠在可见光范围内与汞相比有较高的辐射效率,高压钠灯的发光效率较高,显色性较好,因此船用灯具中高压钠灯使用更为广泛。

(5)绿色光源

绿色照明是节约能源、保护环境,有益于提高人们生产、工作、学习效率和生活质量,保护身心健康的照明。LED(light emitting diode)是一种半导体固体发光器件,它是利用固体半导体芯片作为发光材料,当两端加上正向电压时,半导体中的载流子发生复合引起光子发射而产生光。LED 可以直接发出红、黄、蓝、绿、青、橙、紫、白色的光。LED 灯就是利用 LED 作为光源制造出来的高科技产品。LED 被称为第四代照明光源或绿色光源,具有节能、环保、寿命长、体积小等特点。

LED 是电流控制元件,通过流过的电流,直接将电能转变为光能,故也称光电转换器。因其不存在摩擦损耗和机械损耗,所以在节能方面比一般光源的效率高。但是 LED 光源并不能像一般的普通光源一样可以直接使用电网电压,它必须配置一个电压转换装置,提供满足其额定的电压、电流,才能正常使用。

LED 照明的优点是:①发光(能量转换)效率高,较省电。②反应(开关)时间短,可以达到很高的闪烁频率。③使用寿命长,达 35 000~50 000 h,相对的,日光灯为 5 000~6 000 h,白炽灯为 1 000~2 000 h。④耐震荡等机械冲击,由于是固态元件,相对日光灯、白炽灯等能承受更大震荡。⑤体积小,其本身体积可以造得非常细小(小于 2 mm)。⑥多种颜色,能在不加滤光器下提供多种不同颜色,而且单色性强。⑦色域丰富,LED 覆盖色域较其他光源广。

LED 照明的缺点是:①散热问题,如果散热不佳会大幅缩短寿命。②初期购买成本较高。③因 LED 节能灯光源方向性很强,灯具设计需要考虑 LED 特殊光学特性。

目前来说,LED 照明尚处于不断开发阶段,但在照明领域中已经占有一席之地,特别是在装饰性照明和重点照明、气氛营造等方面具有独特的优点。因此,LED 照明在船舶照明,特别是在豪华邮轮上具有广阔的发展前景。

3. 舱室灯具的类型

船用照明灯具品种很多,但是基本形式大体相同,在这里对各类灯具的主要特征及用途做一个简单介绍,在选用具体灯具时,应查阅灯具厂家产品样本进行选择。

(1)白炽灯具

白炽灯具的主要特征和用途见表 2-4-1。

表 2-4-1　白炽灯具的主要特征和用途

名称	主要特征					用途		
	灯具形式	电压/V	功率/W	外壳材料	防护等级	一般舱室	内走道	外走道或易碰场所
舱顶灯 	防水式	AC 100~240	60/25	铜/铝/不锈钢	≥IP56	适用		适用
腰型舱顶灯 	防水式	AC 100~240	60	铝	IP56	适用		适用
圆盘型舱顶灯 	防水式	AC 100~240	60	铝	IP56	适用		适用
蓬顶灯 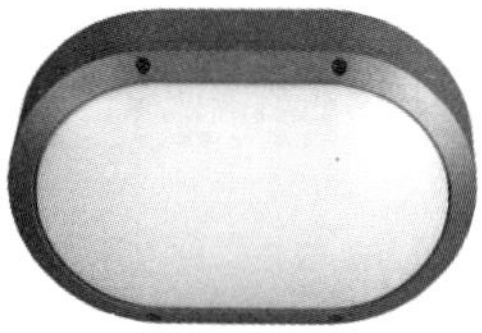	防潮式	AC 100~240	20	铝	IP44	适用	适用	
壁灯 	防护式	AC 220	60	不锈钢/铜/铝	IP20	舱内装饰和局部照明		

表 2-4-1(续)

名称	主要特征					用途		
	灯具形式	电压/V	功率/W	外壳材料	防护等级	一般舱室	内走道	外走道或易碰场所
台灯 	防护式	AC 220	60	钢	IP22	舱内局部照明		
筒灯 	防护式	AC 100~240	40	钢/铝	IP22	舱内装饰和局部照明		
脚灯 	防护式	AC 100~240	15	钢	IP22	内走道、楼梯等照明		
海图灯 		AC 220	60~100	钢/塑料	IP22	海图桌照明		

注:上表中的灯具参数是从某电气集团灯具样本中选取的,每种灯具的形式不限于此表,其他灯具厂家外形及参数不尽相同,以厂家样本为主。

(2)荧光灯具

荧光灯具的主要特征和用途见表 2-4-2。

表 2-4-2　荧光灯具的主要特征和用途

名称	主要特征					用途		
	灯具形式	电压/V	功率/W	外壳材料	防护等级	一般舱室	内走道	外走道或易碰场所
荧光舱顶灯 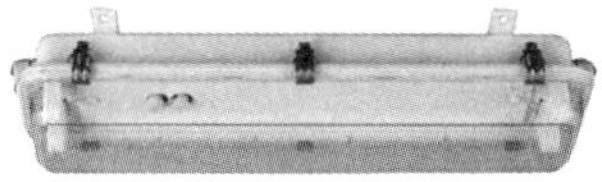	防水式	AC 110/240	15~40	钢/不锈钢	IP56	机器处所及室外		
荧光蓬顶灯 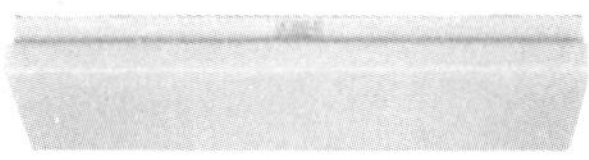	防潮式	AC 110/240	40~80	钢/不锈钢	IP44	适用	适用	
嵌入式荧光灯 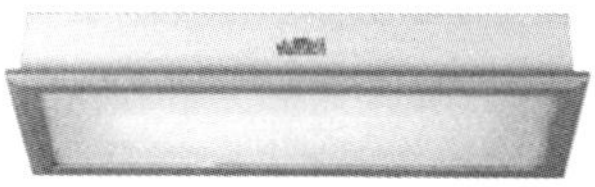	防护式	AC 110/240	40	钢/不锈钢	IP22	适用	适用	
角灯 	防潮式	AC 110/240	20	钢/不锈钢	IP34	适用	适用	
床头灯 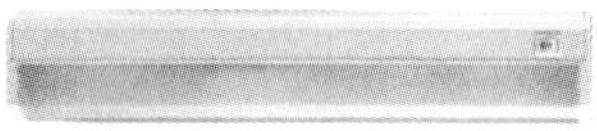	防护式	AC 100~240	3~8	钢	IP22	床头照明		
镜前灯 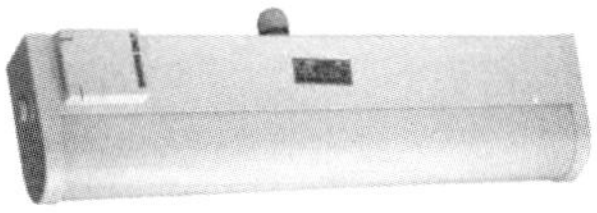	防潮式	AC 110/240	15/20	铝	IP34	洗漱间镜面照明		
荧光诱导灯 	防潮式	AC 220~240	3	钢	IP44	逃生通道引导功能		

注:上表中的灯具参数是从某电气集团灯具样本中选取的,每种灯具的形式不限于此表,其他灯具厂家外形及参数不尽相同,以厂家样本为主。

(3)防爆灯具

对有易燃物质和可能含爆炸气体的舱室,如蓄电池室、油漆间、灯间及液货船的危险区域等,必须选用合格的防爆灯具。船用防爆灯有白炽防爆灯、荧光防爆灯和可携式防爆手电灯，其基本结构和电气参数见表 2-4-3。

表 2-4-3　船用防爆灯具的基本结构和电气参数

名称	防爆标识（举例）	电压/V	功率/W	外壳材料	防护等级
白炽防爆灯 	Ex d ⅡC① T6② Gb	AC 100~240	60 25 100	钢/铜	IP66
荧光防爆灯 	Ex demb ⅡC① T6② Gb	AC 100~240	2×20 2×30 2×40	钢	IP66
可携式防爆手电灯 	Exde ⅡA① T3② 50℃ Gb	AC 220	60	铜	IP56

注：上表中的灯具参数是从某电气集团灯具样本中选取的，每种灯具的形式不限于此表，其他灯具厂家外形及参数不尽相同，以厂家样本为主。

①爆炸性气体的设备分级见表 2-4-4。

表 2-4-4　爆炸性气体的设备分级

组别（group）	最小点燃电流比 MIC(min. ignition current)	最大试验安全间隙 MESG(max. safe clearance)/mm
ⅡA	0.8<MIC<1.0	0.9<MESG<1.14
ⅡB	0.45<MIC<0.8	0.5<MESG<0.9
ⅡC	MIC≤0.45	MESG≤0.5

②爆炸性气体引燃温度及设备允许最高表面温度组别见表 2-4-5。

表 2-4-5　爆炸性气体引燃温度及设备允许最高表面温度组别

组别 (group)	引燃温度 (ignition temperature)/℃	设备允许最高表面温度 (the allowable max. temperature of surface)/℃
T6	$85<T\leqslant100$	85
T5	$100<T\leqslant135$	100
T4	$135<T\leqslant200$	135
T3	$200<T\leqslant300$	200
T2	$300<T\leqslant450$	300
T1	$450<T$	450

表 2-4-1 至表 2-4-3 中每一种灯具几乎都能派生出许多不同的品种，例如，白炽舱顶灯，仅以安装方式就可以分顶式安装、管式安装、侧壁式安装、隔舱壁式安装等不同结构形式，因此在进行灯具安装时需特别注意不同灯具在不同舱室中的安装方式。

4. 强光照明灯具

强光照明灯具通常指探照灯和投光灯，探照灯具有近乎平行的光束，射程远，光照集中；而投光灯的光束是在有限的立体角内向外扩散，投射面较宽，相对射程较短。两者具有不同的照明效果，其用途也不相同。

探照灯主要用于：

(1)船舶夜航，尤其是通过狭窄航道、内河河道等比较复杂的水域时照射航道及两岸；

(2)营救工作，水面搜索用。

(3)远距离发送灯光信号通信用，称为信号探照灯。

投光灯主要用于：

(1)舱面照明，如货船夜间装卸货及渔船夜间舱面操作用。

(2)水面照明，如救生艇、筏处收放时的就地水面照明。

(3)局部照明，上下舷梯、烟囱标志、船铭牌照明等。

(4)机舱内补充照明等。

探照灯和投光灯一般都由正常照明供电，救生艇旁的投光灯应由应急配电板供电。功率在 300 W 以上的探照灯或投光灯应由分电箱设独立分路供电。所有装于室外的探照灯和投光灯均可在驾驶室遥控切断。探照灯、投光灯的形式多样，光源多种，表 2-4-6 仅做形式上的介绍，实际使用应根据需要从厂家产品样本中选型。

5. 灯光信号设备

船舶对外的灯光信号分为航行灯、信号灯和通信闪光灯，航行灯和信号灯又统称为号灯。灯光信号是直接关系到船舶安全的可视信号，因此船舶灯光信号应严格遵照船舶有关的航行、信号设备规范和有关的江、河、湖、海航行规则的要求设置，以使所有设置的灯光能正确地对外表达船舶的位置、状况和动向，使得外界能一眼识别船舶并明了其海上航行的意图。航行灯、信号灯不仅要在日落至日出期间点亮，并且在能见度不良或其他一切认为必要的情况下，在日出至日落期间同样要能点亮显示。

表 2-4-6　探照灯和投光灯的形式

名称	功率/W	电压/V	光源	防护等级
探照灯 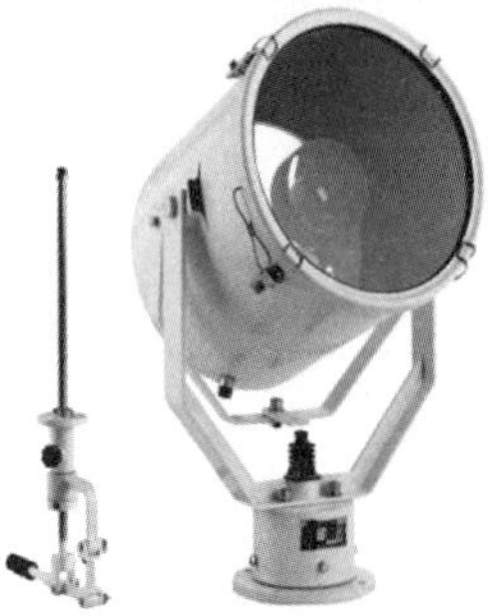	250～2 000	AC 220	卤钨灯	IP56
探照灯 	400	AC 100～240	LED	IP66
探照灯 	1 000	AC 220	球型汞氙灯	IP66
探照灯 	4 000	AC 220	短弧氙气灯	IP56

表 2-4-6(续 1)

名称	功率/W	电压/V	光源	防护等级
苏伊士运河探照灯 	2 000/3 000	AC 220	卤钨灯	IP56
投光灯 	300/500	AC 110/220	白炽灯	IP56
投光灯 	500/1 000	AC 110/220	卤钨灯	IP67
投光灯 	100/250 /400/1 000	AC 110/220	高压钠灯	IP67

表 2-4-6(续 2)

名称	功率/W	电压/V	光源	防护等级
投光灯 	450	AC 110/220	汞灯泡	IP56
投光灯 	100/200/400	AC 100~240	LED	IP66

注:上表中的灯具参数是从某电气集团灯具样本中选取的,每种灯具的形式不限于此表,其他灯具厂家外形及参数不尽相同,以厂家样本为主。

《国际海上避碰规则》对航行灯、信号灯的基本特性和安装位置等有明确的规定,特别是 2007 年 10 月 8 日通过的海上安全委员会 MSC. 253(83)决议对航行灯、航行灯控制器和相关设备的性能标准作出了更加明确的要求,我国船舶检验机构在“船舶与海上设置法定检验规则”中对航行信号灯也制定了相应的规则。表 2-4-7 和表 2-4-8 中分别给出的航行灯、信号灯基本形式,仅为形式和参数上的介绍,实际使用时应根据船舶相关参数进行具体选择使用。

表 2-4-7　航行灯基本形式

名称	灯光颜色	能见距离/n mile	水平光角/(°)	灯泡规格/W	防护等级
桅灯 	白	6	225	2×8 8 LED/ 2×60 60 白炽灯	IP66

表 2-4-7(续)

名称	灯光颜色	能见距离/n mile	水平光角/(°)	灯泡规格/W	防护等级
左舷灯 	红	3	112.5	2×6 6 LED/ 2×60 60 白炽灯	IP66
右舷灯 	绿	3	112.5	2×6 6 LED/ 2×60 60 白炽灯	IP66
艉灯 	白/黄	3	135	2×6 6 LED/ 2×60 60 白炽灯	IP66
环照灯 	红/绿/白	3	360	2×6 6 LED/ 2×60 60 白炽灯	IP66

注:上表中的灯具参数是从某电气集团灯具样本中选取的,每种灯具的形式不限于此表,其他灯具厂家外形及参数不尽相同,以厂家样本为主。

表 2-4-8　信号灯的基本形式

名称	灯光颜色	可见距离/n mile	水平光角/(°)	灯泡规格/W	防护等级
信号灯 	白/红/绿/黄/蓝	3	360	6 LED	IP66

表 2-4-8(续)

名称	灯光颜色	可见距离/n mile	水平光角/(°)	灯泡规格/W	防护等级
信号灯 	白/红/黄/绿/蓝	3	360	60 白炽灯	IP66
闪光信号灯 	红/绿/白	3	360	8 LED	IP56
苏伊士信号灯 	白/红/绿/黄/蓝	3	360°	6 LED	IP66

注:上表中的灯具参数是从某电气集团灯具样本中选取的,每种灯具的形式不限于此表,其他灯具厂家外形及参数不尽相同,以厂家样本为主。

6. 船舶照明附件

船舶照明附件又称船舶照明属具,包括开关、插头、插座、接线盒等,其结构形式分类和灯具类似,照明附件外壳应由金属或滞燃材料制造而成。目前常用照明附件见表 2-4-9 及表 2-4-10。

表 2-4-9　船用防水式开关、插座、接线盒

名称	电流/A	电压/V	极数	外壳材料	防护等级
船用开关 	10/16	24/125/250/380/440	2 极 3 极	铜 铝 尼龙	IP66
船用插座及插头 	10/16	24/125/250/500	2 极 3 极 3+E	铜 铝 尼龙	IP66

表 2-4-9(续)

名称	电流/A	电压/V	极数	外壳材料	防护等级
船用带开关插座 	10/16	24/125/ 250/ 500	2 极 3 极 3+E	铜 铝 尼龙	IP66
船用接线盒 	10/16	250		铜 铝 尼龙	IP66

注:上表中的船舶灯具附件参数是从某电气集团灯具样本中选取的,每种附件的形式以铜质材料为代表但不限于此表,其他厂家灯具附件参数不尽相同,以厂家样本为主。

表 2-4-10　舱室开关、插座、接线盒

名称	电流/A	电压/V	极数	形式	防护等级
舱室开关 	10/16	250	双极	明式 暗式	IP22
舱室插座及插头 	10/16	250	2+E	明式 暗式	IP22
舱室带开关插座 	10/16	250	双极 2+E	明式 暗式	IP22
舱室接线盒 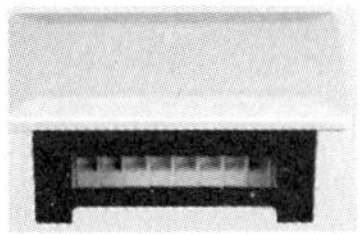	10/16	250	多路	暗式	IP22

二、船舶灯具安装形式

从前面的学习可以看出,船舶灯具种类繁多,有舱室用灯具、防爆用灯具及强光灯具等，其安装方式有壁挂式、落地式、嵌入式等多种形式，因此安装方式也存在较大差异，以下介绍几种典型的灯具安装形式。

1. 旋转工作等安装

探照灯由于其特殊的工作特性，其工作时需要旋转照明，其中部分探照灯带有旋转电机或旋转手柄可以通过电动或手动方式进行旋转。但是有些探照灯不具备旋转底座，因此在进行灯具安装时，其设备安装件应按照要求设置为可旋转式，这类灯具的安装形式可以分为两种：落地式旋转工作灯及壁式旋转工作灯，其安装形式如图 2-4-1 和 2-4-2 所示。

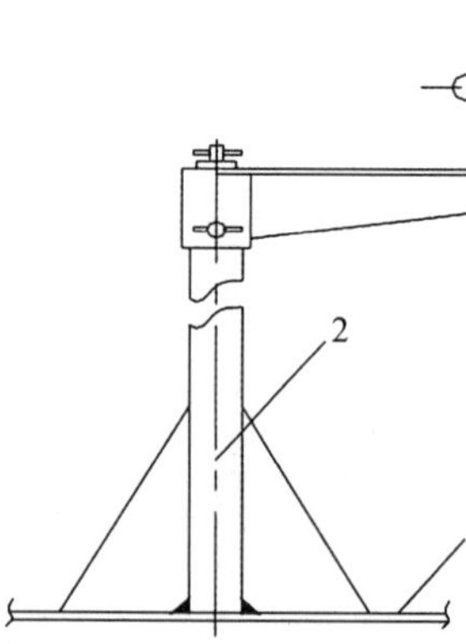

1—工作灯；2—落地式旋转支架；3—甲板。

图 2-4-1　落地式旋转工作灯安装形式

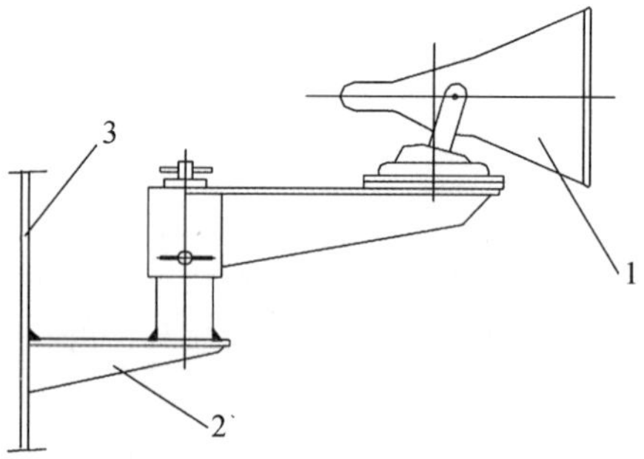

1—工作灯；2—壁式旋转支架；3—舱壁。

图 2-4-2　壁式旋转工作灯安装形式

2. 机舱白炽舱顶灯安装

机舱灯具在安装时，可分为顶式安装和壁式安装，其中顶式安装形式如图 2-4-3 所示，壁式安装形式如图 2-4-4 所示。

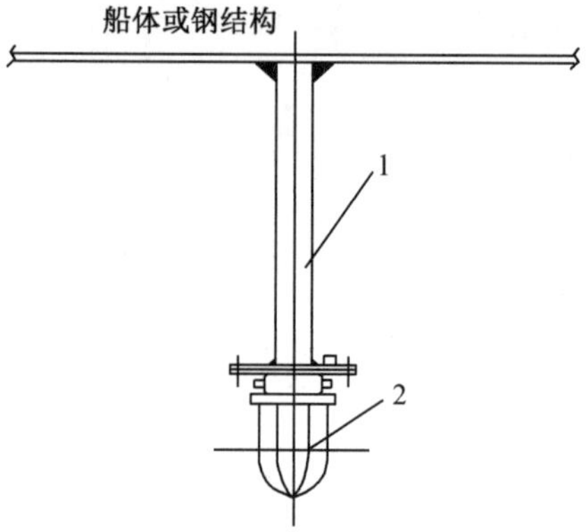

1—热镀锌钢管；2—舱顶灯。

图 2-4-3　机舱白炽舱顶灯顶式安装形式

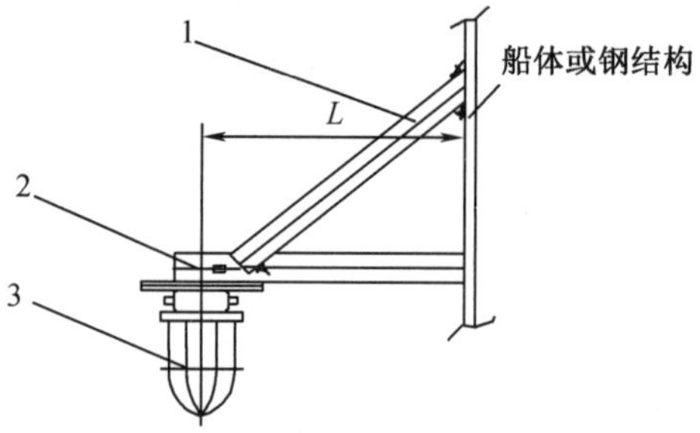

1—圆钢斜支撑（$L>0.5$ m 时使用）；2—圆钢；3—舱顶灯。

图 2-4-4　机舱白炽舱顶灯壁式安装形式

3. 机舱荧光舱顶灯安装

机舱荧光舱顶灯也分为顶式安装和壁式安装，其中顶式安装形式如图 2-4-5 所示，壁式安装形式如图 2-4-6 所示。

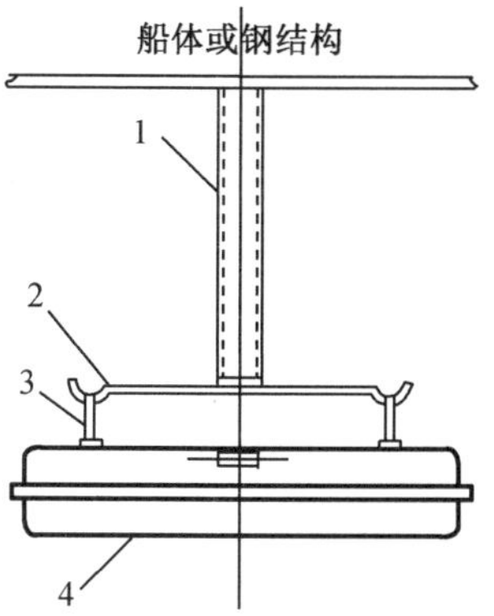

1—热镀锌钢管;2—吊架;3—吊钩;4—荧光灯。

图 2-4-5　机舱荧光舱顶灯顶式安装形式

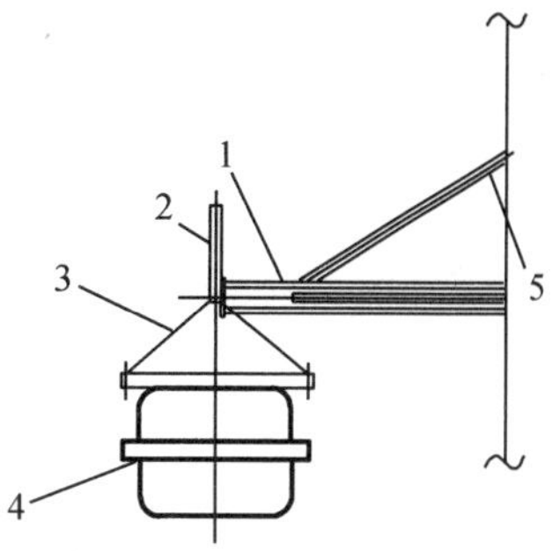

1—热镀锌钢管;2—吊架;3—吊钩;4—荧光灯;
5—圆钢斜撑(L(1 的长度)>0.5 m 时使用)。

图 2-4-6　机舱荧光舱顶灯壁式安装形式

从以上不同灯具的安装形式可以看出,灯具安装与其他电气设备安装方式相同,即首先将灯具安装件与船体进行连接固定,然后将灯具与安装件固定即可,因此灯具安装件的设计成了设备安装的重要因素。

三、船舶灯具安装件的选择和设计

船舶灯具是船舶上数量最多的一类小型电气设备,其安装固定形式与灯具的安装位置和安装形式相关。当安装在居住舱室内且质量较轻时,船舶灯具可采用嵌入式安装,即与岩棉板固定即可。当安装在钢质舱壁时,船舶灯具需要通过安装件与船体固定。

1. 船舶灯具安装件的结构

根据标准《船舶电缆敷设和电气设备安装附件 第 5 部分:灯架及其附件》(CB/T 3667.5—2014)中的规定,对常用灯架安装件的形式及配置进行了规定,本书对几种常用灯架进行介绍,设计者可以根据需要进行选择和查阅相关标准。

(1)信号灯灯架

信号灯灯架根据其安装形式可以分为顶式、壁式和座式三种,其对应的灯架如图 2-4-7 所示。

从图 2-4-7 可知,信号灯的灯架主要是根据其安装形式、设备安装孔的数量和位置决定。其主要由规格为 $\phi34\times3.2$ mm 的钢管或规格为($40\times40\times5$)mm 的角钢座支撑脚,以及钢板(作为灯座底板)组成。

(2)白炽舱顶灯

白炽舱顶灯根据其安装形式可以分为顶式和壁式安装,其对应的灯架如图 2-4-8 所示。

从图 2-4-8 可知,白炽舱顶灯灯架同样由安装形式、设备安装孔的数量和位置决定。其主要由规格为 $\phi34\times3.2$ mm 的钢管或规格为($40\times40\times5$)mm 的角钢座支撑脚,以及钢板(作为灯座底板)组成。

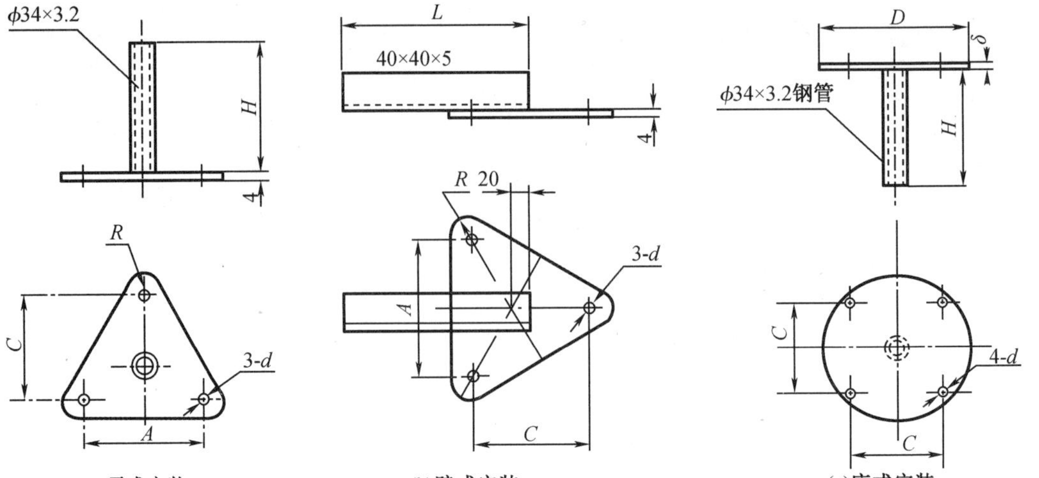

(a)顶式安装　(b)壁式安装　(c)座式安装

图 2-4-7　信号灯灯架结构(单位:mm)

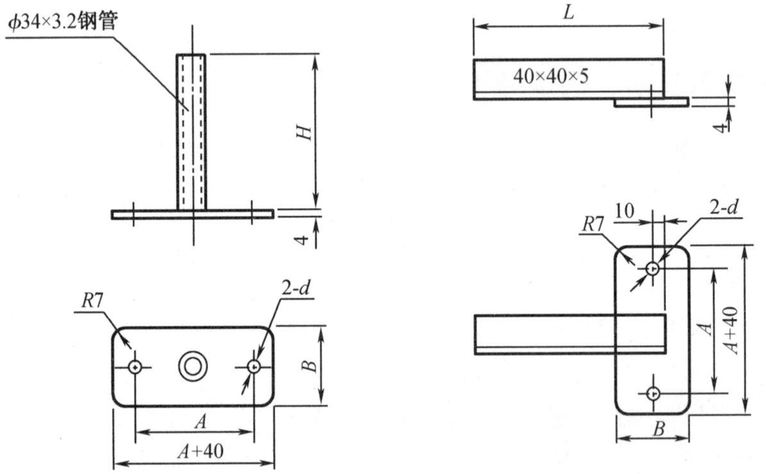

(a)顶式安装　(b)壁式安装

图 2-4-8　白炽舱顶灯灯架结构(单位:mm)

(3)荧光舱顶灯

荧光舱顶灯主要安装在钢质舱壁处所,安装形式主要有顶式和壁式安装,其对应的灯架如图 2-4-9 所示。

从图 2-4-9 可知,由于荧光舱顶灯质量较重,并且设备外形通常为 4 个安装孔,因此灯架中与灯具连接的部分没有采用整块钢板,而是采用扁钢搭建成“工”字形,从而减轻底座质量。支撑部分则仍为钢管或角钢,数量为一根或两根。

(4)探照灯和投光灯

探照灯和投光灯主要安装在室外,在工作时需要旋转操作,因此安装形式主要有座式和壁式安装,其对应的灯架如图 2-4-10 所示。

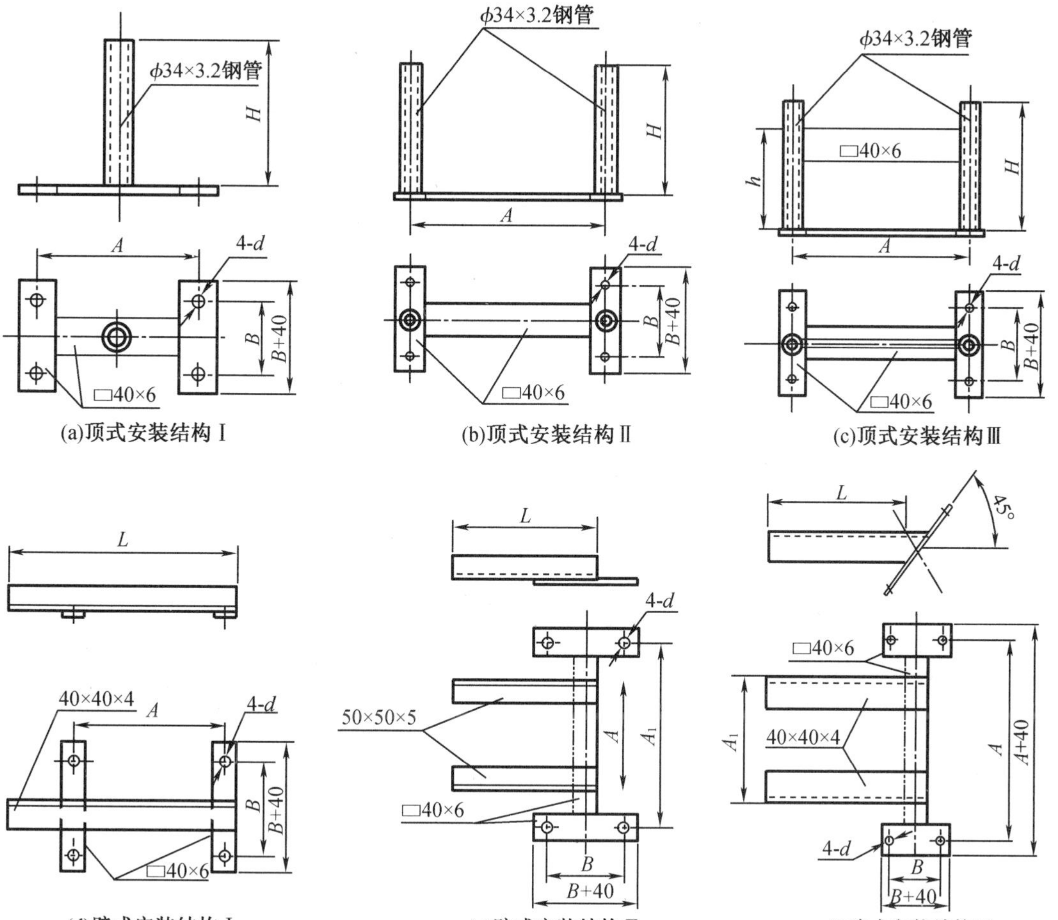

(a)顶式安装结构Ⅰ　(b)顶式安装结构Ⅱ　(c)顶式安装结构Ⅲ

(d)壁式安装结构Ⅰ　(e)壁式安装结构Ⅱ　(f)壁式安装结构Ⅲ

图 2-4-9　荧光舱顶灯灯架结构(单位:mm)

注:□表示扁钢。

如图 2-4-9 所示,探照灯和投光灯属于大型灯具,因此灯架结构材料多采用钢管和钢板组成,并且利用“套管”形式,即将直径较大的钢管套入直径较小的钢管上,从而形成旋转结构,满足使用需求。

2. 船舶灯具安装件的设计

船舶灯具安装件的设计思路和步骤与其他电气设备类似,主要遵循如下原则:

(1)确定灯具的用途及安装信息,即安装尺寸、安装孔的数量、设备质量;

(2)确定灯具的安装位置;

(3)确定灯具的安装形式,即壁挂式、顶式或座式。

在确定以上信息后,即可开始选择和设计灯具的灯架。

这里以一艘散货船上的荧光舱顶灯和投光灯为例进行说明。荧光舱顶灯和投光灯的安装图如图 2-4-11 所示。

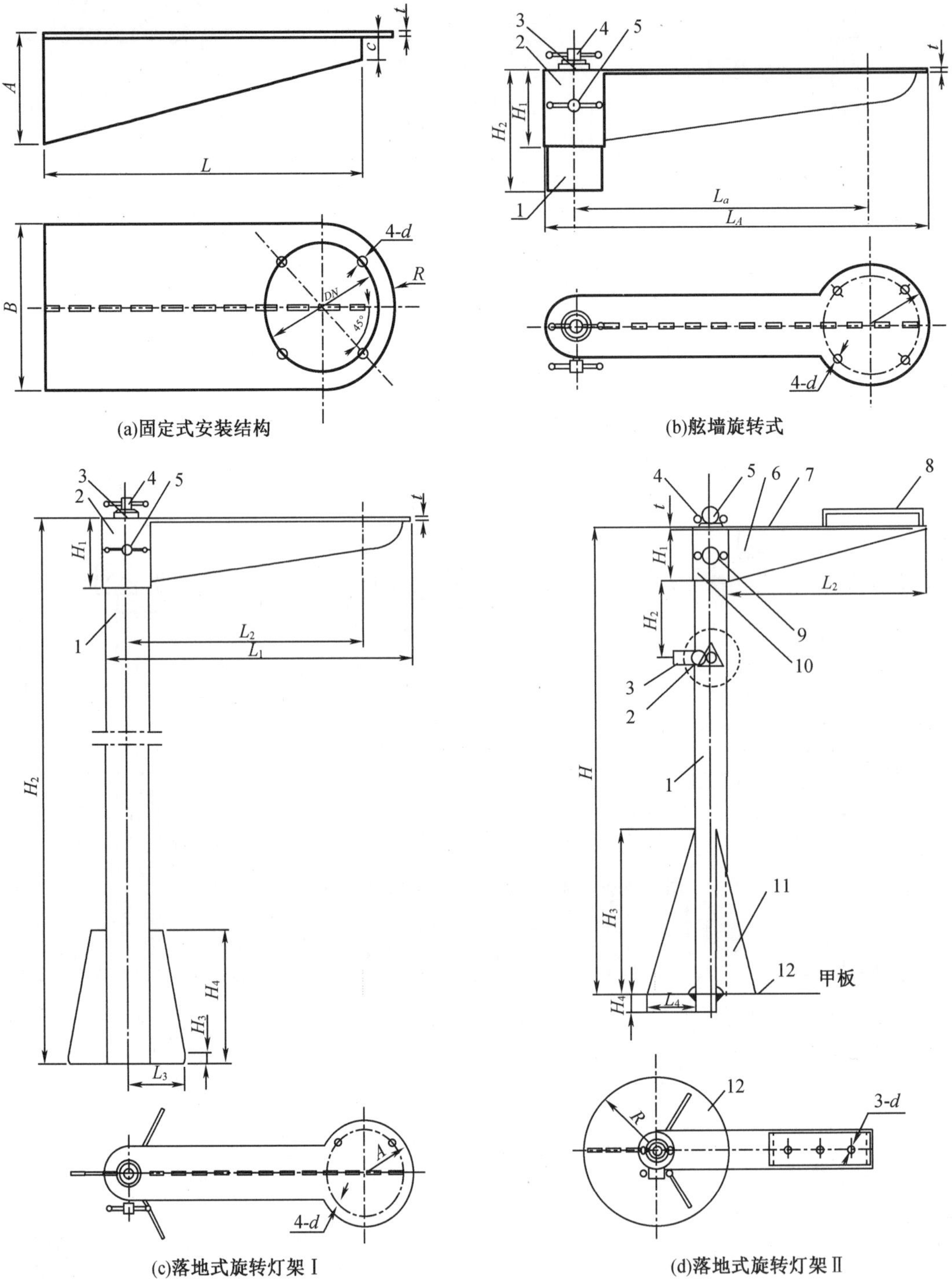

(b)1—基座;2—旋转支架;3—压板;4—固定螺钉扳手;5—紧定螺钉扳手。

(c)1—基座;2—旋转支架;3—压板;4—固定螺钉扳手;5—紧定螺钉扳手。

(d)1—支架;2—电缆填料函;3—接地扶座;4—压板;5—紧定螺钉扳手;6—加强筋板;7—托板;8—灯座板;9—紧定螺钉扳手;10—旋转套管;11—加强筋板;12—复板。

图 2-4-10　探照灯、投光灯灯架结构

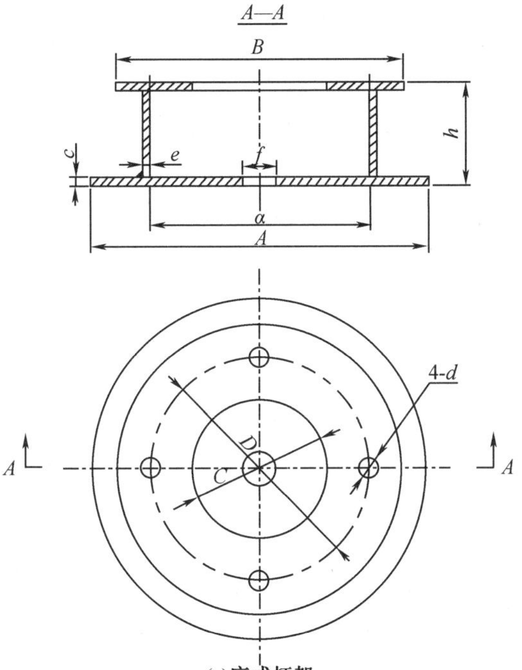

(e)座式灯架

图 2-4-10(续)

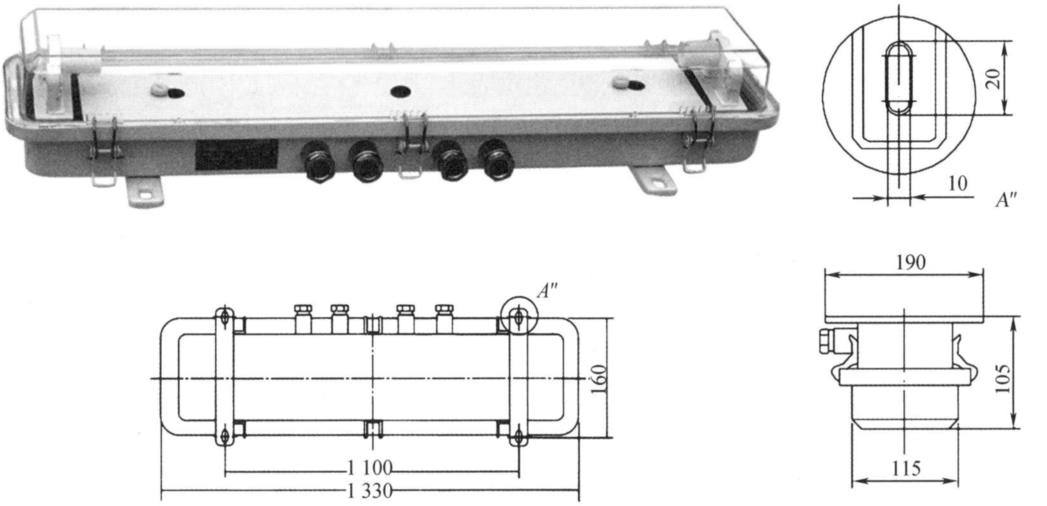

(a)荧光舱顶灯安装图

图 2-4-11　荧光舱顶灯和投光灯的安装图(单位:mm)

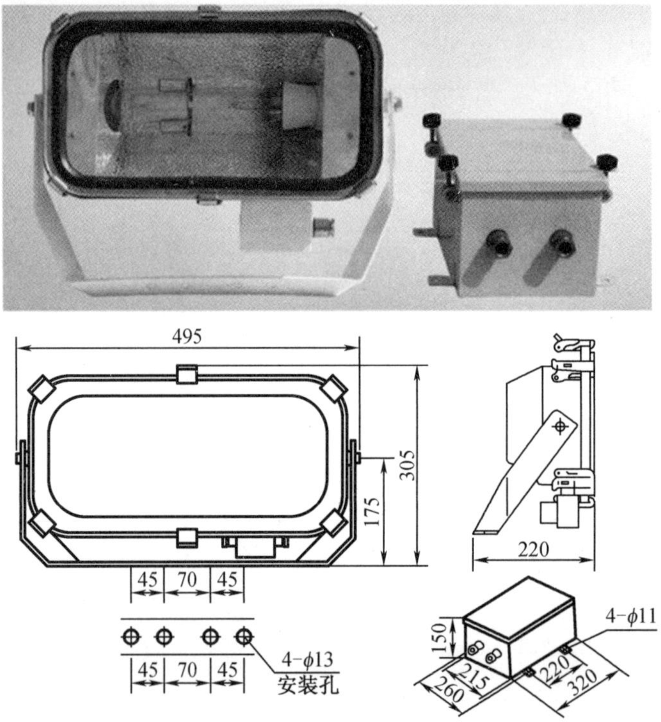

(b)投光灯安装图

图 2-4-11(续)

如图 2-4-11 所示,荧光舱顶灯安装固定点为 4 个,投光灯的安装固定点在底部为 4 个且灯具本身不具备旋转功能。现假定该荧光舱顶灯安装在机舱处所,投光灯安装在驾驶室顶部,因此荧光舱顶灯灯架形式如图 2-4-12 所示,投光灯灯架如图 2-4-13 所示。

如图 2-4-12 所示,由于荧光舱顶灯为顶式安装,因此采用了图 2-4-9(b)的结构形式,即两根支撑脚叠加工字形底板。其中两根支撑脚采用(50×50×4)mm 的角钢,底板采用同规格角钢拼接而成,并有 4 个安装孔。安装孔长度方向的间距为 1 100 mm,宽度方向的间距为 160 mm,与灯具安装图信息相吻合。

如图 2-4-13 所示,由于该投光灯安装在驾驶室顶部露天处所,因此只能采用座式安装。且从设备资料可以看出,该投光灯不具备电动或手动旋转底座,因此该投光灯灯具可以选用图 2-4-10(c)或(d)的结构形式。这里该灯座采用了套管的结构形式从而确保灯具可旋转,但是与灯具连接的底座部分进行了简化设计,采用了厚度为 8 mm,长 450 mm,宽 160 mm 的长方形垫板,该垫板上安装孔的数量满足灯具中的要求即 4 个直径为 13 mm 的圆孔,孔距则分别为 45 mm、70 mm 和 45 mm,与投光灯的安装信息相吻合。

四、船舶灯具的安装工艺要求

根据《船舶电气设备安装工艺》(CB/T 3909—2019)的要求,船舶灯具在安装工艺方面要求主要涵盖设备布置及防护、照明附件安装高度等方面的内容。

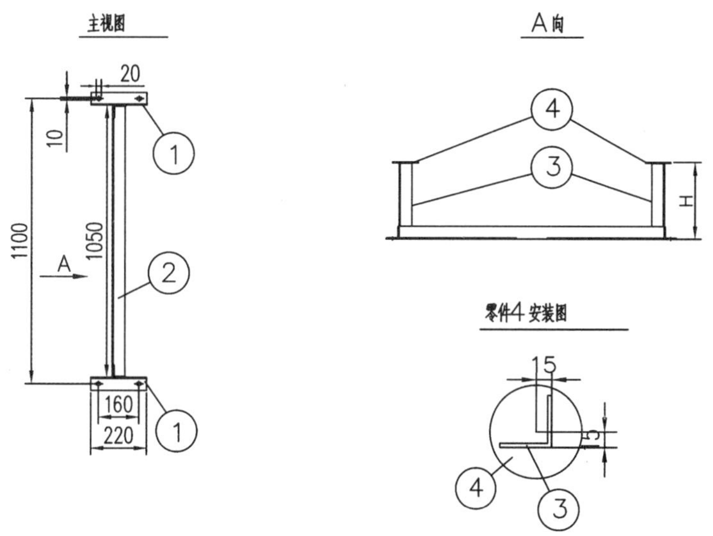

附注：

1、图中H=100~3000

2、标记示例：H=3000的荧光舱顶灯支架：ZQ2−3000。

3、当灯架 H ≥ 1000mm时，两个灯脚上应各加一根长为 H 的同型号角钢作为斜支撑，该角钢现场配。

会签
SIGNATURE

序号	代号	名称型号及？格	数量	附注
4		垫板 ∅100 δ=4	2	
3		角钢 50x50x4 L=H	2	
2		角钢 50x50x4 L=1050	1	
1		角钢 50x50x4 L=220	2	

标记 MARK	数量 QTY	修改单号 REV.NO.	签字 SIGN	日期 DATE
设绘DES				
校对CHE				
审核REV				
标检STA				
批准APP				

荧光舱顶灯
支架制造图
(ZQ2−L)

荧光舱顶灯：TCYA40−2A型

版本 REV.NO.	重量(kg) WEIGHT	比例 SCALE
0		1:20
共　页 TOTAL SHEET		第　页 SHEET

图纸：A4

图 2-4-12　荧光舱顶灯灯架

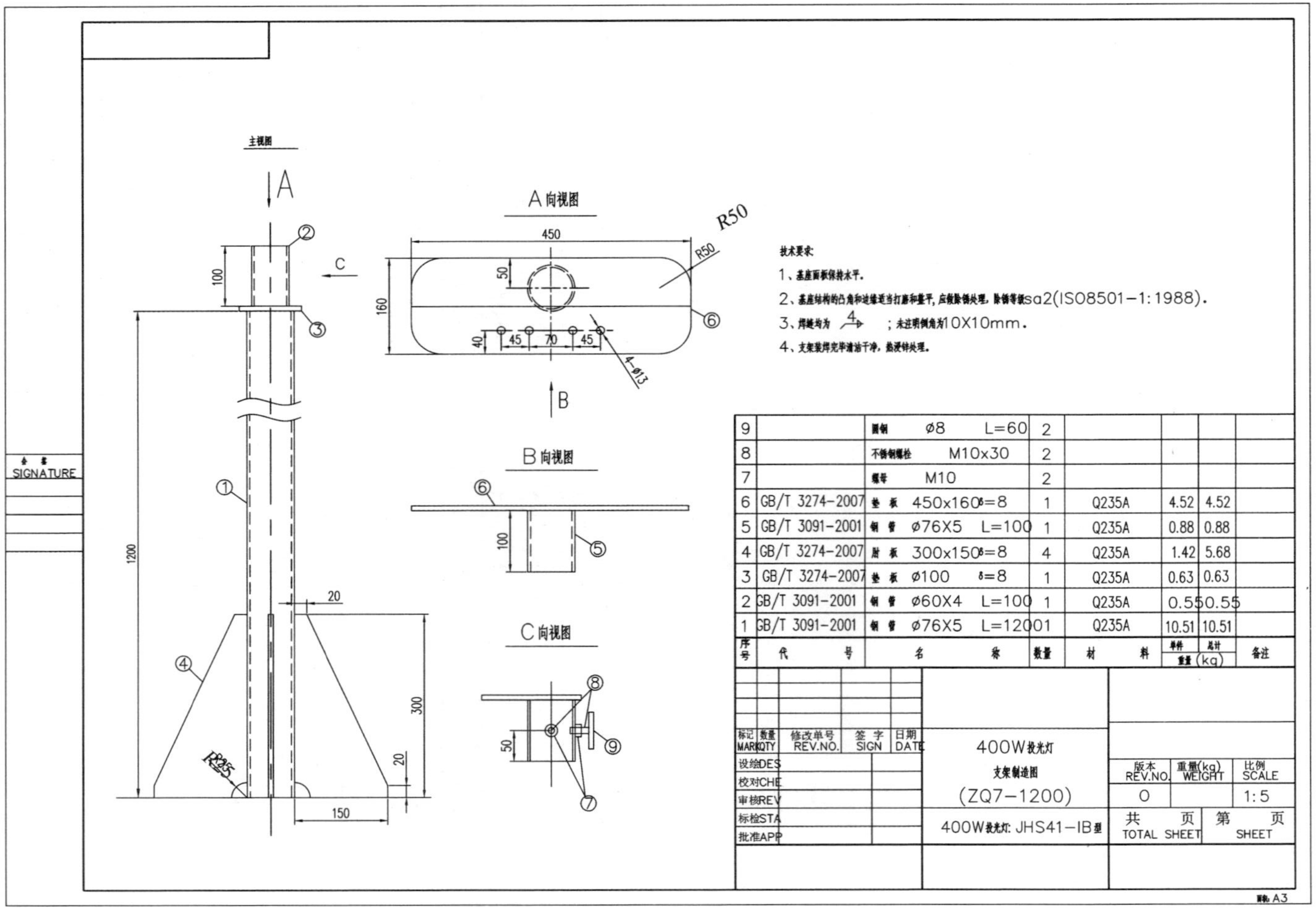
主视图
A向视图
B向视图
C向视图
R50
1、基座面板保持水平。
sa2(ISO8501-1:1988).
10X10mm.
9 ⌀8 L=60 2
8 M10x30 2
7 M10 2
6 GB/T 3274-2007 450x160 δ=8 1 Q235A 4.52 4.52
5 GB/T 3091-2001 ⌀76X5 L=100 1 Q235A 0.88 0.88
4 GB/T 3274-2007 300x150 δ=8 4 Q235A 1.42 5.68
3 GB/T 3274-2007 ⌀100 δ=8 1 Q235A 0.63 0.63
2 GB/T 3091-2001 ⌀60X4 L=100 1 Q235A 0.55 0.55
1 GB/T 3091-2001 ⌀76X5 L=1200 1 Q235A 10.51 10.51
400W投光灯
支架制造图
(ZQ7-1200)
400W投光灯 JHS41-IB型
比例 SCALE 1:5
SIGNATURE
A3

图 2-4-13　投光灯灯架

1. 船舶灯具布置及防护要求

(1)舱室照明灯具应参照室内器具的位置适当布置。首先应保证操作及工作的地点有必要的照明,并适当考虑舱室各处的照明。具有两个分路供电的舱室照明灯具,应交叉或间隔布置。

(2)安装在货舱、外走道及其他易受机械损伤处所的舱室灯具应设有保护罩。

(3)床头灯的安装位置,宜高于床铺板 750 mm,离床头(一般以靠近船首或船舯的一端为床头)400 mm 的侧壁上或顶头中间。

(4)壁灯宜距地面 1 700 mm,镜灯宜在镜子上方 20~100 mm。

(5)直接固定在木板或其他易燃材料上的白炽蓬顶灯,其安装板(在灯具底部)上应开孔通风散热。

(6)气体放电型强光灯的高压触发装置应安装在带有“高压危险”标记的金属箱内。金属箱宜装在人员不易触及的地方。

(7)煤船货舱和燃煤船的煤仓、油灯间、油漆间、蓄电池室、消防设备控制站、行李舱、邮件舱、粮食舱、冷藏舱及其他类似舱室的照明开关不应设在室内。行车舱、邮件舱、粮食舱、冷藏舱的开关应装有照明指示灯。

(8)潮湿和爆炸危险处所,照明开关应能切断所有绝缘极。

(9)单极分断的照明开关,引入开关的电源线应为相线或正极线。

(10)暗式照明开关的安装,其板柄方向应一致,板柄向上为“接通”,向下为“断开”。

(11)非防水插座的安装位置应避免设在窗口下方。防水插座及开关插座不应插口向上安装,并避免向左。壁式安装的非防水插座的电源孔应为水平方向,接地孔应在电源孔的上方。

(12)在机器处所花岗板以下及封闭的燃油和滑油分离机室内,不应安装插座。

2. 船舶灯具附件的安装高度要求

船舶灯具附件安装高度应满足表 2-4-11 的要求。

表 2-4-11　船舶灯具附件安装高度

灯具附件名称	安装高度	备注
室内开关及走道暗式开关	距离地面 1.3~1.4 m	靠近开门的一侧安装
室内开关及内走道防水开关	距离地面 1.5~1.6 m	靠近开门的一侧安装
台灯插座	距离台面 0.15 m	在台面左侧避开窗口
室内防水插座、开关插座	距离地面 1.3 m	—
落地暗式插座	距离地面 0.3 m	避开窗口
高低压插座箱	舱室高低压插座箱中心距离甲板 0.5 m, 机舱高低压插座箱中心距离甲板 0.7 m	—

任务实施

任务名称:船舶灯具安装件选择及安装工艺编制

一、目的

掌握船舶灯具安装件的设计方法。

二、实训条件准备

船舶舱室灯具设备资料。
船舶强光灯具设备资料。
船舶总布置图。

三、项目内容及要求

根据船舶总布置图、船舶舱室灯具设备资料及船舶强光灯设备资料,选择和设计船舶灯具安装件并编制安装工艺,具体要求见表 2-4-12。

表 2-4-12 船舶灯具安装件选择及工艺文件编制任务

任务	考核内容及要求
船舶灯具安装件选择	结合船舶总布置图,选择和设计合适的灯具安装件。要求需符合实际,语言准确、精练,主要包括以下方面: 1. 确定灯具的安装位置; 2. 确定灯具的安装形式; 3. 确定灯具的使用要求,特别是强光灯的使用要求; 4. 确定灯具的外形尺寸及安装尺寸; 5. 选择灯具的安装件材料,并根据灯具安装尺寸绘制灯具安装件图纸
船舶灯具安装工艺文件编制	根据本任务所学,制定船舶灯具安装工艺,要求内容全面,语言准确、精练

四、项目评价

船舶灯具安装件选择及工艺文件编制考核表见表 2-4-13。

表 2-4-13　船舶灯具安装件选择及工艺文件编制考核表

任务编号：　　　　　　　　组号：　　　　姓名：　　　　总分：

考核任务	考核内容	分值	评分标准	得分	备注
船舶灯具安装件选择	按照船舶总布置图和设备资料选择船舶灯具安装件	50 分	1. 能够确定船舶灯具安装位置(5 分)； 2. 能够确定船舶灯具安装形式(5 分)； 3. 能够正确选择船舶灯具的安装件形式并进行设计,完成设计图纸(40 分)		
船舶分电箱安装工艺编制	根据标准 CB/T 3909—2019 确定船舶灯具的工艺要求	20 分	能够正确完整表述船舶灯具安装时的注意事项及工艺要求(20 分)		

知识拓展

一、船舶电气设备安装要求

微课　船舶电气设备安装工艺

1. 船舶电气设备安装的总体要求

(1)符合规范

船舶航行于不同国家或地区的海域、河流中,航行区域广泛。由于船舶用途的不同,船舶的种类繁多,有货船、油船、客船、拖船、军舰,等等。为了利于船舶检验部门的统一监督和管理,船舶电气设备的安装和施工务必要符合我国或国际的造船规范,这样,船舶的可航行性才能得到国内或国际的航运和港务部门的广泛认可,船舶才能获准投入运营。

(2)安全可靠

由于船舶航行条件比较恶劣,要经受海浪的袭击以及海水盐雾和机舱中的油、水、蒸汽等的侵蚀,再有一些设备在航行中不便检修,如舵机、泵系统、航行灯、信号灯等,所以船舶电气设备的选择和安装必须要可靠耐用,否则,船舶随时都有发生事故的可能。

(3)布局合理

船舶的空间位置极为有限,要想充分利用空间,必须合理地布置和安装船舶电气设备。在布置和安装的过程中,要确保电气设备的可操纵性、可维修性,以达到最佳的利用率;同时还要兼顾相邻电气设备之间的联系,并使全船电气设备之间的顺序合理。

(4)经济美观

船舶电气设备从计划到施工安装的整个过程中,需要精心设计、减少消耗、注重提高经济效益。与此同时,船舶电气设备在安装时还需考虑美观大方,因为船员长期生活在海上,需要美观舒适的环境,这样,既可以提高工作效率,又能够消除船员的疲劳。

2. 船舶电气设备安装基本原则

(1)设备安装必须拆装方便,高度适宜,设备门应能自由回转 90°以上,以便对设备内部元器件进行维护和保养。

(2)设备安装必须使用方便,原则上要做到就近控制,以便能及时迅速地通断电源。如电动机的控制器,在安装时应尽量靠近它所控制的电动机。

(3)设备安装应尽量避开高温和剧烈振动的场所,并注意防止水、油、潮气、蒸汽等有害物质的侵蚀,避免设备上方有液体或气体的管接头,潮湿场合其进线填料函应避免朝上。对于可能产生易燃气体的场所,必须安装防爆电气设备。

(4)设备安装应整齐、无歪斜现象,不应使设备箱体结构因受外部应力作用而发生变形。覆板上质量 20 kg 以上的设备应有预埋件,以提高设备安装的可靠性;覆板内的设备应有可拆卸且带有标记的盖板,以便维护和识别。

(5)设备安装时电缆的引进要方便简洁、节省材料,并符合电缆弯曲半径的要求。若电缆弯曲半径为 R,电缆的外径为 D,则至少应满足 RN 4D。

(6)任何电气设备不能直接焊装在主甲板和水线以下的船壳板上,以防止降低船体的机械强度和水密性。

(7)电动机在安装时,其转轴应分别平行于船舶的艏艉线或垂直于船舶的水线平面,以避免其工作时给船舶航行带来影响。机组应有共同的底座,传动带、链或联轴器等机构应设有防护罩。布局上应考虑有足够的维修空间。

(8)当船舶主配电板在安装时,其前后应分别留有宽度不少于 0.8 m 和 0.6 m 的通道,且应铺有橡皮绝缘踏板。当配电板(海船上)的长度超过 4 m 时,其两端均应设门,以便在应急情况下能通、断电源。配电板附近原则上不应敷设各种液体、气体管道,若不能避免,则管子不应有可拆的管接头。

(9)工作电压、工作温度较高的电气设备,应进行安全防护,以防止触电或烫伤,发热量大时,应考虑防火问题。

(10)对于经常操作的电气设备,其操作位置中心的高度一般为 1.5 m。大小不一的几个设备安装时可以其底面为统一基面进行布置。

(11)电压超过 50 V 的带电部分应进行防护,发热的电气设备应考虑防火,外壳温度超过 80 ℃的电气设备应加防护罩。

(12)不得在水密舱室壁板及甲板上打孔安装设备。

(13)电气设备和电缆不得安装在船体的外板上。

(14)电气设备的金属外壳必须与船体进行可靠的连接。

(15)当一种金属支架的电气设备要安装到另一种金属的基板上时,其接触面应加绝缘衬垫,以防止电解腐蚀。

(16)在应急报警电气设备的安装时,其操作部分的标志或标牌应使用醒目的颜色。

3. 机械处所的电气设备布置

机械处所的电气设备安装高度见表 2-4-14,电气设备安装位置如图 2-4-14 所示。

表 2-4-14　机械处所电气设备安装高度

序号	设备名称		标准范围			备注
			安装高度/mm	设定参照面	设定面	
1	主、应急配电板及组合启动屏等设备		基座高度	地板	设备基座	
2	分电箱、启动器、控制箱		1 800~2 000	地板	设备上沿	
			1 200	地板	设备下沿	
3	灯具	顶式	2 100~3 000	地板	灯罩下沿	最小 2 100
4		壁式	2 100~3 000	地板	灯罩下沿	最小 2 100
5	开关、插座、按钮、带开关插座		1 400	地板	设备中心	
6	开关、插座、按钮、带开关插座等数量超过 2 只		1 250~1 500	地板	设备中心	当上下安装时中心间距 250
7	扬声器、喇叭、报警铃		2 300~2 500	地板	设备中心	
8	报警灯柱		2 300~2 500	地板	设备中心	
9	壁式电话		1 500	地板	设备中心	
10	变压器		基座高度	基座	设备基座	高于水线
11	小接线盒		安装于便利位置			
12	火警探头		500~1 000	甲板下	设备顶部	
			2 100~3 000	地板	设备顶部	
13	指示仪表		1 800	地板	设备下沿	
14	外通道灯(包括应急灯)		150~200	甲板下	设备中心	
			2 300	地板	灯罩下沿	

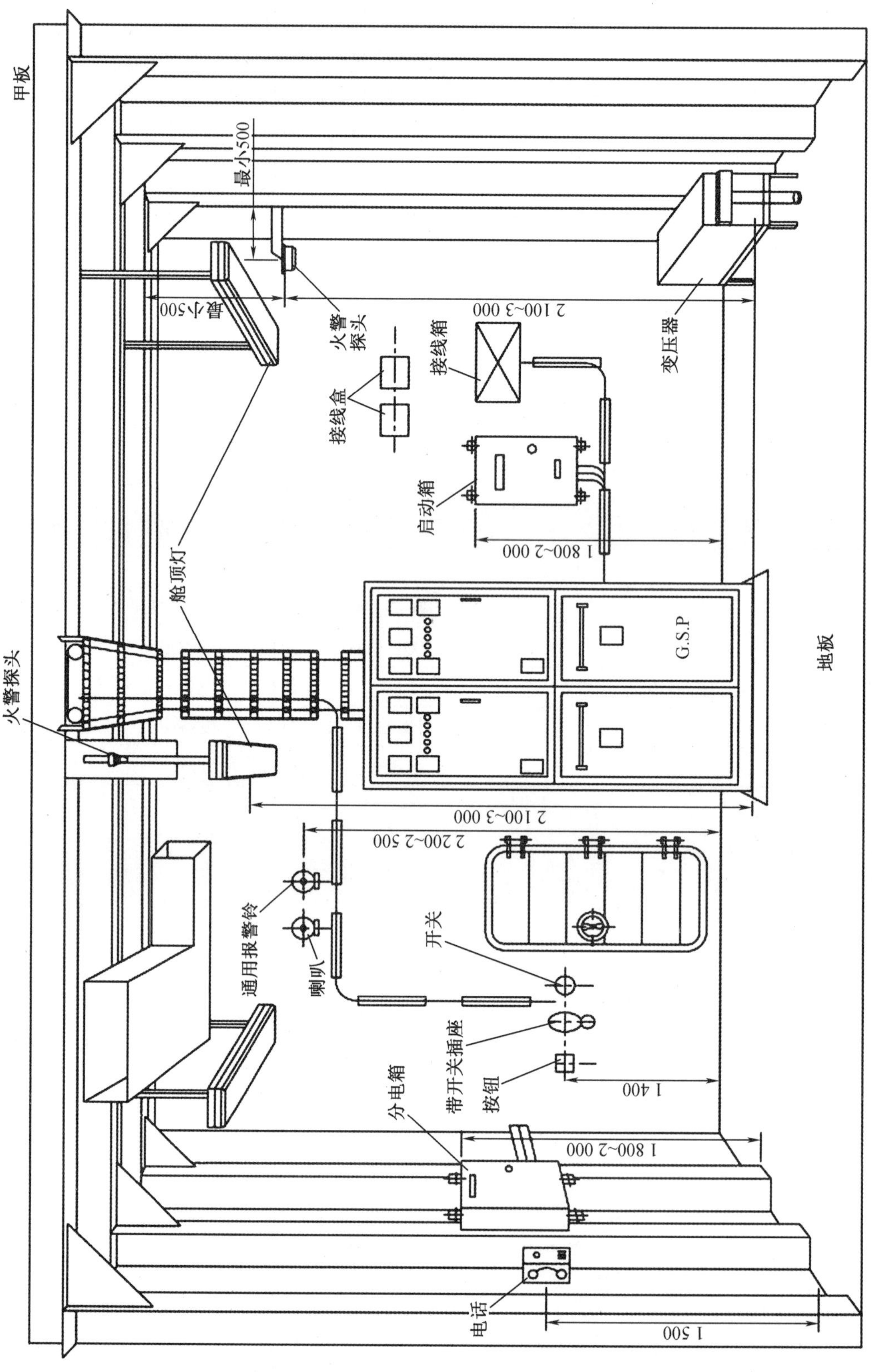

图 2-4-14　机械处所电气设备安装位置(单位:mm)

4. 居住处所的电气设备安装位置

(1)居住处所的电气设备安装高度见表 2-4-15。

表 2-4-15　居住处所的电气设备安装高度

序号	设备名称		标准范围			备注
			安装高度/mm	设定参照面	设定面	
1	分电箱、启动器、控制箱		1 800~2 000	地板	设备上沿	
2			1 200	地板	设备下沿	
3	灯具	有天花板	安装在天花板上			
		无天花板	2 100	地板	灯罩下沿	
4	台灯	便携式	安放在桌面上			
		壁式	350	桌面	设备顶部	
5	床头灯		750	床铺板	设备中心	单人床
			750/750			双人床
6	镜前灯		20~100	镜子或镜面箱	设备中心	独立式
7	装饰壁灯		1 800	地板	设备中心	
8	走道灯	有天花板	安装在天花板上			
		无天花板	2 100	地板	灯罩下沿	
		走道拐角	尽量靠近拐角安装			
9	开关、插座、按钮、带开关插座		1 400	地板	设备中心	
10	开关、插座、按钮、带开关插座等数量超过 2 只		1 250~1 500	地板	设备中心	当上下安装时中心间距 250 mm
11	落地插座		300	地板	设备中心	
12	台式插座、台式电话接线盒、电脑通信接口和共用天线插座		200	桌面	设备上沿	
13	转速表、分罗经、钟		1 800	地板	设备中心	
14	扬声器、报警铃和蜂鸣器等		1 800	地板	设备中心	顶式安装的扬声器直接安装于天花板上
15	非水密接线盒		安放在桌面上			
16	电话	台式	安装于便利位置,一般安装于走道天花板上			
		壁式	1 500	地板	设备中心	
17	扬声器、喇叭、报警铃		2 300~2 500	地板	设备中心	
18	延伸报警板		1 800	地板	设备中心	
19	火警探头	有天花板	安装在天花板上			

表 2-4-15(续)

序号	设备名称		标准范围			备注
			安装高度/mm	设定参照面	设定面	
20		无天花板	2 100	地板	设备顶部	
	指示仪表		1 800	地板	设备下沿	

(2)居住处所内电气设备安装位置如图 2-4-15 所示。

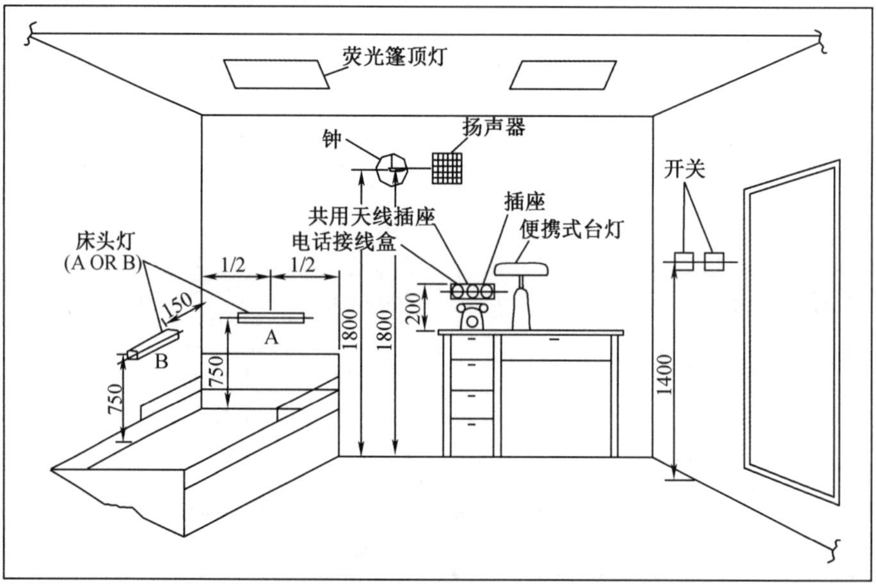

(a)起居处所内电气设备安装位置

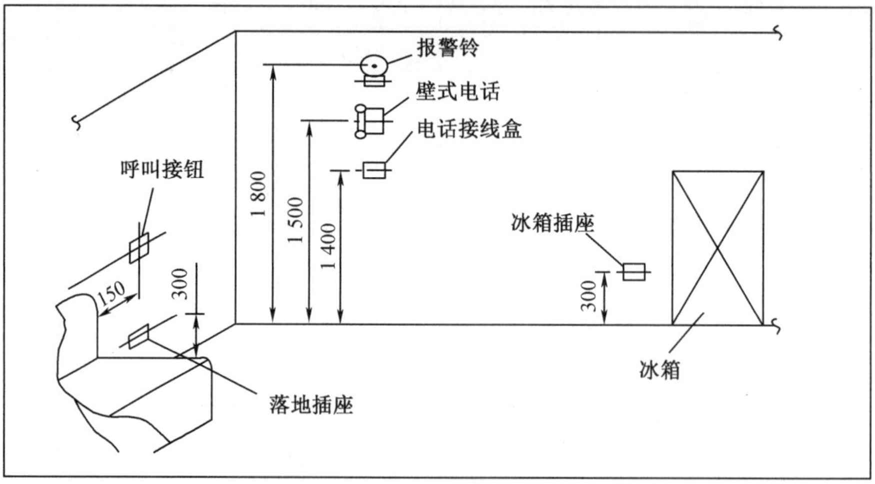

(b)居住处所办公区域内电气设备安装位置

图 2-4-15　居住处所内电气设备安装位置(单位:mm)

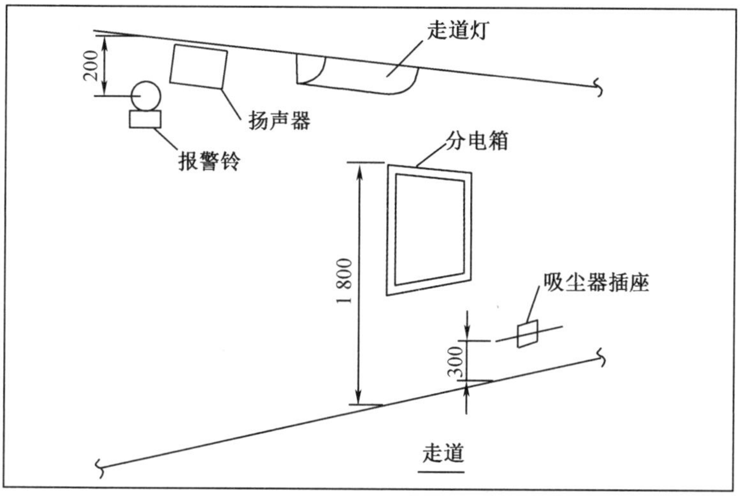

(c)居住处所内走道电气设备安装位置

图 2-4-15(续)

5. 驾驶室及两翼设备安装位置

驾驶室及两翼电气设备安装高度见表 2-4-16,安装位置如图 2-4-16 所示。

表 2-4-16　驾驶室及两翼设备安装高度

符号	设备名称	安装高度/mm
①	白炽灯	2 200
②	荧光灯	2 200
③	天线基座	2 000
④	仪表	2 200~2 300
⑤	按钮	1 250
⑥	探照灯	与墙齐
⑦	搜索灯	与墙齐

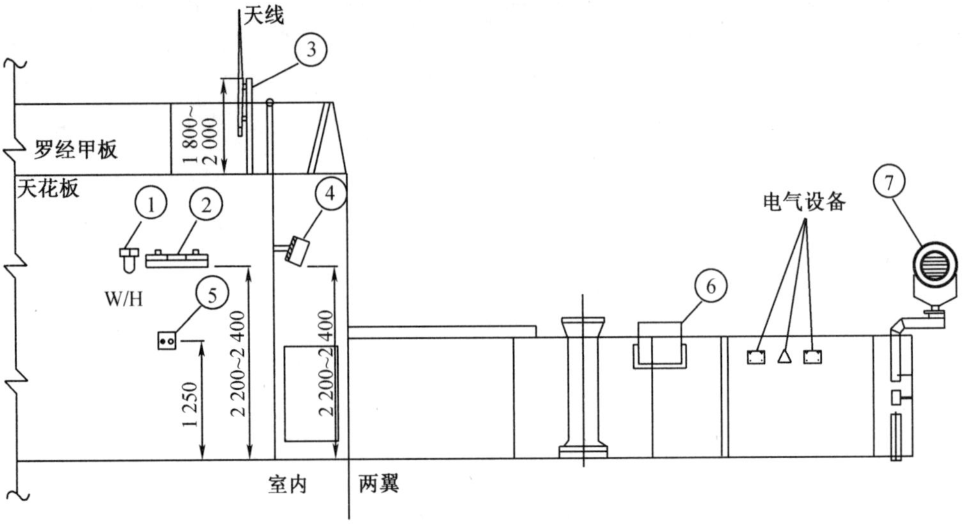

图 2-4-16　驾驶室及两翼设备安装位置

项目三

船舶电缆敷设作业

德育启迪

海上巨龙昭示的科技自信

在港珠澳大桥开通仪式上，习近平总书记用“圆梦桥、同心桥、自信桥、复兴桥”来形容这一世纪工程。港珠澳大桥像一条海上巨龙，连通香港、珠海、澳门，不仅惠及三地，还将对整个珠三角区域的社会经济发展起到极大推动作用，标志着我国从桥梁建设大国向桥梁建设强国迈出了坚实一步。

自2009年12月动工以来，港珠澳大桥的建设者们面对重重考验，运用多项尖端科技，攻坚克难推进工程建设，取得了500多项专利技术。在解决最长沉管隧道、外海人工岛、超大规模外海钢桥等世界性难题中，建设者们独创的一系列新成果发挥了至关重要的作用。

人工岛，打造超级工程的海上“基座”

港珠澳大桥海底隧道是我国首条外海沉管隧道。隧道建设的第一战，就是要以最快速度在海中建起两个离岸人工岛，实现海中桥隧转换衔接。

在港珠澳大桥建设之前，我国建造外海人工岛的技术积累几乎是空白。在水深10余米且软土层厚达几十米的深海中，如何打下这个超级工程的“基座”，成为大桥岛隧工程项目部团队面临的难题。

在外海造人工岛，既要解决工程技术难题，也要兼顾保护中华白海豚国家级自然保护区的生态环境，需要平衡的因素很多。建设团队反复研究论证，创新提出了用大直径钢圆筒围造人工岛的思路。这一史无前例的创新工艺，在国内外没有经验借鉴，建设团队花了大半年时间设计、论证、实验。

经过多方面专家论证，超大直径钢圆筒、液压振动锤联动的优化方案被正式采纳为最终方案，这也成为港珠澳大桥岛隧工程的一项创举。两个人工岛建设共用了120个直径22.5 m、最高50.5 m、重达500 t的钢圆筒，242个副格，每个钢圆筒都相当于一栋高层住宅楼。这些钢圆筒分批次建造，再由8万吨级远洋运输船从上海运到珠江口，在工程中使用如此重量级的运输船，在国内尚属首次。

港珠澳大桥的岛隧工程，采用了世界首创的八锤联动液压振动锤和“钢圆筒振沉管理系统”，为超大钢圆筒振沉安装上了“眼睛”。在伶仃洋海面上，1 600 t起重船“振浮8”号吊着振沉系统和钢圆筒,在自主研发的“钢圆筒振沉管理系统”的引导下,实现了准确定位。

2011 年 5 月中旬,液压振动锤将首个钢圆筒沉入水底,插入泥中 21 m,垂直度偏差小于 1/500,港珠澳大桥岛隧工程首个世界超大直径、超深埋深、超大体量钢圆筒顺利振沉,揭开了西人工岛岛壁结构施工序幕。同年 9 月,随着第 61 个巨大的钢圆筒稳稳插入珠江口开阔的海面上,港珠澳大桥海中西人工岛主体结构宣告完成。

在 221 天内,120 个巨型钢圆筒在伶仃洋海面围成两个小岛,实现了“当年开工、当年成岛”计划,创造了钢圆筒单体体量、振沉精度、振沉速度等多项世界纪录。

33 次“海底之吻”,建成世界最长海底沉管隧道

在港珠澳大桥建成之前,世界上比较长的现代沉管隧道,只有丹麦与瑞典之间的厄勒海峡沉管隧道和韩国釜山—巨济的沉管隧道两条,长度分别为 3.5 km 和 3.2 km。港珠澳大桥的海底隧道为 6.7 km,建设面临海底隧道最长、隧道埋深最深、单个沉管体量最大等世界性难题。

在无任何国内外经验可借鉴的情况下,大桥岛隧工程团队对外海深水沉管安装创新技术及装备进行独立研发,并取得一系列技术突破。

岛隧工程的沉管段总长 5 664 m,共分 33 个管节,每个标准管节长 180 m、宽 37.95 m、高 11.4 m,单节沉管重 7.4 万 t,最大沉放水深 44 m。工程采用节段式柔性管节结构,施工时采用 8 艘大马力全回转拖轮协同作业,配置深水无人沉放系统的国内首条安装船通过遥控等技术,调整管节姿态实现精确对接。

在施工中,团队创造了“半个月内连续安装两节沉管”“极限 3 mm 对接偏差”等多个纪录,采用主动止水的沉管隧道最终接头,化被动止水为主动式压接止水,变人工作业为机械化作业,降低了水下作业强度,确保了施工质量。

为了保障工程需要,珠海牛头岛建设了目前世界上最大的沉管预制厂,为大桥的海底隧道制作 33 个巨型沉管。其中,有 5 节是半径 5 500 m 的曲线段沉管,首开曲线沉管工厂法预制先河。2013 年 5 月,岛隧工程顺利完成首节沉管的海上浮运,并实现隧道与人工岛转换的首次对接。在经过 33 次“海底之吻”后,沉管隧道终于建成。

在沉管安装到海底基槽过程中,需要精确测量其左右、上下以及倾角方向的摆幅。沉管运动为超低频,需要灵敏度极高的传感器进行监测。国内某传感器技术企业深入分析深水管节对接运动特性及监测需求,运用国内最先进的微机械陀螺和高精度倾角传感器,构建了一套创新的管节运动姿态监测方法,在关键的前端设有多支备份传感器,保证了测试信号的准确可靠。

“搭积木”模式,拼装抗风、抗震高强度桥梁

2014 年 1 月 19 日,港珠澳大桥首跨钢箱梁在深海区架设成功。“驯服”这个长 132.6 m、宽 33.1 m、重 2 815 t 的庞然大物,标志着港珠澳大桥主体工程建设取得了又一个阶段性突破。

海上埋置式承台施工是桥梁部分工程的亮点,188 个桥梁承台需埋入海床面以下。施工时分别采用了大圆筒方法安装、分离式柔性止水和双壁钢围堰三种不同方案,解决桥梁埋置式承台施工难题,实现了装配化施工。

考虑到环保需求，施工单位采取工厂化生产、机械化装配的模式，像搭积木一样建桥，颠覆了以往的桥梁建筑方式，也为我国培养了一批工匠式的职业工人，同时把构件作为产品生产，也保障了大桥的质量和耐久性。桥梁上部结构大规模采用钢箱梁，打造了全新的自动化生产线、智能化的板单元组装和焊接机器人焊接专用机床，提升了我国大型钢结构制造工艺水平，推动了行业技术进步。

港珠澳大桥建设过程中，离不开桥面吊装作业，其吊装施工中所用的高性能吊装缆绳，是国内某公司和研究院耗时10多年才研发成功的。这种缆绳虽然只有头发的1/10粗，但做成缆绳后比钢索强度还高，而且非常柔软，以质量小、强度高、耐腐蚀等特点，广泛应用于国防、军工及民用领域。

港珠澳大桥具备抵抗8级地震能力，与其安装的橡胶隔震支座密切相关。其中最为关键的技术就是位于桥梁支座中间的高阻尼橡胶。该支座在试验中可吸收、消耗40%以上的振动能量，承载力约3 000 t。

港珠澳地区，每年都会遇到台风，桥梁的安全监测至关重要。在进行港珠澳大桥的设计时，除了采用更好的建设技术保证桥梁建设质量及运行安全外，强大的传感检测器也必不可少。港珠澳大桥上有液压测力传感器、力矩传感器、重力传感器等数千种传感器，共同构成了一套高精密感知系统，对隧道内的风速、温度、湿度、压力、气压差，以及二氧化碳、氮氧化物和微颗粒的浓度等参数进行实时监测，实现对桥梁“健康状况”的精准判断。

智能化设计，三地车牌平均识别时间只需0.3 s

港珠澳大桥交通工程，包括收费、通信、监控、照明等12个子系统，也取得了多项突破性科研成果。

在港珠澳大桥通行的车辆，不仅有统一格式车牌的大陆车，还有车牌格式多样的香港和澳门地区车辆。内地和香港实行不同的过路收费模式，而在桥上混跑的三地车辆又必须一次快速完成计费。不同收费模式的软件和代码区别很大，要使二者兼容，难度可想而知。

技术攻关团队从软件代码及软件程序着手攻关，邀请香港的技术专家参与开发。根据试验测试情况不断修改，仅测试版本修改就达到136次，在国际上首创兼容不同制式的收费模式。经过1 000余次的模拟测试，车牌平均识别时间缩短到0.3 s。

在港珠澳大桥管理局的巨大屏幕上，大桥任意监控点的实时视频随时显现。只要轻点鼠标，屏幕上就能显示出三维立体画面。如果某个点位发生事故灾害，视频监控可随时捕捉，信息传递到监控终端，警报在几秒钟内就会响起。

在港珠澳大桥上的青州航道桥上，巨大的“中国结”巍然屹立，这附近的一处桥面，是用长约1.7 m、与大桥等宽的折叠式材料铺设的。受大风、温度和载重等多种因素影响，大桥会发生一定位移，需要每隔一段距离设置伸缩缝，各种电缆在通过桥梁伸缩缝处时，会承受较大的张力，容易造成金属护套断裂与绝缘损坏，使大桥的通信与照明陷入故障。

为使电缆能够自由伸缩，项目部联合相关设计院和厂家，共同研究破解难题。历经5个月的安装调试和近一年的运行观测，应用于港珠澳大桥的4种伸缩量、7种安装形式的74套电缆伸缩装置，全部满足设计要求，还能满足电缆弯曲半径、设备抗震要求，在国内外同类型产品中处于较高水平，填补了国内长大桥梁电缆相关技术空白。（中国军网）

知识目标

1. 了解船舶电缆的结构。
2. 掌握船舶电缆的选择。
3. 掌握电缆支承件及贯穿件的结构形式及使用条件。
4. 掌握船舶电缆的敷设方法。

能力目标

1. 能够进行电缆敷设路线规划。
2. 能够编制主干电缆拉敷册。
3. 能够编制船舶电缆敷设工艺。
4. 能够编制船舶电缆密封工艺。

任务一　船舶电缆的选择

任务描述

微课　船舶电缆概述

走进船舶内部,我们可以看到很多船舶电气设备,还可以在舱室顶部看到数量庞大的船舶电缆。正是这些电缆,让船舶电气设备可以正常运行,实现对船舶的操纵、船舶状态的监控,保证船舶和船上人员安全。那么这些船舶电缆的结构有什么特点,又应该如何选择呢?希望通过本任务的学习,大家可以得到答案。

相关知识

一、船舶电缆的结构

船舶电缆主要由导电芯线、电气绝缘层和防护套三部分组成。由于电缆要适用于船舶上的不同场合,所以其结构和选用的材料也随之有所变化。

1. 导电芯线

(1)作用与结构

导电芯线是电缆传导电能的部分。一般由不少于 7 根 0. 26~2. 47 mm^2 电解铜线绞合而成。其截面积也可根据不同载流量的需要有 0. 8~400 mm^2 等各种不同规格。芯线表面大多进行镀锡处理,能防止芯线的腐蚀和氧化,并增强其导电性能。

(2)芯线分类

按芯线数量来分类,可分为单芯电缆、双芯电缆、三芯电缆和多芯电缆。导电芯线的横截面积越大,其载流量就越大。

按芯线柔软程度来分类,可分为一般结构、软结构和特软结构三种,用来满足不同场合的工作需要。

一般结构适合于固定敷设的电缆;软结构适合于一般性移动设备的电缆;特软结构适合于移动频繁或使用中经常发生回转设备的电缆。横截面积相同的导电芯线,组成它的股数越多,电缆就越软。

(3)芯线的强度要求

跨越舱室较多的大长度电缆的导电芯线横截面积应不小于 0. 75 mm^2。

只有同一舱室的电子设备之间才可以采用 0. 3 mm^2 以下的电缆。因其强度较低,所以在敷设时要注意防护。

2. 电气绝缘层

电气绝缘层的作用是将各导电部分隔离以防止接地或相间短路。要延长电缆的使用寿命,就应该提高绝缘层的性能。按要求,选用电缆的额定电压不得低于线路电压。电缆电压等级一般有交流 250 V(或直流 500 V)、500 V (或直流 1 000 V)及 6 000 V 级(射频电缆和电子设备用电缆除外)。

在高频下使用或某些特殊产品需要耐压低、介质常数和低介质损耗时,一般选用聚乙烯绝缘较好。但聚乙烯容易燃烧,受热后收缩性大以及长期受应力时有可能产生龟裂等,所以只有在电气性能要求较高时使用。

相同截面的电缆载流量的大小也取决于它所采用绝缘材料的耐温等级,即长期允许工作温度。在同样敷设条件下,耐温等级越高,则载流量越大。

CCS 规定的各绝缘材料的允许工作温度见表 3-1-1。

表 3-1-1　绝缘材料及其最高工作温度

绝缘材料		导体最高温度/℃	
		正常工作	短路
弹性或热固性复合物	乙丙橡胶	85	250
	交联聚乙烯	85	250
	硅橡胶	95	350
	无卤乙丙橡胶	85	250

表 3-1-1(续)

绝缘材料		导体最高温度/℃	
		正常工作	短路
弹性或热固性复合物	无卤交联聚乙烯	85	250
	无卤硅橡胶	95	350
热塑性复合物	聚氯乙烯	60	150
	耐热聚氯乙烯	75	150
其他材料	矿物	95	—

同一束电缆尽可能选用同一耐温等级的电缆,否则额定载流量按照耐温等级较低的计算。

外部环境温度高,就应选用耐高温电缆。长期处于低温环境中的电缆,一般应选用橡胶绝缘电缆。

3. 护套和铠装层

护套的作用是主要作为保护电缆免受油、水、化学腐蚀和机械损伤。船舶电缆的护套一般具有耐潮、耐油、耐燃烧、耐寒及耐热老化等船用技术特性。

有些船舶电缆在护套外面还加上一层铠装,铠装主要由钢丝编织,目的是增强抗机械损伤能力和起电屏蔽作用。船舶铠装电缆主要指钢丝编织电缆。

根据船上不同的环境条件,一般可按如下方法选用护套。

(1)机炉舱(包括主副机舱、锅炉舱及舵机舱等)。这些舱室的特点是油、水较多,并且容易受到机械损伤,一般选用橡胶或塑料护套而且具有钢丝编织的电缆。长期有油、水浸渍的,一般应穿管敷设。

(2)盥洗室、厕所及浴室等经常冲水的场所,一般选用密封性护套,如聚氯乙烯塑料护套、氯丁橡皮护套和氯磺化聚乙烯护套等,并且不需要金属编织。

(3)一般舱室(包括起居室、工作间等)。这类舱室的环境条件都比较好,原则上目前现有的各种电缆护套均可使用,但考虑到磺化丁聚物护套的耐空气日光老化性较差,故在有阳光直接照射的场所不宜使用。

(4)冷藏室的特点是环境温度低,而且有大量的凝结水,最好使用铅护套或氯丁橡胶护套,而不宜用塑料护套。

(5)无线电室、雷达室、非金属上层建筑及露天甲板应采用氯丁橡皮护套并具有铜丝编织电缆,以防止无线电干扰。

(6)存在腐蚀性介质的舱室(如蓄电池室、油漆间等)。对于蓄电池室非穿管敷设的电缆要考虑防腐蚀性,一般选用耐化学腐蚀性好的聚氯乙烯护套电缆。

二、船舶电缆的型号、命名和代号

1. 船舶电缆的型号

船舶电缆的分组方式较多,按照船舶电缆用途可以分为船舶动力电缆和船舶信号电缆；按照船舶防火要求可以分为耐火电缆和阻燃电缆；按照电缆结构可以分为船舶软电缆、屏蔽电缆、镀锡铜丝编织电缆、镀锌钢丝编织电缆等。通常船舶电缆的分组往往是几种方式的综合应用。

动画　常用电缆认知——电力及控制电缆

(1)船舶电力电缆

船舶电力电缆按照电压等级可以分为船舶中压电力电缆和船舶低压电力电缆，如图 3-1-1 所示。

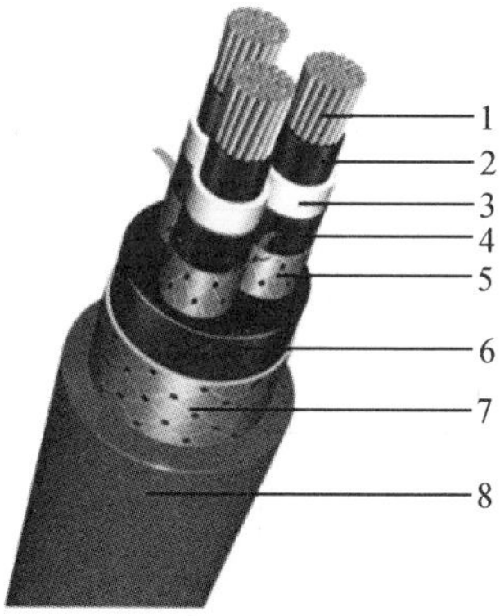

(a)船舶中压电力电缆

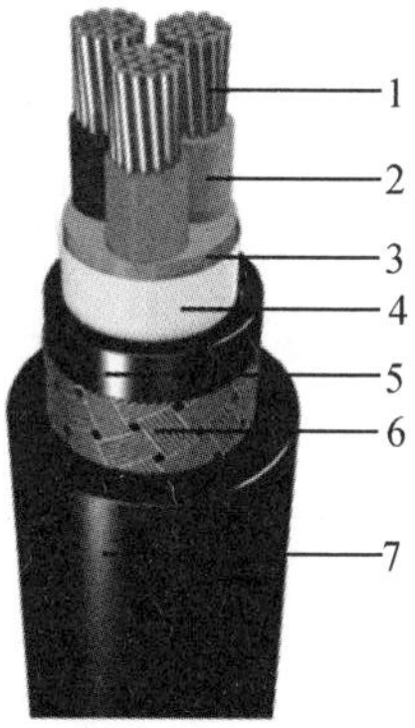

(b)船舶阻燃低压电力电缆

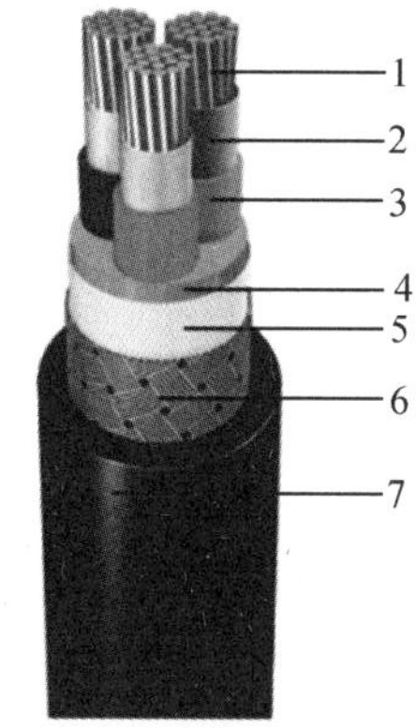

(c)船舶耐火低压电力电缆

(a)1—导体；2—半导电屏蔽；3—绝缘；4—半导电屏蔽；5—金属屏蔽；6—内护套；7—凯装；8—外护套。

(b)1—导体；2—绝缘；3—填充；4—绕包；5—内护套；6—铠装；7—外护套。

(c)1—导体；2—云母带；3—绝缘；4—填充；5—绕包；6—铠装；7—外护套。

图 3-1-1　船舶电力电缆的结构

注：电缆结构需参照电缆厂家样本，不同电缆厂家电缆结构存在一定差异。

如图 3-1-1 所示，根据电压等级及防火等级的不同，船舶电缆在结构上存在一定差异，主要表现在：船舶中压电力电缆具有一个半导电屏蔽层，船舶耐火低压电力电缆则增设了一层云母带。

船舶电力电缆常用的芯线和截面见表 3-1-2。

(2)船舶信号电缆

船舶信号电缆根据电缆传输的信号类型可以分为船舶控制电缆

动画　常用电缆认知——通信电缆

和船舶通信电缆两种，其中船舶控制电缆常用于开关量的信号传输，船舶通信电缆则用于模拟量的信号传输，其结构如图 3-1-2 所示。

表 3-1-2　船舶电力电缆常用的芯线和截面

电缆类型	芯线数	截面/mm^2
船舶中压电力电缆(3.6/6 kV, 6/10 kV, 8.7/15 kV, 12/20 kV)	1,3	16,25,35,50,70,95,120,185; 240,300,400,500,630(仅适用于单芯电缆)
船舶低压电力电缆(0.6/1 kV)	1,2,3	1,1.5,2.5,4,6,10,16,25,35,50,70,95,120,150,185; 240,300(仅适用于单芯电缆)
	4,5	1,1.5,2.5,4,6,10,16,25,35,50
	7,10,14,12,14,16,19,24,27,30,33,37	1,1.5,2.5

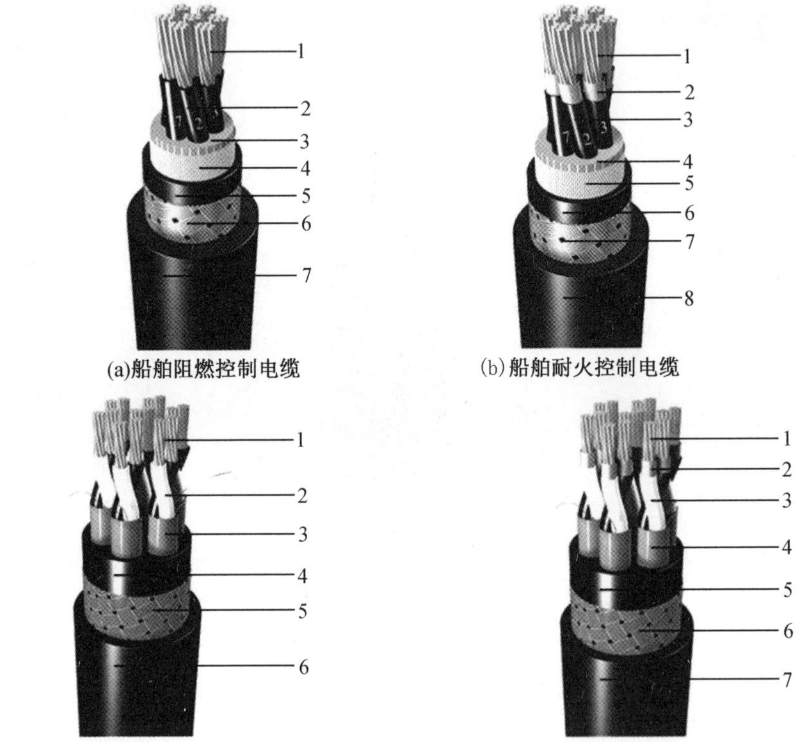

(a)船舶阻燃控制电缆　(b)船舶耐火控制电缆

(c)船舶阻燃对称式通信电缆　(d)船舶耐火对称式通信电缆

(a)1—导体;2—绝缘;3—填充;4—绕包;5—内护套;6—铠装;7—外护套。

(b)1—导体;2—云母带;3—绝缘;4—填充;5—绕包;6—内护套;7—铠装;8—外护套。

(c)1—导体;2—绝缘;3—独立屏蔽;4—内护套;5—铠装;6—外护套。

(d)1—导体;2—云母带;3—绝缘;4—独立屏蔽;5—内护套;6—铠装;7—外护套。

图 3-1-2　船舶信号电缆结构

注:电缆结构需参照电缆厂家样本，不同电缆厂家电缆结构存在一定差异。

如图 3-1-2 所示，船舶控制电缆和船舶通信电缆在结构上存在较大差异，其中船舶通信电缆采用对称式导线即内部芯线为对绞式，所谓对绞式就是在制造时每一对(2 芯)芯线在电缆护套内预先给予绞合，以便分对使用，以防止干扰，从而提高信号传输的可靠性。

船舶信号电缆常用的芯线和截面见表 3-1-3。

表 3-1-3　船舶信号电缆常用的芯线和截面

电缆类型	芯线数	截面面积/mm^2
船舶控制电缆(150/250 V)	2,3,4,5,7,10,12,14,16,19,24,27,30,33,37	0.5,0.75,1,1.5,2.5
船舶通信电缆(150/250 V)	1×2*,2×2,3×2,4×2,5×2,7×2,10×2,12×2,14×2,16×2,19×2,24×2,27×2,30×2,33×2,37×2	0.5,0.75,1,1.5,2.5

注：“*”表示该电缆为对绞电缆，其中每一对电缆内包含 2 芯电缆芯线。

(3)船舶变频电缆

随着电力推进船舶的迅速发展，变频控制技术得到了广泛的应用。为了适用变频控制传动系统中对屏蔽性能的严格要求，变频电缆得到了广泛的应用。其结构如图 3-1-3 所示。

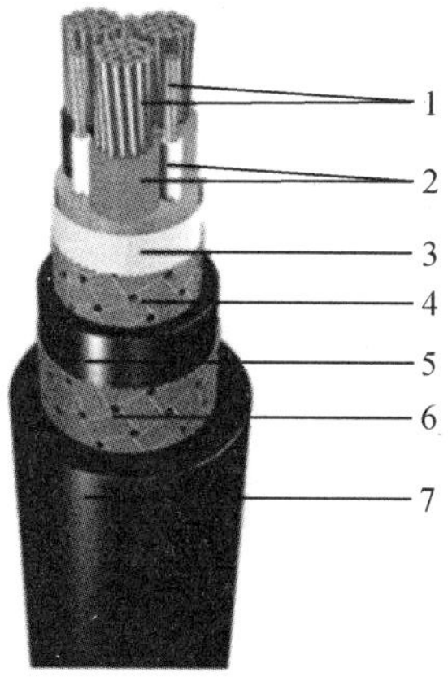

1—导体；2—绝缘；3—绕包；4—屏蔽；5—内护套；6—铠装；7—外护套。

图 3-1-3　船舶变频电缆结构

如图 3-1-3 所示，船舶变频电缆总体结构与船舶电力电缆结构类似，但是导体部分为 3+1 或 3+3 的结构，即缆芯为三根主绝缘线芯和三根中性绝缘线芯绞合成圆形，主绝缘线芯由主线芯导体、绝缘层组成，主绝缘线芯和中性绝缘线芯交叉排列，并通过填充形成圆形缆芯。防护层由三层组成。中性绝缘线芯一分为三分别放在三根主线芯之间，使三相主线芯对称分布以改善供电品质。主线芯绝缘外增设一层镀锡铜丝编织屏蔽层和防护层中的镀锌钢丝编织铠装层既满足船舶电缆在船上敷设时铠装的需要，又使供电过程中电磁场不外泄从而影响其他精密仪器。基于该特点，船舶变频电缆的芯线规格见表 3-1-4。

表 3-1-4　船舶变频电缆的芯线规格

电缆类型	芯线×标称截面/mm²
船用变频电力电缆 0.6/1 kV	3×10+1×10,3×16+1×16,3×25+1×16,3×35+1×16,3×50+1×25, 3×70+1×35,3×95+1×50,3×120+1×70,3×150+1×96,3×185+1×95, 3×240+1×120,3×300+1×150,3×10+3×4,3×16+3×6,3×25+3×6, 3×35+3×6,3×50+3×10,3×70+3×16,3×95+3×16,3×120+3×25, 3×150+3×25,3×185+3×35,3×240+3×50,3×300+3×50
船用变频电力电缆 1.8/3 kV	3×10+1×10,3×16+1×16,3×25+1×16,3×35+1×16,3×50+1×25, 3×70+1×35,3×95+1×50,3×120+1×70,3×150+1×96,3×185+1×95, 3×240+1×120,3×300+1×150,3×10+3×4,3×16+3×6,3×25+3×6, 3×35+3×6,3×50+3×10,3×70+3×16,3×95+3×16,3×120+3×25, 3×150+3×25,3×185+3×35,3×240+3×50,3×300+3×50
船用变频电力电缆 3.6/6 kV	3×10+3×4,3×16+3×6,3×25+3×6,3×35+3×6,3×50+3×10, 3×70+3×16,3×95+3×16,3×120+3×25,3×150+3×25,3×185+3×35
船用变频电力电缆 8.7/15 kV	3×25+3×6,3×35+3×6,3×50+3×10,3×70+3×16,3×95+3×16, 3×120+3×25,3×150+3×25,3×185+3×35
船用变频电力电缆 6/10 kV	3×16+3×6,3×25+3×6,3×35+3×6,3×50+3×10,3×70+3×16, 3×95+3×16,3×120+3×25,3×150+3×25,3×185+3×35
船用变频电力电缆 12/20 kV	3×35+3×6,3×50+3×10,3×70+3×16,3×95+3×16,3×120+3×25, 3×150+3×25,3×185+3×35

(4)射频电缆

射频电缆在船舶上适用广泛,主要用于高频电子设备中传输信号或电能。这种电缆常常用在船舶露天处所,因此电缆的绝缘性能、防水、防霉、防盐雾性能要求较高。护套材料需选择温度范围大的材料,如聚乙烯护套等,其常用的型号主要有 SYV-50、SYV-75、RG 等,其结构、型号见表 3-1-5。

动画　常用电缆认知——射频电缆

表 3-1-5　船舶射频电缆结构和型号

名称	型号	电缆结构	适用范围及特点
实心聚乙烯绝缘同轴射频电缆	SYV、STYV、STGH、SXH	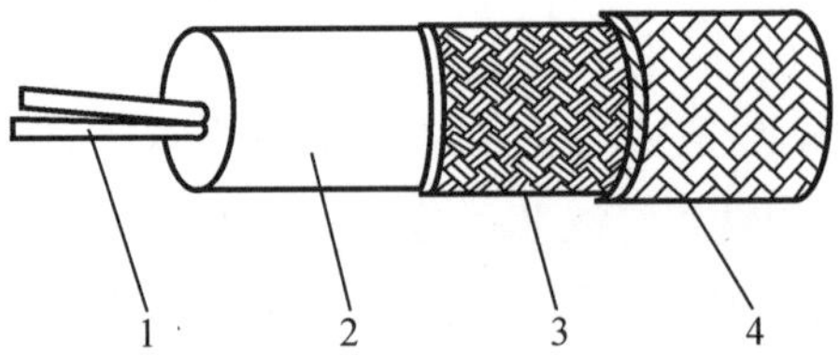 1—内导体;2—绝缘体;3—外导体;4—外护套	主要作为天线与设备之间的馈电线或电子设备之间的高频连接线

表 3-1-5(续 1)

名称	型号	电缆结构	适用范围及特点
聚乙烯板空气绝缘同轴射频电缆	SIV、SDV	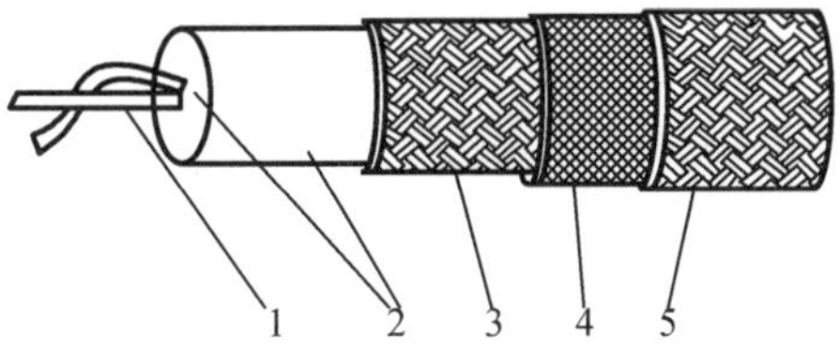 1—内导体;2—聚乙烯绳管、绝缘; 3—外导体;4—聚乙烯护套;5—铠装	该电缆衰减小,适用于传输高频、超高频的微弱信号或大功率信号
聚四氟乙烯绝缘同轴射频电缆	SFF、SFB	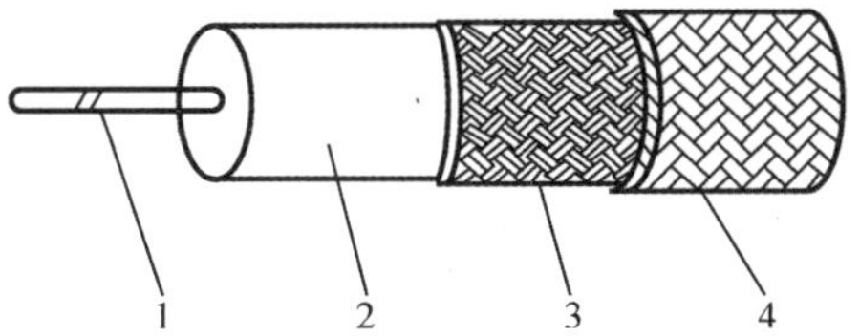 SFF 型 1—内导体(镀银铜线芯);2—绝缘体(聚四氟乙烯); 3—外导体(镀银铜丝编织);4—护套(氟塑料 46) 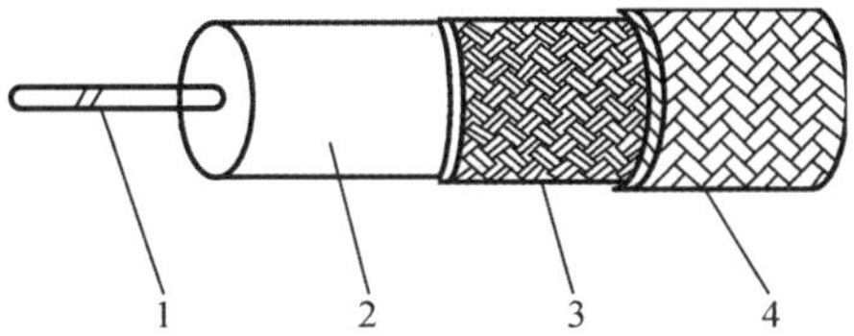 SFB 型 1—内导体(镀银铜线芯);2—绝缘体(聚四氟乙烯); 3—外导体(镀银铜丝编织); 4—护套(聚四氟乙烯)绕包外加以浸渍有机漆的玻璃丝编织	该电缆耐高温(可达 250 ℃),适用于高温条件下的固定式或移动式的无线电设备的馈电线、无线电设备内部的高温区连接线,用以传输高频信号
大功率射频电缆	SJYV、SJGH、SJGV、SJG、SJGT	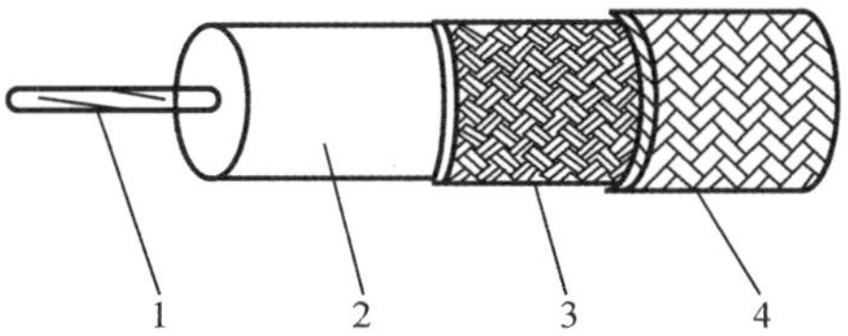 强力射频电缆结构(一) 1—内导体(铜线芯);2—绝缘(聚异丁烯); 3—外导体(铜丝编织);4—护套(聚异丁烯)	主要用作雷达、通信及电视、广播设备的大功率馈电线,为传输高频电能之用

表 3-1-5(续 2)

名称	型号	电缆结构	适用范围及特点
大功率射频电缆	SJYV、 SJGH、 SJGV、 SJG、 SJGT	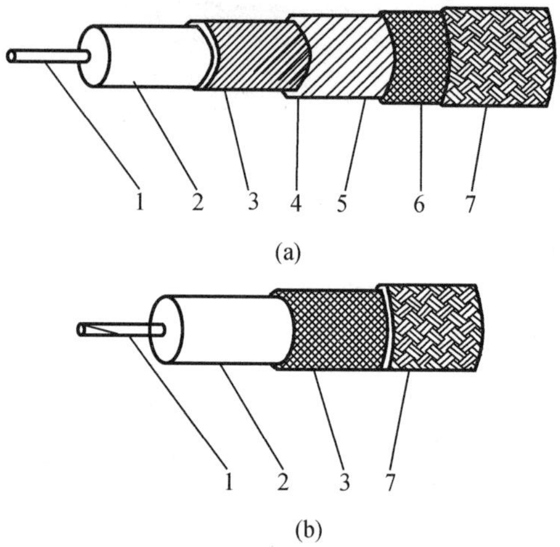 强力射频电缆结构(二) 1—绞合铜线内导体;2—聚乙烯-聚异丁烯绝缘层; 3—编织外导体;4—扁钢线;5—铜带绕包; 6—镀锌铜丝编织;7—聚氯乙烯护套 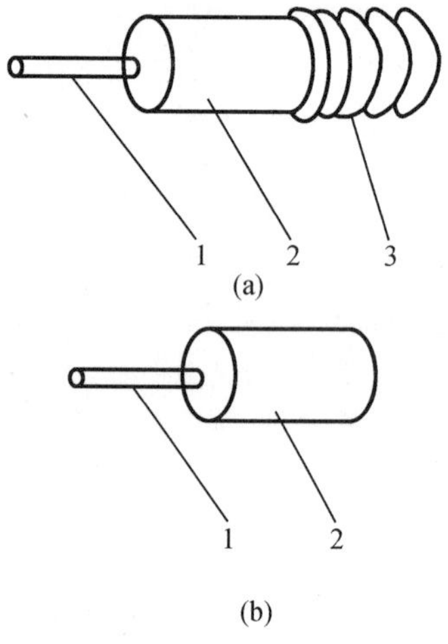 强力射频电缆结构(三) (a)1—内导体;2—绝缘层;3—外导体。 (b)1—导电芯线;2—绝缘层	主要用作雷达、通信及电视、广播设备的大功率馈电线,为传输高频电能之用

表 3-1-5(续 3)

名称	型号	电缆结构	适用范围及特点
对称射频电缆	SEYV	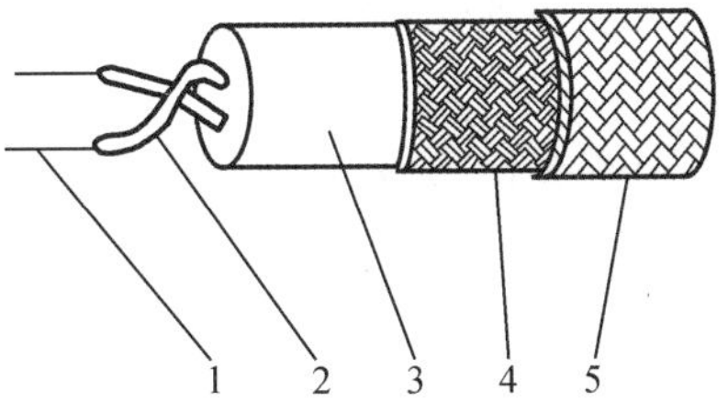 (a) 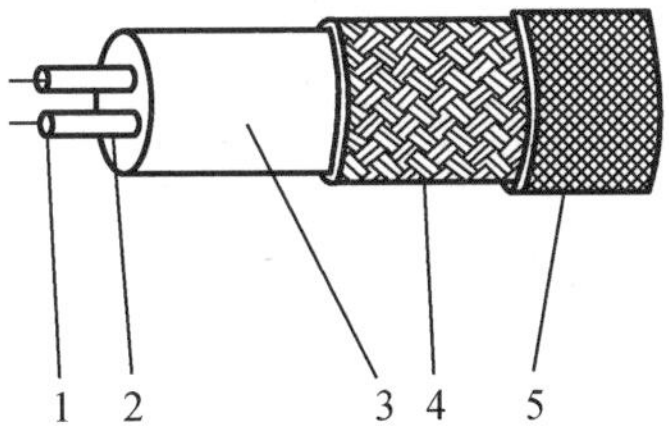 (b) SEYV 型对称射频电缆结构 1—内导体;2—实芯聚氯乙烯绝缘; 3—聚乙烯填充;4—单层或双层铜丝编织; 5—黑色或深色聚氯乙烯护套	主要用于对称天线的馈电线及各种射频设备对称回路的馈电线或连接线
低噪声射频电缆	STYV、STYP	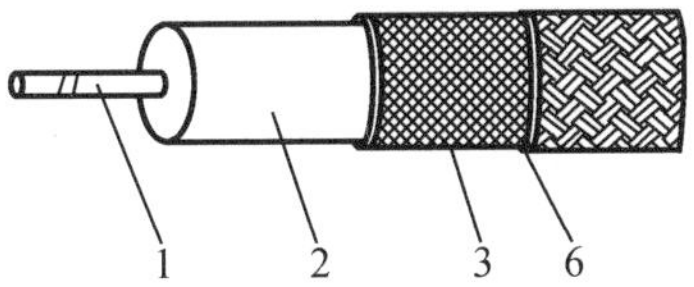 (a) (a)STYV-2 型低噪声射频电缆结构 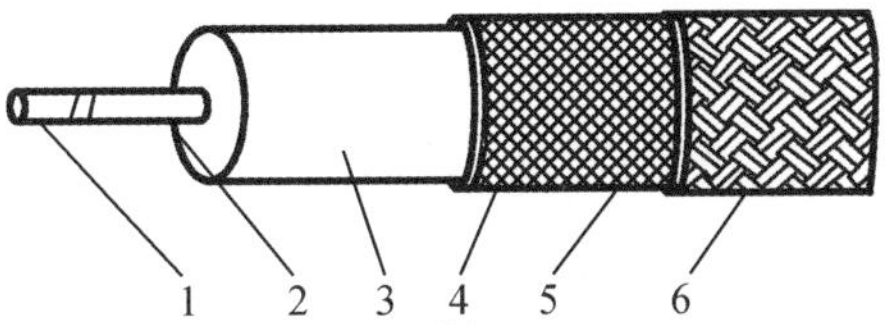 (b) (b)STYVP-4 型低噪声射频电缆结构 1—铜芯线;2—聚乙烯绝缘(a—外擦石墨粉); 3—铜丝编织内涂硅油;4—聚乙烯绝缘; 5—铜丝编织内涂硅油;6—聚氯乙烯护套	电缆本身产生的噪声极小,适用于冲击、振动及高温条件测量系统及通信的高阻抗装置中传输微弱信号

(5)本质安全电缆

当线路发生短路或电火花,也不足以点燃周围的易燃易爆气体,这样的电路称为本质安全电路,所用的电缆称为本质安全电缆,简称“本安电缆”。本安电缆的特点是低电容不易储存电荷,有良好的屏蔽性能以及抗静电性能。

(6)船用移动特软电缆

电缆型号为 CRHF 型,全名称为船舶橡皮绝缘氯丁护套特软电缆,主要用于连接船上移动电气设备传输电能,以及在船舶及水上浮动建筑物中频繁移动、回转的电气设备上。

2. 船舶电缆的命名与代号

船舶电缆的命名通常由电缆系列代号、绝缘代号、护套代号、铠装代号、燃烧特性代号以及电缆芯线和截面积等组成。其具体组成如图 3-1-4 所示。

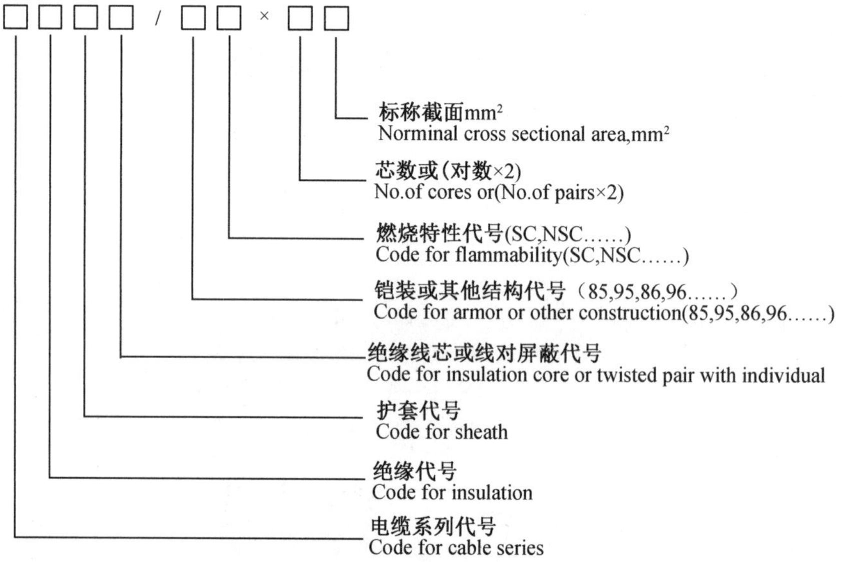

图 3-1-4 船舶电缆代号

其中各代号的具体含义如下:

(1)电缆系列代号

船舶电力电缆——C。

船舶控制电缆——CK。

船舶通信电缆——CH。

船舶电线——CB。

(2)绝缘代号

热固性绝缘:乙丙绝缘——E;交联聚乙烯——PJ;硅橡胶——S;天然丁苯乙烯——J。

热塑性绝缘:聚氯乙烯——V。

(3)护套代号

聚氯乙烯——V。

氯丁橡胶——F。

氯磺化聚乙烯——H。

低烟无卤热塑性聚烯烃——PF。

低烟无卤热固性聚烯烃——PJ。

(4)铠装代号

无护套——0。

双钢带——2。

细钢丝——3。

铜丝/镀锡铜丝编织——8。

镀锌钢丝编织——9。

(5)外护套代号

无护套——0。

聚氯乙烯——2。

聚乙烯——3。

低烟无卤热固性聚烯烃——5。

低烟无卤热塑性聚烯烃——6。

(6)其他结构代号

软(电缆或电线)——R。

线芯或线对屏蔽——P。

水密性(电缆)——M。

(7)燃烧特性代号

单根燃烧——D。

成束阻燃——S。

耐火——N。

有烟有酸有毒——A。

低烟低酸有毒——B。

无卤低烟低毒——C。

例如:电缆规格为 CHJPJ85/NSC 1×2×0.75 表示为交联聚乙烯绝缘交联聚烯烃内护套镀锡铜丝编织铠装交联聚烯烃外护套耐火低烟无卤船舶对称式通信电缆,电缆芯数为 1 对(由 2 芯对绞电缆组成)截面为 0.75mm^2 的电缆。

三、船舶电缆的选择

随着船舶智能化的发展,船舶系统自动化程度越来越高,涉及的信号类型也越来越复杂,因此船舶电缆的数量和种类也越来越丰富,如何正确、合理地选用船舶电缆显得十分重要。

船舶电气系统中各电缆的选择步骤通常包括:船舶电缆型号确定、船舶电缆截面确定、电缆截面修正、电压降校核以及保护装置动作特性与电缆的保护协调校核。

1. 船舶电缆型号确定

电缆型号的确定,要充分考虑电缆的用途,电缆敷设位置工作环境。

(1)电缆的用途

如前面所介绍,船舶电缆可分为动力系统、照明系统、机电控制系统以及无线电通信系统等。在选择电缆时应根据系统要求和信号类型分别选用船舶电力电缆、船舶通信电缆、船舶射频电缆及船舶变频电缆等,特别在通信控制网络中,由于信号类型不同,屏蔽要求也不尽相同,更加不能随意选择。

此外,任何电缆的额定电压不应低于其所在电路的额定电压。在交流绝缘系统或高阻抗接地系统中(发生接地故障时电源不断开),电缆的额定电压不低于表 3-1-6 所规定的数值。

表 3-1-6 交流系统电缆额定电压的选择

系统额定(相间)电压/kV	电缆额定电压(U_0/U)kV
≤0.25	0.15/0.25
≤1.0	0.6/1.0
≤3.0	3.6/6.0
≤6.0	6.0/10.0
≤10.0	8.7/15.0

注:U_0——电缆任意导体和"地"(电缆的金属护层或周围介质)之间的电压;

U——电缆任何两相之间的电压。

(2)电缆的敷设位置

船舶电缆敷设涉及不同位置,不同工作环境的各种舱室和甲板,在确定电缆型号时除了根据电缆用途之外,还应结合电缆敷设环境进一步确定电缆型号。敷设露天甲板、阴湿和潮湿处所(如浴室、厕所、盥洗间)、货物处所、冷藏处所、机器处所和通常可能出现凝结水或有害蒸气(包括油蒸气)处的电缆,均应具有不透性护套。其典型处所的电缆护套要求如下。

①机舱处所由于油、水较多并且容易受到机械损伤,应选用耐油性能较好同时有金属编织外套的电缆。

②盥洗间、厕所和浴室等经常要冲水的部分,应选用密闭性较好的塑料外护套电缆或耐氧化的铜丝壳电缆。

③室外一般选用塑料外套电缆或铜丝壳电缆。电缆敷设在阳光直接照射的场所要考虑护套的耐热耐老化性能,一般露天场所不适宜复合硫化丁聚物护套电缆。

④冷藏处所和高温处所可以采用氯丁橡胶护套,该护套耐热、机械强度好。锅炉等高温处所常用铜护套作为矿物绝缘电缆的护套使用;敷设在冷藏处所内的电缆应具有水密或不透性护套,一般不应选用聚乙烯绝缘或护套的电缆。如果电缆铠装由非耐蚀材料制成,则应采用耐潮和耐低温的覆盖物来防止腐蚀。

⑤在失火状态下仍需要维持工作的设备电缆,包括其供电电缆,如穿过较大失火危险处所和客船上的主竖防火区,CCS 要求需在较大失火危险处所采用耐火电缆,其安装和连续敷设应保持防火的连续性,如图 3-1-5 所示,至少为双环路/辐射型配电,且电缆是远离敷设的,并且在失火状态下双环路/辐射型配电中至少一路能保持工作。

2. 电缆截面的选择

电缆截面的选择应根据负载工作制、电源种类、电缆芯数、负荷实际情况计算出的总负载工作电缆,按照电缆的载流量确定芯线的面积。根据 CCS 规定,电缆承载的最大连续负载电流见表 3-1-7。

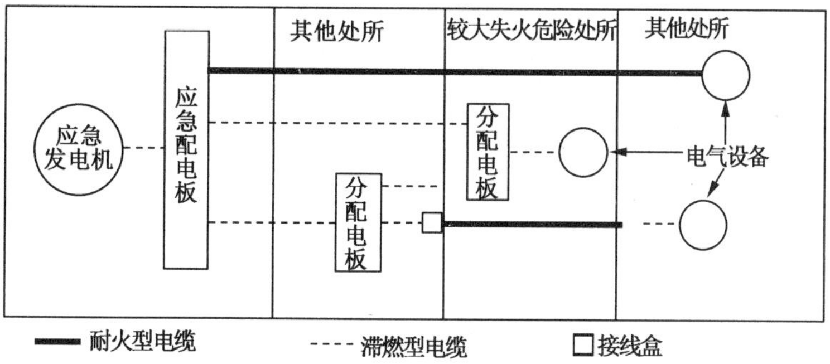

图 3-1-5　需要在失火状态下工作设备的电缆

表 3-1-7　电缆连续工作时的电流定额(基准环境温度 45 ℃)(A)

绝缘	热塑性复合物			热固性复合物			硅橡胶和矿物绝缘		
导体最高工作温度	70 ℃			90 ℃			95 ℃		
mm^2	单芯	双芯	三芯或四芯	单芯	双芯	三芯或四芯	单芯	双芯	三芯或四芯
1	12	10	8	16	14	11	20	17	14
1.5	15	13	11	23	20	16	26	22	18
2.5	21	18	15	30	26	21	32	27	22
4	29	25	20	40	34	28	43	37	30
6	37	31	26	52	44	36	55	47	39
10	51	43	36	72	61	50	76	65	53
16	68	58	48	96	82	67	102	87	71
25	90	77	63	127	108	89	135	115	95
35	111	94	78	157	133	110	166	141	116
50	138	117	97	196	167	137	208	177	146
70	171	145	120	242	206	169	256	218	179
95	207	176	145	293	249	205	310	264	217
120	239	203	167	339	288	237	359	305	251
150	275	234	193	389	331	272	412	350	288
185	313	266	219	444	377	311	470	400	329
240	369	314	258	522	444	365	553	470	387
300	424	360	297	601	511	421	636	541	445

如表 3-1-7 所示,电缆芯数是决定电缆允许载流量的重要因素,电缆芯数越多,每根芯数的允许载流量就越少,并且还需要综合考虑工作时间长短带来的电缆发热系数产生的影响。

此外电缆截面的选择还应满足以下工艺要求:

(1)导体应有足够的机械强度,以满足敷设和工作条件。一般单芯电缆和双芯电缆截面都选用 1 mm^2 或 1.5 mm^2 以上。

(2)三相交流供电系统,当电缆截面较大时(一般限定 120 mm^2),可以采用两根或多根三芯电缆并联使用,且并联使用的电缆应具有相同阻抗、相同截面和相同导体定额温度,也就是通常所说的具有相同截面、相同长度和相同材料,其载流量为所有并联导体电流定额之和,但只有截面等于或大于 10 mm^2 的电缆才允许并联使用。

(3)临时应急低压灯具,由于受到填料函尺寸的限制,选用电缆截面不应超过 2.5 mm^2。

(4)进入蓄电池室的蓄电池连接线应选用单芯电缆,以便于连接。

(5)选用多芯电缆时,应考虑备用芯线,一般可参考表 3-1-8。

表 3-1-8　电缆备用线芯数

实用线芯数	备用线芯数
2~4	0~1
5~16	1~2
19~37	2~4

3. 电缆截面修正

(1)不同环境温度时修正

电缆的允许电流定额是表示标准环境温度下的值,表 3-1-7 中所列电流定额是基于 45 ℃环境温度。如果预计到电缆工作环境空气温度可能高于 45 ℃,则应适当降低电缆的电流定额;如果电缆工作环境空气温度永久低于 45 ℃(如沿海船舶、渡轮和港口船等特种船舶)时,则可适当增加电缆的电流定额,即以表 3-1-9 所列的修正系数乘以环境温度(45 ℃)下的电流定额:

$$I_{修}=I_{额}\times 温度修正系数$$

表 3-1-9　不同环境温度的校正系数

导体最高工作温度/℃	环境空气温度/℃										
	35	40	45	50	55	60	65	70	75	80	85
60	1.29	1.15	1.00	0.82	—	—	—	—	—	—	—
65	1.22	1.12	1.00	0.87	0.71	—	—	—	—	—	—
70	1.18	1.10	1.00	0.89	0.77	0.63	—	—	—	—	—
75	1.15	1.08	1.00	0.91	0.82	0.71	0.58	—	—	—	—
80	1.13	1.07	1.00	0.93	0.85	0.76	0.65	0.53	—	—	—
85	1.12	1.06	1.00	0.94	0.87	0.79	0.71	0.61	0.50	—	—
90	1.10	1.05	1.00	0.94	0.88	0.82	0.74	0.67	0.58	0.47	—
95	1.10	1.05	1.00	0.95	0.89	0.84	0.77	0.71	0.63	0.55	0.45

(2)成束电缆敷设时修正

按照 IEC 60092-201:2019《船舶电气装置-第 201 部分:系统设计-总则》规定,敷设在单根导管或管道内,或者虽不密封在管内,但彼此并不分离的两根或多根电缆均为成束电缆。

①对于按下列方式之一敷设的电缆,如能保证每束电缆周围冷却空气自由循环,则可直接采用表 3-1-7 所列的电流定额:

a. 不超过 6 根的电缆成束敷设在导板上,或管道、管子或电缆槽内;

b. 超过 6 根的电缆按下列方式组合:

在任何 2 组 6 根束集之间的距离应至少等于最粗电缆的直径:

○○○○○○○　　○○○○○○○　　○○○○○○○

或在任何 2 组 3 根束集之间的水平及垂直距离应至少等于最粗电缆的直径:

○○○　　○○○　　○○○

○○○　　○○○　　○○○

②对于可能以额定负荷同时工作而又靠紧在一起,且周围无空气自由循环的 6 根以上的电缆束,则应采用 0.85 的校正系数。当采用 0.85 的校正系数时,应注意电缆敷设层数,一般每束电缆不宜超过两层,即:

$$I_{修}=I_{额}\times 0.85$$

(3)穿管电缆截面的修正

当穿管长度小于 1.3 m 时,可不修正。

当穿管长度大于 1.3 m 时,散热条件明显变化,则有公式:

$$S_{修}\geqslant 1.25S_{额}$$

式中　$S_{修}$——实际电缆截面积;

$S_{额}$——标称电缆截面积。

4. 线路电压降校核

就船舶电力系统设计而言,计算线路电压降是为了校核所选用的电缆回路产生的电压降,应满足有关规范和规则要求,否则将影响电动机或其他用电设备的正常运行。其实际意义仍在于确保电力系统的供电质量。有关规范和规则的线路电压降的允许值见表 3-1-10。

表 3-1-10　电力系统电压降允许值

回路	主配电板或应急配电板汇流排至设备安装点允许电压降/%	规范或规则
电力、照明	6	CCS、BV、LR、GL、ABS、NK、IEC
低于 50 V	10	CCS、BV、LR、GL、ABS、NK、IEC
航行灯	5 10	BV、LR、GL(主电源供电时) GL(应急电源供电时)

5. 保护装置动作特性与电缆的保护协调的基本原则

保护装置动作特性与电缆的保护协调，是以电流在电缆导体中发热为依据的。也就是说在低电流的过电流区域内，虽然电缆通以过电流，但在保护装置（如断路器）的过载保护（如断路器长延时脱扣装置）动作时，电缆的实际温度不能超过其允许的最高温度；短路电流区域，在保护装置切除短路故障的时间内，短路电流引起电缆严重发热值不能大于电缆允许发热值。

以图 3-1-6 为例，保护协调的原则如下。

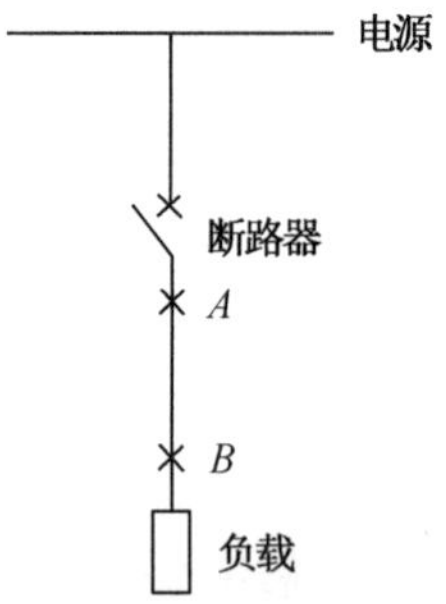

图 3-1-6　选择断路器与电缆协调

（1）电缆的工作环境最高温度至少应比电缆导体的最高工作温度低 10 ℃。

（2）修正后的电缆允许电流应与其负载电流相适应。

（3）如果负载侧已设有独立的过载保护，而断路器又是主配电板上的馈电开关，则该断路器可以不考虑过载保护；如果负载侧没有过载保护，在过载区域内，断路器应保护电缆。由于电缆的过载能力较大，通常认为，只要修正后的电缆载流量大于过载保护装置的动作电流，便可以实现在过载区域内断路器和电缆的保护协调。

（4）断路器的额定切断电流应大于 *A* 点短路电流。在 *B* 点短路时，断路器应保护电缆。

任务实施

任务名称：船舶电缆的选择

一、目的

1. 掌握船舶电缆选择的方法。
2. 掌握电缆型号、规格的意义。

二、实训条件准备

1. 某厂家电缆样本。
2. 负载端设备电气参数及设备安装位置。

三、项目内容及要求

首先确定船舶电气设备的电气参数，其次确定船舶设备的安装位置，然后进行船舶电缆容量的选择，最后根据电缆样本选择合适的电缆型号，见表 3-1-11。

表 3-1-11　船舶电缆的选择任务

任务	考核内容及要求
船舶电缆的选择	按照电缆选择的要素，对某一舱室中的电气设备的电缆进行计算和选择，最终查阅电缆样本确定电缆的型号、规格。要求选择依据充分合理，电缆型号、规格符合实际样本。要求主要包括以下方面： 1. 船舶电缆容量计算； 2. 船舶电缆类型确定； 3. 船舶电缆截面修正； 4. 船舶电缆型号、规格确定

四、项目评价

船舶电缆选择考核表见表 3-1-12。

表 3-1-12　船舶电缆选择考核表

任务编号：		组号：	姓名：	总分：	
考核任务	考核内容	分值	评分标准	得分	备注
船舶电缆选择	根据电气设备的实际容量、设备安装位置、船舶电缆样本、确定电缆的型号、规格	20 分	1. 设备位置确认（5 分）； 2. 电缆容量计算（5 分）； 3. 电缆型号、规格确认（5 分）； 4. 电缆截面修正（5 分）		

任务二　编制船舶电缆拉敷册

任务描述

从前面的学习我们可以知道，船舶电缆的型号、规格较多。那么一艘船需要的电缆分别有哪些，每一根电缆的长度又应该如何计算，如何确保船舶电缆敷设中电缆分布均衡呢？

为了解决这个问题，我们需要学会编制船舶电缆拉敷册，从而确定每一根船舶电缆的长度及敷设路径，为电缆敷设做好准备，也为电缆订货提供依据。

本节通过识别和使用主干电缆走向图及主干电缆节点图，让大家可以合理规划电缆路径，预估电缆长度，完成船舶电缆拉敷册的编制。

相关知识

一、主干电缆走向图认知

微课　电缆走向图认知

主干电缆通常是指直接接至主配电板和应急配电板的电缆，有时也包括穿过两层甲板或两舷远离敷设的电缆。主干电缆走向图设计的好坏，不仅直接影响船舶电力系统供电的可靠性，更关系到使用电缆的经济性和船上安装工艺的复杂性等。

主干电缆走向图则是用以表达连续贯通全船各层平面和侧面的主干电缆路径和贯穿甲板时的开孔位置状况的图样。通常在总布置图、机舱布置图、电力一次系统图设计完成后，便可以开始进行主干电缆走向图的设计，设计中主要考虑：用电设备对电缆的走线和敷设的要求，电缆敷设的环境条件以及尽量节省电缆和降低工艺复杂程度。

下面以一艘散货船为例，对主干电缆走向图进行介绍。如图 3-2-1 所示，该图以船体总布置图为背景，以合适的比例，按照甲板层次分层表示电缆走向。当在同一页图纸上绘制两个层次及以上的平面图时，各层平面图上的肋位号原则上要求上下对齐。在绘制电缆走向侧视图时，则应以船体侧视图为准进行绘制。

主干电缆走向图主要用来表示连续贯通全船各层和侧面的主干电缆路径和贯穿甲板时的开孔位置的图样，如图 3-2-1 中所示，其中：

(1)主干电缆在各甲板层的水平走向，主要用两种标记来进行表示，即"————"和"=—=—="。其中"————"表示在船舶各层甲板的主干电缆通道，则各层主干电缆在敷设时路径选择应遵循图纸中的路径规划；而"=—=—="表示该区域电缆需要穿管敷设，在上甲板(upper deck)中，由于从艏部到艉部均为液舱区域没有专用的电缆通道，因此该甲板电缆通道需放置在露天甲板面上，因此需要用穿管敷设的方式，则需要经过该路径的电缆，在敷设时也需要采用穿管敷设的方式。

(2)主干电缆的上下贯穿通道，主要用三种标记进行表示，即""""和""。其中""表示本层甲板的地面和上层甲板的地面即本层甲板的天花板具有上下重合的电缆孔，因此在此处的电缆既可以通往上层甲板也可以通往下层甲板。""表示电缆自下层甲板到本层甲板的电缆孔，该电缆孔位于本层甲板的地面也就是下层甲板的天花板，因此在此处电缆可以实现从本层通往下层甲板，而无法通往上层甲板。""表示电缆自本层甲板至上层甲板的电缆孔，该电缆孔位于本层甲板的天花板也就是上层甲板的地面，因此在此处的电缆可以实现从本层通往上层甲板。在图中各层甲板均分布有如上三种标记，则表示各层甲板均各自有固定的位置实现电缆的上下贯通，需要上下贯通的电缆路径应遵循各甲板电缆孔的位置才能实现电缆的上下贯通，否则则无法实现。

主干电缆走向图在绘制过程中，其电缆路径的设置应遵循如下原则：

（1）主干电缆的走线应尽可能平直且易于检修。

（2）主干电缆的走线应避免潮气或水滴凝结的影响。尽量远离锅炉、热管或其他热源。

（3）主干电缆的走线应尽量减少穿过防火区和水密隔舱。

（4）主干电缆和重要设备的供电和控制用的电缆应远离具有较大失火危险的机械和机械部件。

（5）对要求两路供电的重要设备，例如操舵装置的供电及其控制用的两路电缆，应尽最大可能在水平及垂直方向远离敷设。

（6）对具有双套设备的重要设备或互为备用完成同一重要功能的双套系统，其各自的供电及其控制用的电缆尽可能在水平及垂直方向远离敷设。

（7）用于重要设备或应急动力设备、应急照明，以及应急状态下使用的船内通信或信号设备的电缆应尽量远离厨房、洗衣间、机器处所、机舱棚及其他高度失火危险处所。

（8）主干电缆的走向应考虑通过用电设备集中区域或兼顾左右舷用电设备。

（9）对于特殊船舶，例如闪点小于 60 ℃的油船、化学品船等，主干电缆走向图设计必须考虑其附加条件。

（10）对于特殊船舶，例如船坞或其他有高压用电设备的高压电缆应与低压电缆分隔敷设，并且应具有高压电缆标记，以便识别。

从以上原则可以看出，主干电缆走向图的绘制基础是对船舶电力系统图、照明系统图、自动化系统图、船舶主要设备系统图等电气系统图有充分认识和了解，从而才能设置合理的电缆路径。此外，在绘制过程中还需要根据船体结构图、全船舱室布置图、管系布置图、机舱布置图、木作绝缘图以及防火防爆区域划分图等进行综合考虑，确保主干电缆路径的设置不仅满足电气系统的要求，还要满足船舶综合布置的要求。

二、主干电缆节点图认知

微课　主干电缆节点图认知

主干电缆节点图是主干电缆走向图的细化和深化，电缆节点概念的提出，主要是为了解决电缆路径规划过程中没有可以量化媒介的问题。

由主干电缆走向图可知，该图只能描述电缆可以行走的路径，但是无法具体描述电缆在不同设备之间形成通路时的具体线路，因此我们需要进一步绘制主干电缆节点图，在电缆通道上建立电缆节点即类似路标的标志，从而确保每一条电缆路径与节点对应后可以准确表达电缆的路径。与此同时，节点的设置还可以查看每个节点的电缆容量，从而保证全船电缆的均匀分布。

如图 3-2-2 所示，为图 3-2-1 中船舶对应的主干电缆节点图。由图 3-2-2 可以看出，该图具备如下几个特点：

（1）该图与主干电缆走向图类似，以船体总布置图为背景，以合适的比例，按照甲板层次分层表示每一层电缆节点图。当在同一页图纸上绘制两个层次及以上的平面图时，各层平面图上的肋位号原则上要求上下对齐。

(2)该图将主干电缆走向图进行细化，延伸到区域电缆，并在每一个电缆通道的关键结点都标注了电缆节点即路标，便于电缆路径的具体量化。

(3)为了表示电缆上行和下行通道的节点采用了与主干电缆走向图相同的标注方式，即“ ”“ ”和“ ”。其中“ ”表示本层甲板的地面和上层甲板的地面即本层甲板的天花板具有上下重合的电缆孔，因此在此处的电缆既可以通往上层甲板也可以通往下层甲板。“ ”表示电缆自下层甲板到本层甲板的电缆孔，该电缆孔位于本层甲板的地面也就是下层甲板的天花板，因此在此处电缆可以实现从本层通往下层甲板，而无法通往上层甲板。“ ”表示电缆自本层甲板至上层甲板的电缆孔，该电缆孔位于本层甲板的天花板也就是上层甲板的地面，因此在此处的电缆可以实现从本层通往上层甲板。在图 3-2-2 中各层甲板均分布有如上三种标记，则表示各层甲板均各自有固定的位置实现电缆的上下贯通，需要上下贯通的电缆路径应遵循各甲板电缆孔的位置才能实现电缆的上下贯通，否则则无法实现。

(4)在主干电缆上标注了电缆节点，其中本层的节点、拐点用符号“ · ”表示。

(5)主干电缆节点图中对每一个电缆节点都进行了标注，为了确保标注的唯一性常采用甲板层、肋位号、区域号以及节点序号进行标注。

例如：节点 A10P5

其中：“A”表示甲板层号，图 3-2-2 中，机舱底层代号为 A，机舱下平台代号为 B，机舱上平台代号为 C，主舱主甲板代号为 D，A 甲板代号为 E，B 甲板代号为 F，C 甲板代号为 G，D 甲板代号为 H，驾驶甲板代号为 J，罗经甲板代号为 K，舵机舱代号为 L，货舱主甲板代号为 M，底管隧代号为 N，烟囱区域代号为 P，艏楼甲板代号为 S。

“10”表示节点对应的肋位号。

“P”表示节点所在区域，通常分为左中右三个区域，其中左舷为“P”，右舷为“S”，中间或距离中间 1 m 处为中，表示为“M”。

“5”表示电缆节点序号，按照从船中到两舷的顺序进行标注，依次从小到大进行编号。

除以上标注方式以外，由于生产设计单位的不同，船舶电缆节点的标注方式也会存在一定差异，因此需特别注意船舶电缆节点图中的说明，从而正确的识别节点编号。

从以上特点可以看出，通过主干电缆走向节点图让连接船舶电气设备间的电缆路径变为可具体量化和表示的方式，从而每一根电缆路径变得更加清晰明了，同时也为编制主干电缆册做好准备。

三、船舶电缆册编制

船舶电缆册是用来描述船舶各个电气系统中每一根电缆的型号、规格、电缆的起点终点以及电缆长度，并且每一根电缆在电缆册中应按照敷设的次序进行排列。船舶电缆册设计过程是根据主干电缆和支路的走向编制节点并量取每段节点间的长度，然后根据电缆经过的路径填写所经过的所有节点，加上首尾长度统计每一根电缆的最终长度。

1. 船舶电缆册认知

这里以图 3-2-1 中的散货船的船舶电缆册为例，对船舶电缆册的编制方法进行介绍。该散货船的船舶电缆册见表 3-2-1。

图 3-2-1 清晰版

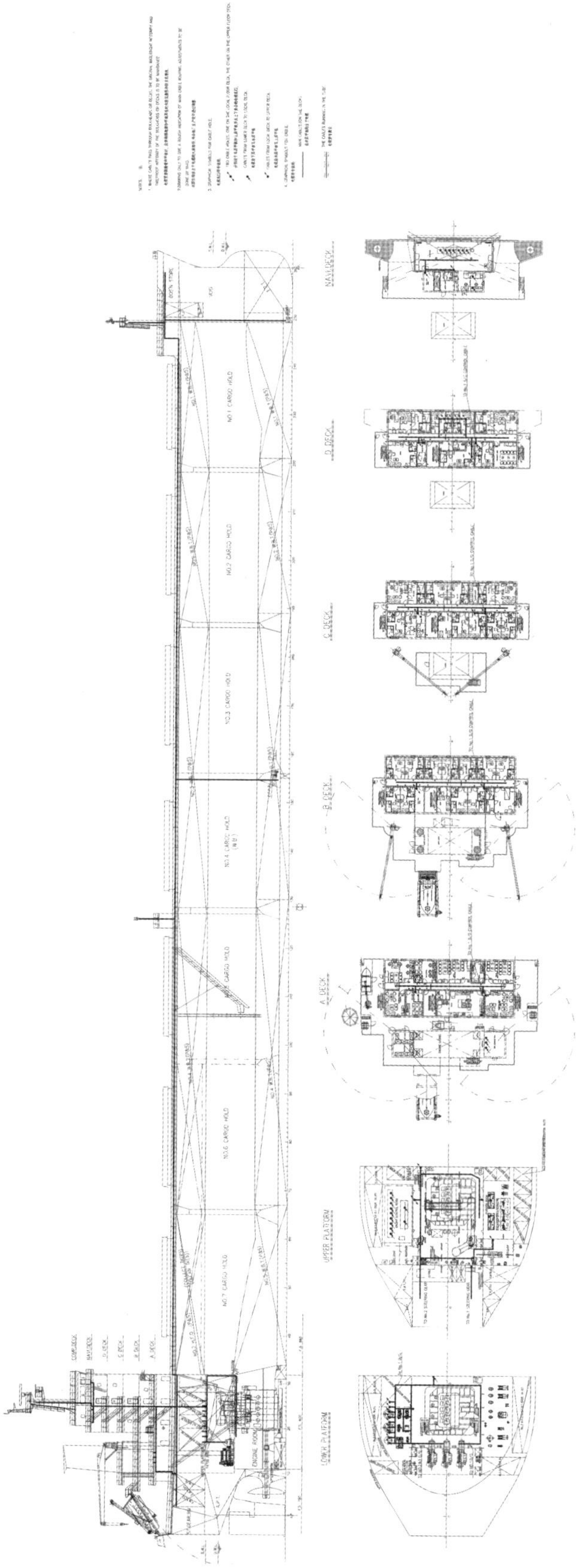

图 3-2-1 某散货船主干电缆走向图

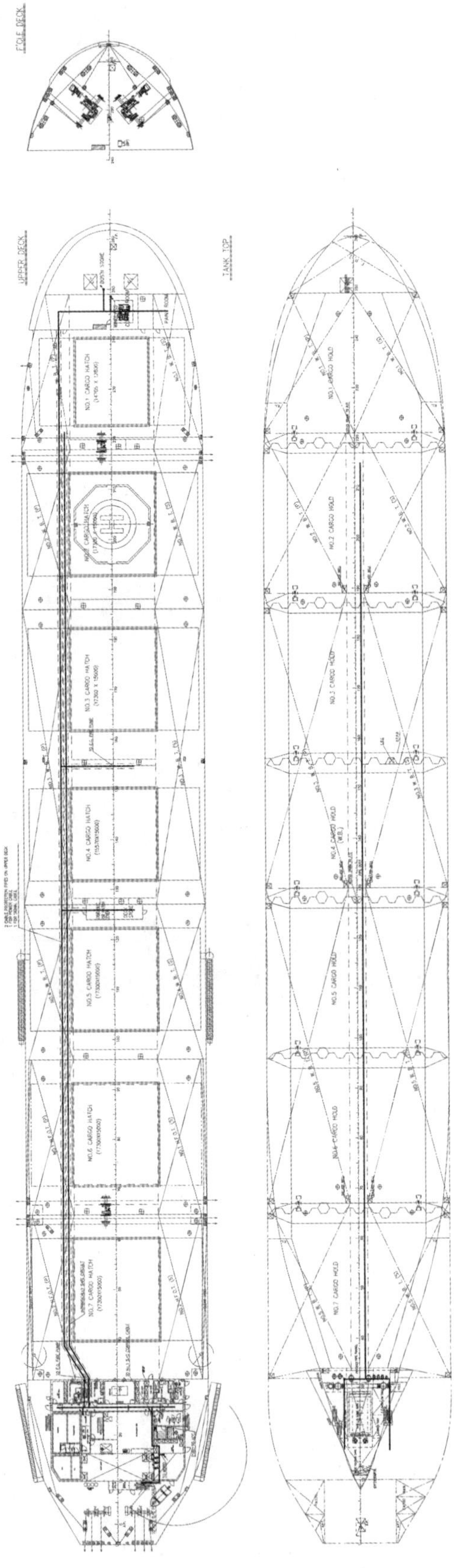

图 3-2-1(续)

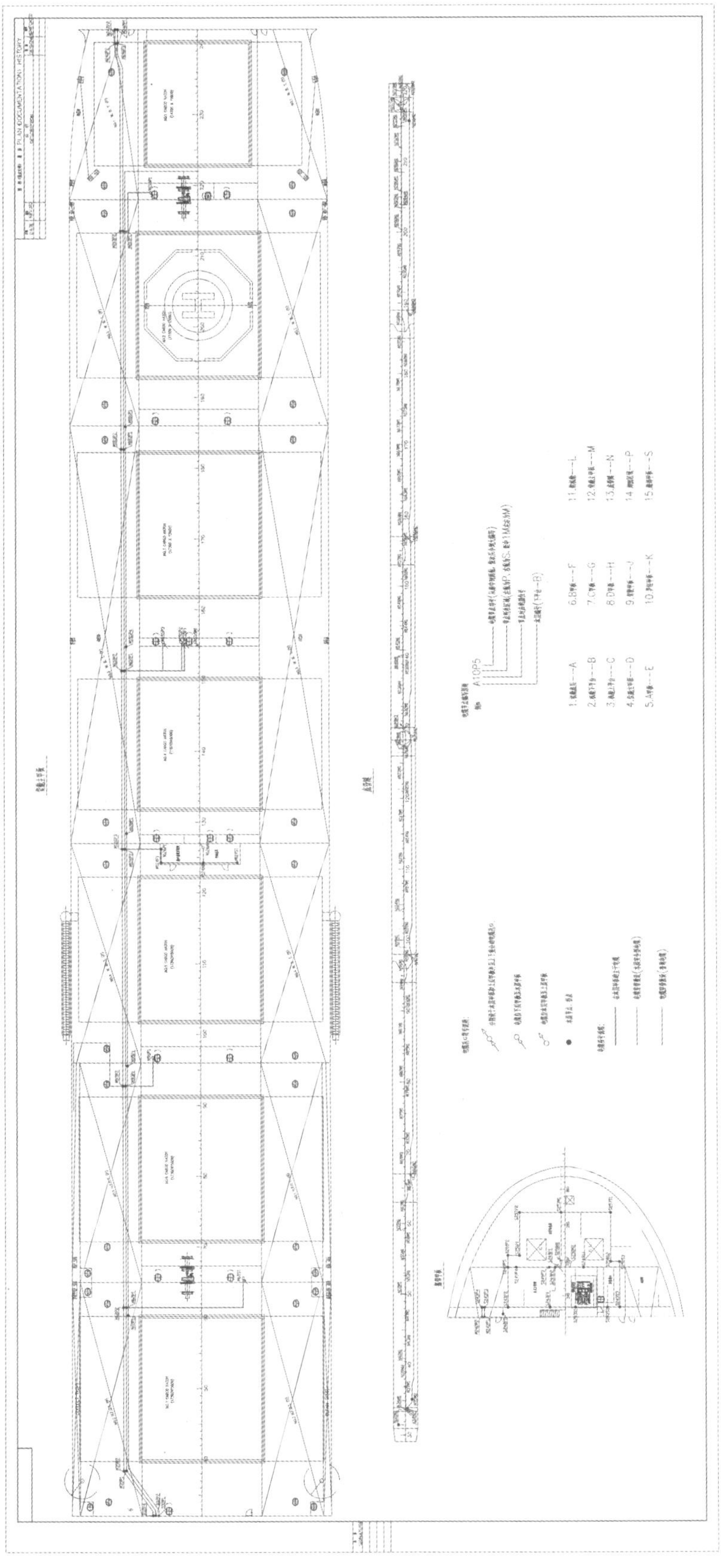

图 3-2-2　某散货船主干电缆走向节点图

图 3-2-2　清晰版

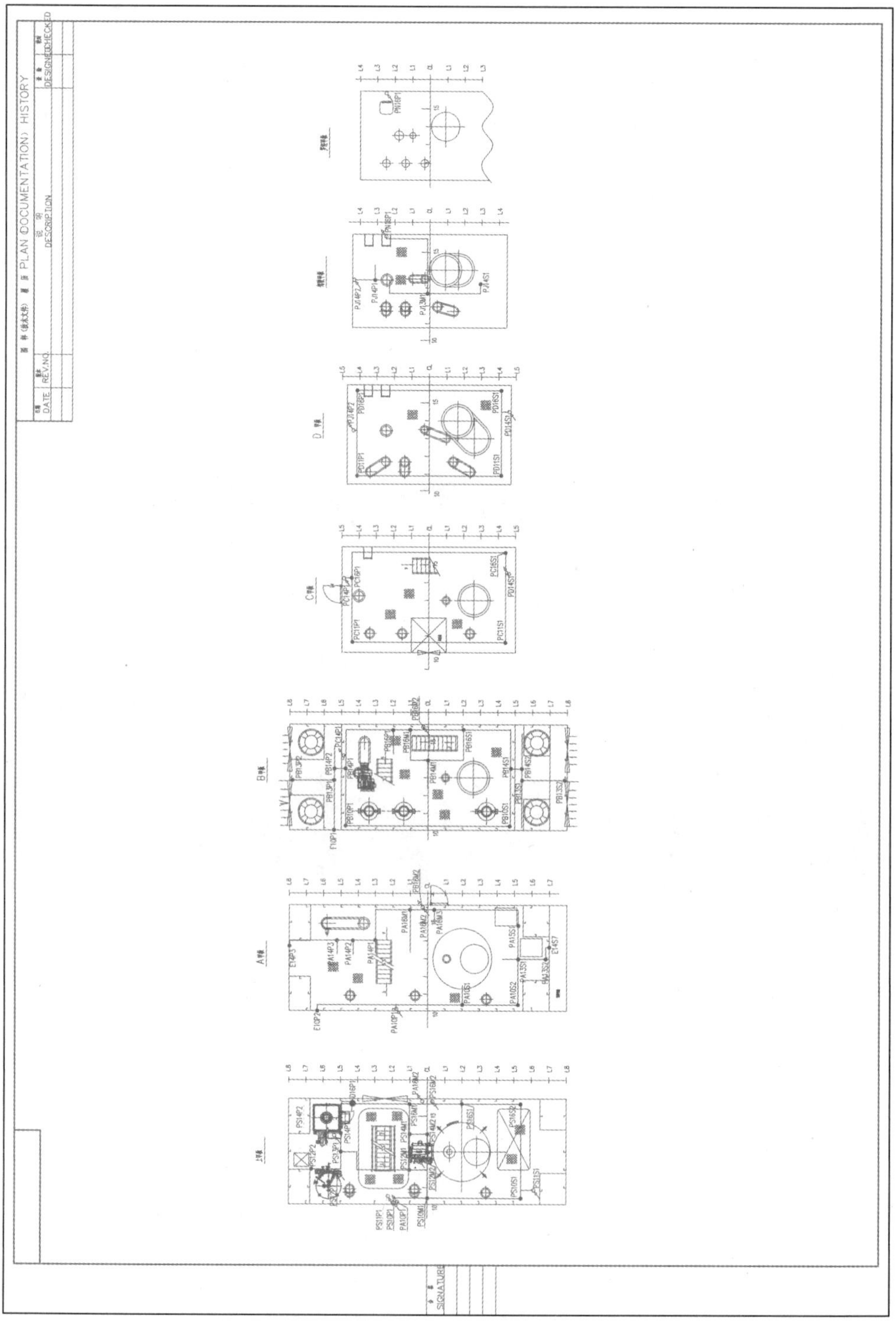

图 3-2-2(续 1)

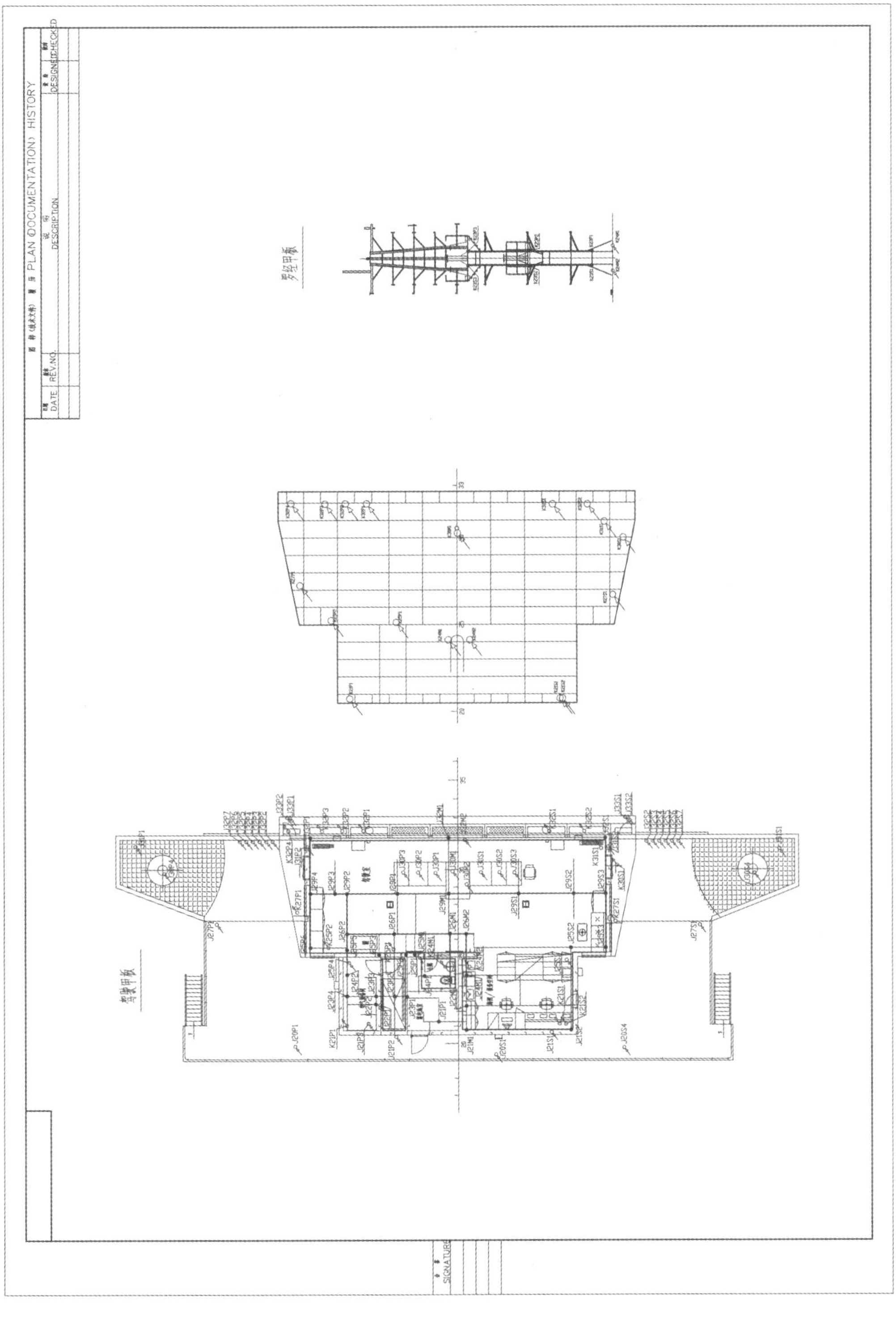
PLAN (DOCUMENTATION) HISTORY
DESCRIPTION
DATE
REV.NO.
DESIGNED
CHECKED
SIGNATURE

图 3-2-2(续 2)

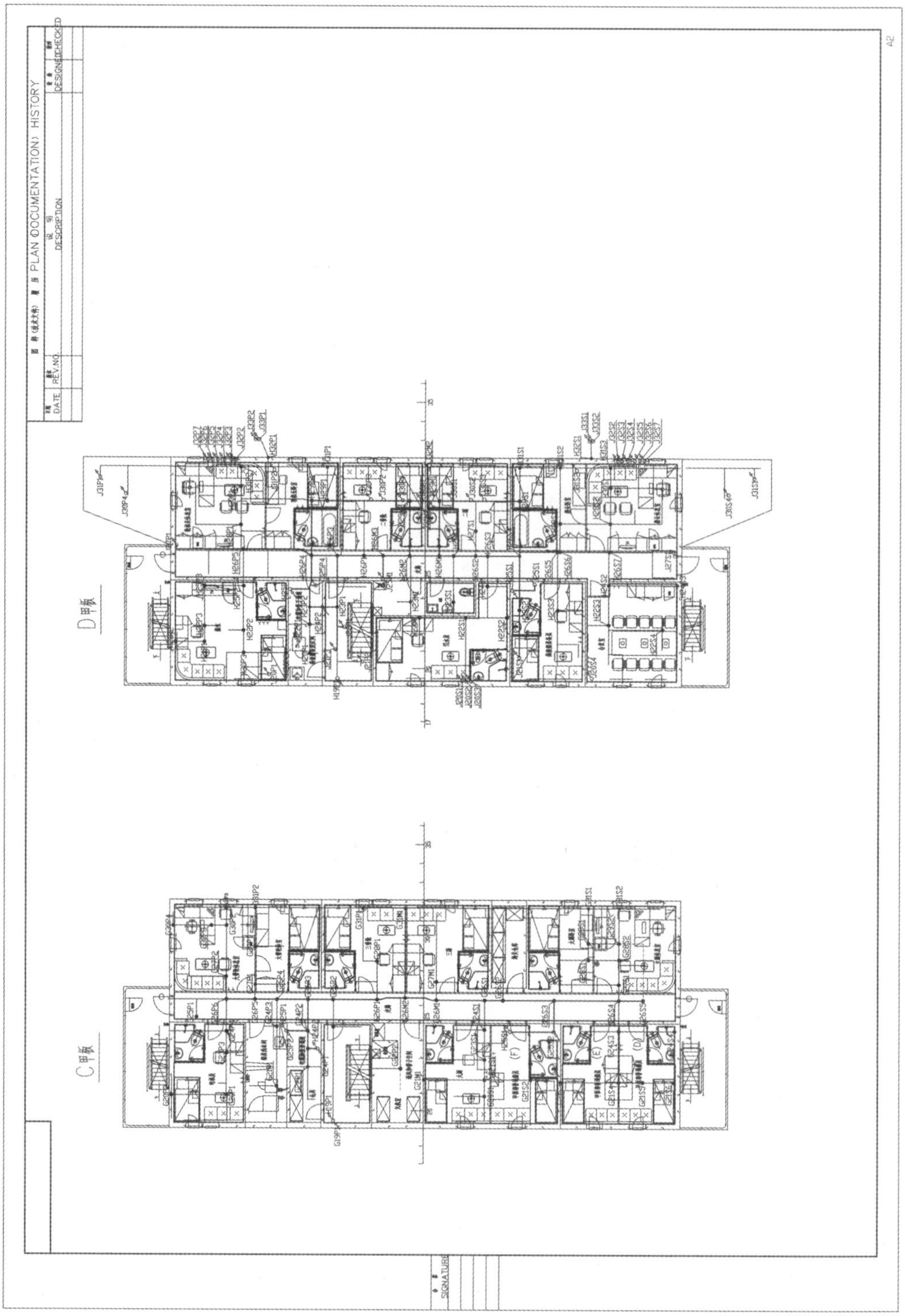

图 3-2-2(续 3)

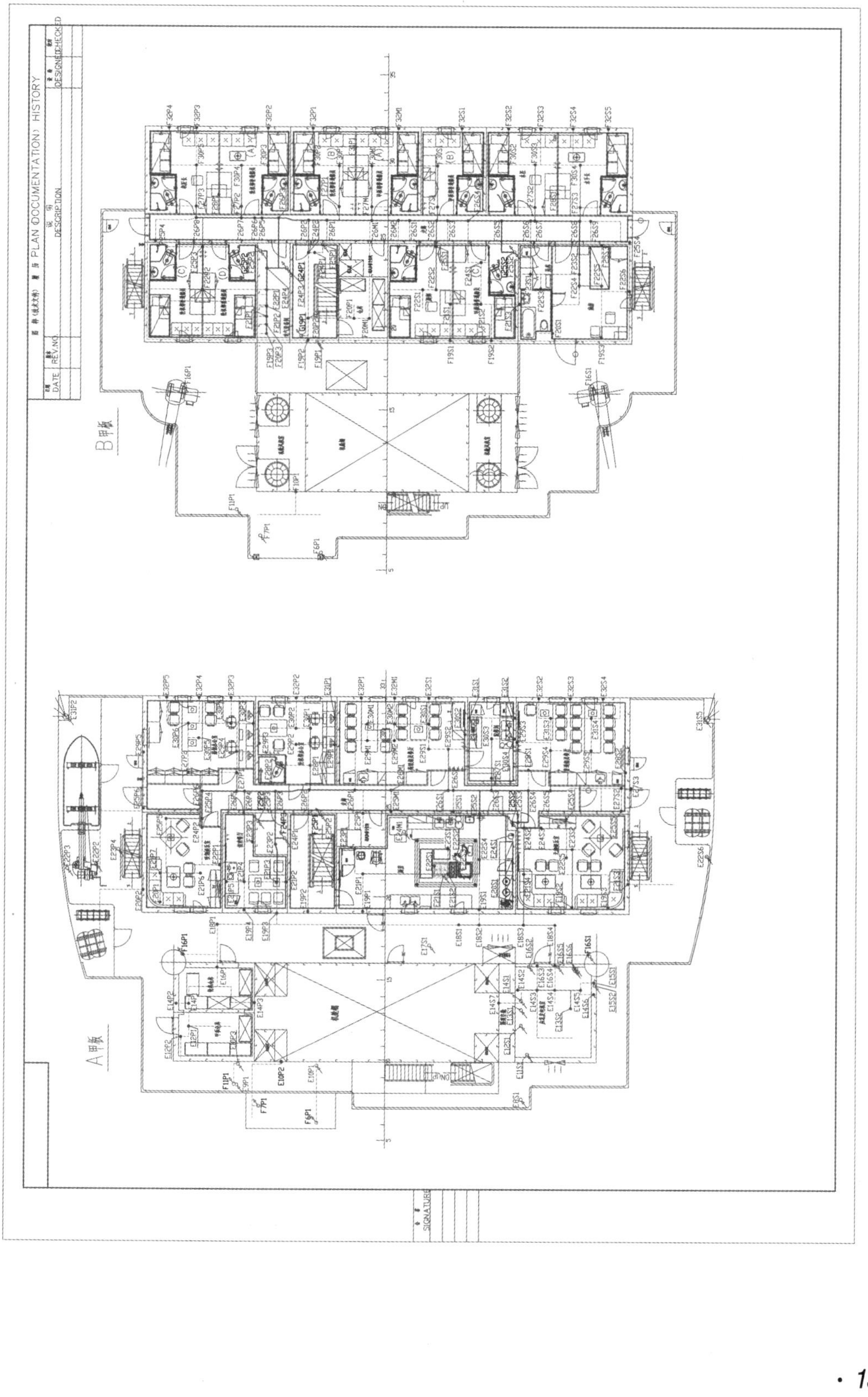
B甲板
A甲板
PLAN (DOCUMENTATION) HISTORY
DESCRIPTION
DATE
REV.NO.
SIGNATURE

图 3-2-2(续 4)

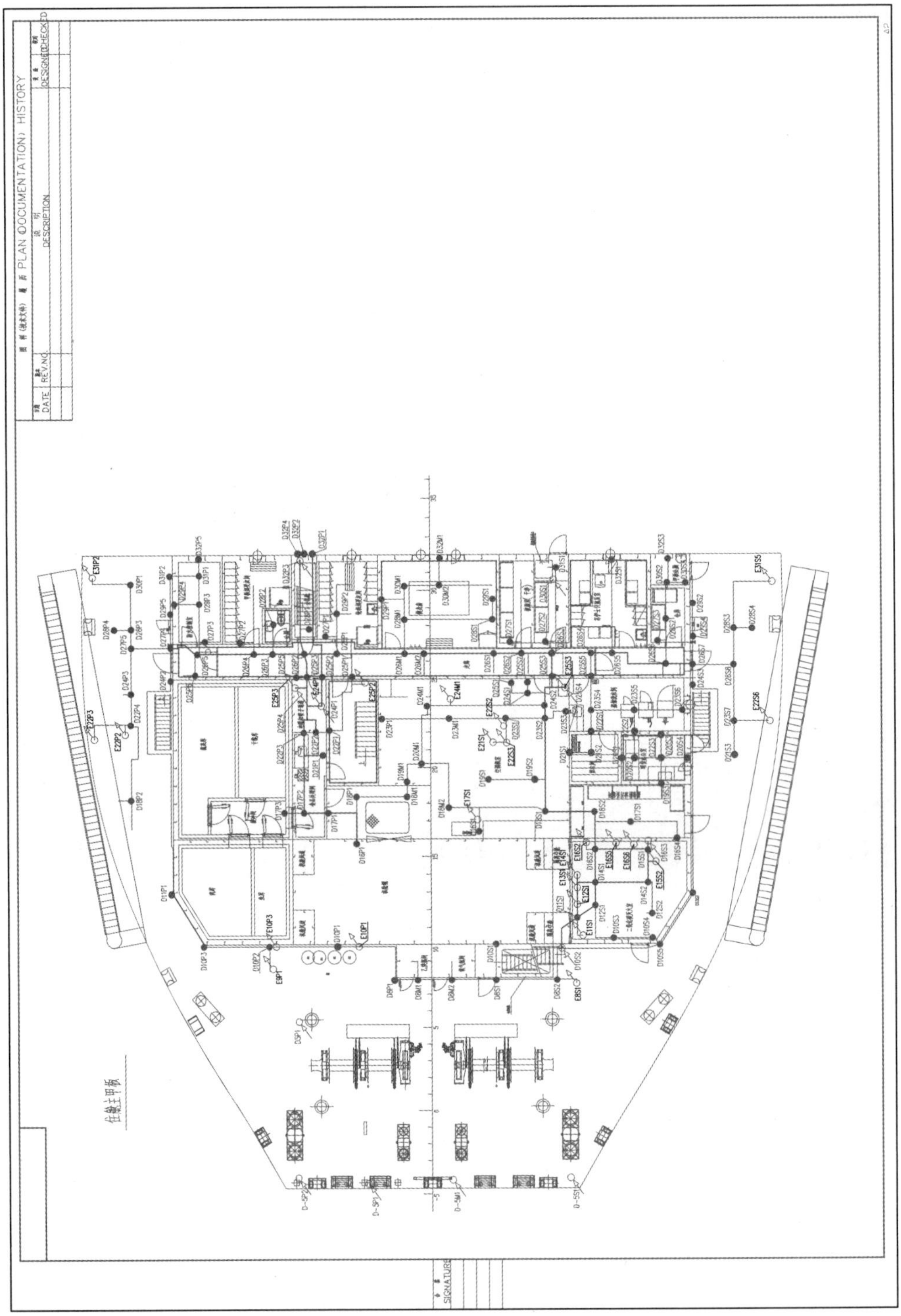

图 3-2-2(续 5)

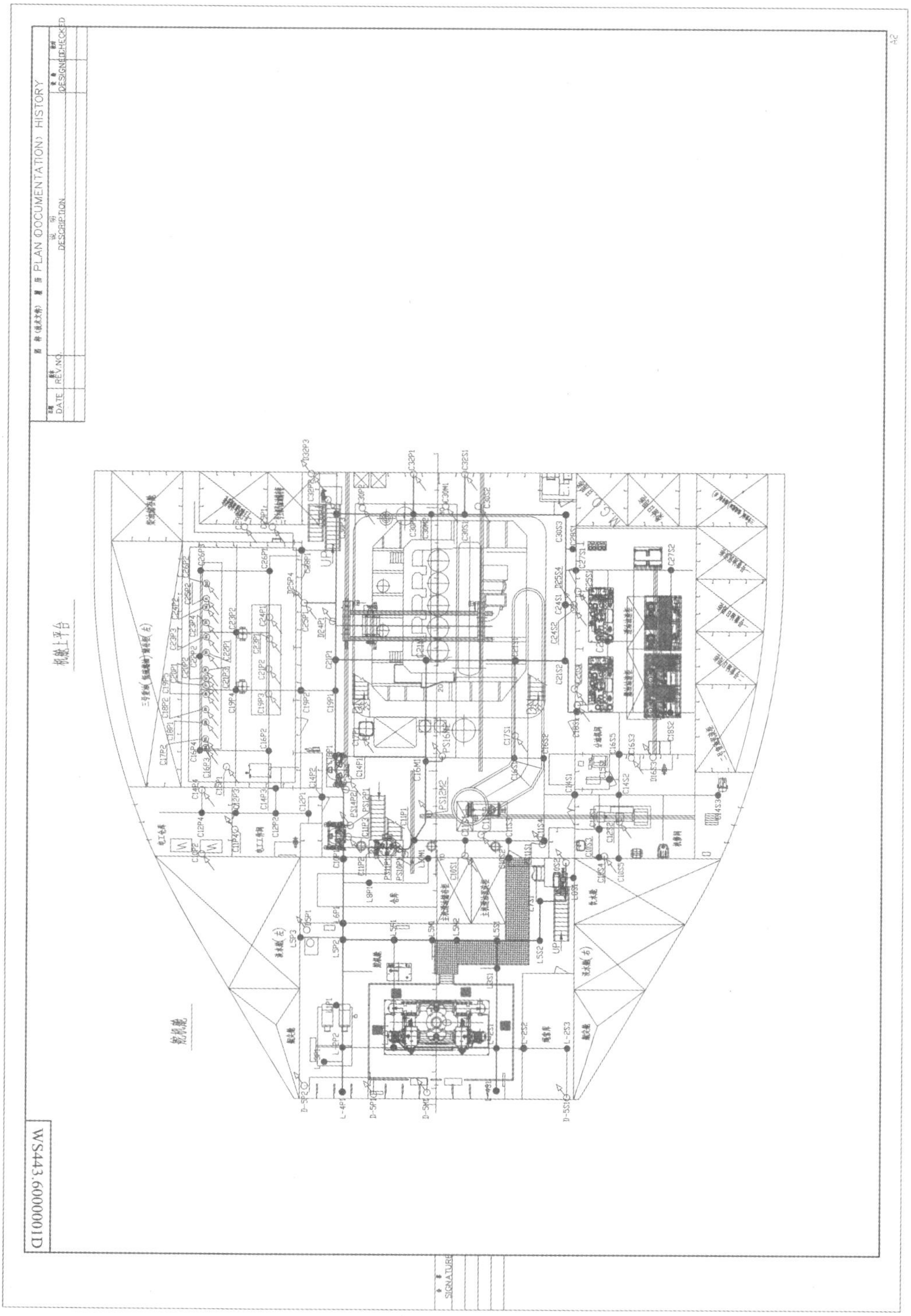

图 3-2-2(续 6)

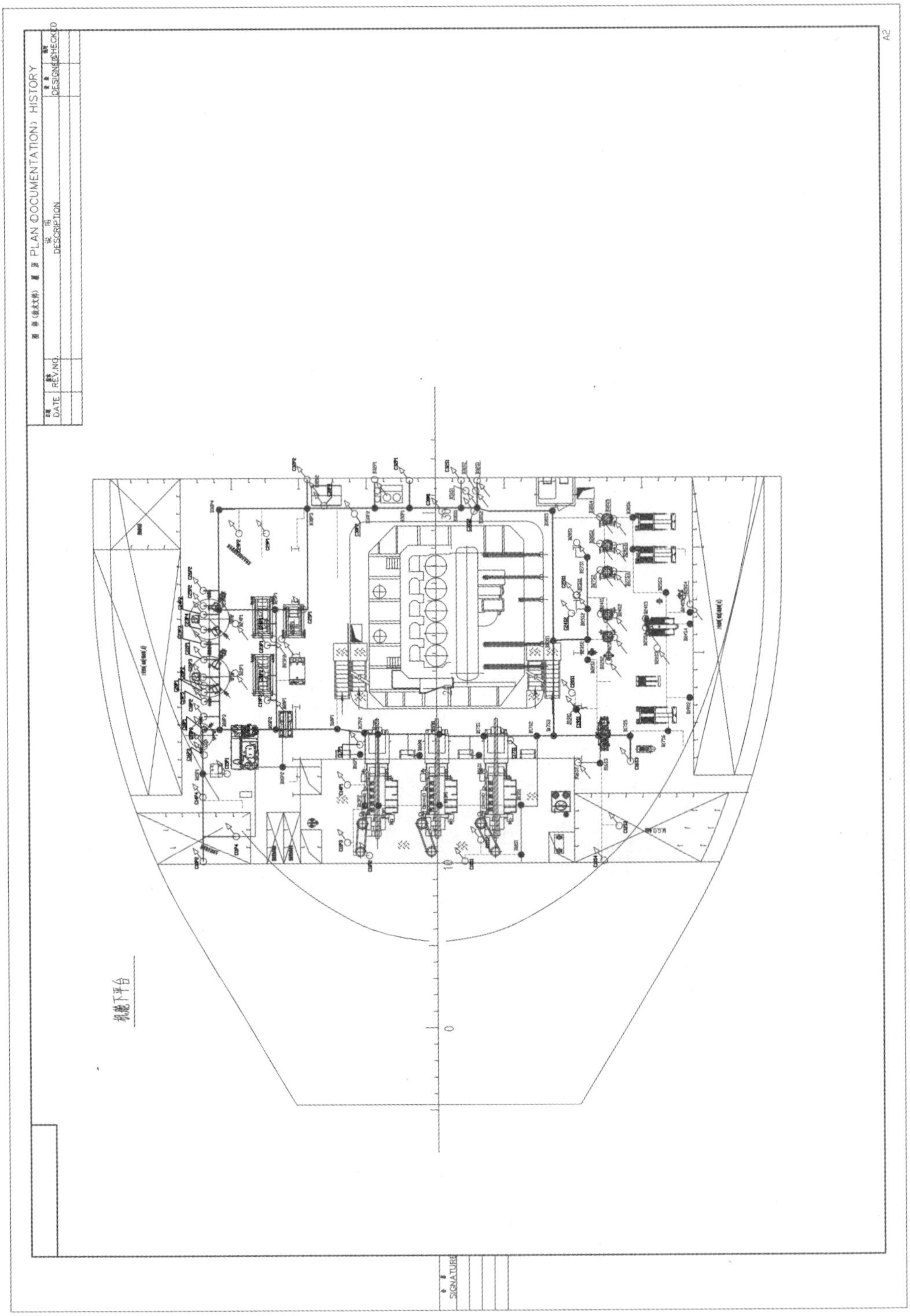
PLAN (DOCUMENTATION) HISTORY
DESCRIPTION
DATE
REV.NO
DESIGNED
CHECKED
SIGNATURE
A2
机舱下平台

图 3-2-2(续 7)

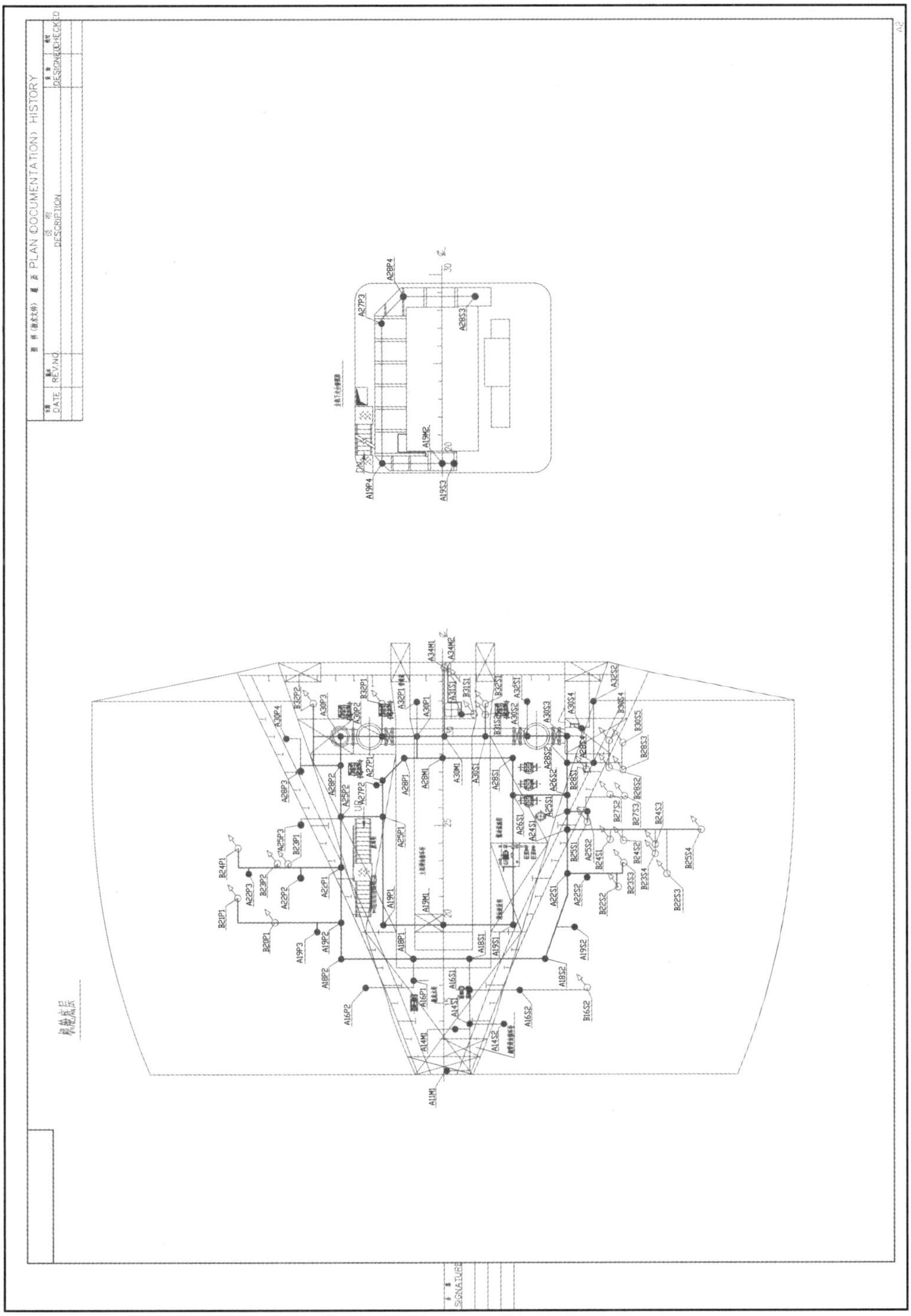
PLAN (DOCUMENTATION) HISTORY
DESCRIPTION
DATE
REV.NO
DESIGN
CHECKED
SIGNATURE

图 3-2-2(续 8)

表 3-2-1　某散货船的船舶电缆册

电缆代号	电缆从何处来				电缆到何处去				电缆		计算长度	实测长度	电缆经过部位													
	舱室和设备名称	甲板	船舷	肋骨	舱室和设备名称	甲板	船舷	肋骨	型号	截面																
										mm	m	m	1	2	3	4	5	6	7	8	9	10	11	12	13	14
1FP22a	应急配电盘 1EB（发电机屏）	A	右	14	主配电板 1GS-C（1 号组合启动屏）	上	左	23	CJ86/SC	3×70	53		E14S1	D14S1	D14S2	D15S1	D16S3	C16S3	B17S5	B18P3	C23P4					
1FP22b	应急配电盘 1EB（发电机屏）	A	右	14	主配电板 1GS-C（1 号组合启动屏）	上	左	23	CJ86/SC	3×70	53		E14S1	D14S1	D14S2	D15S1	D16S3	C16S3	B17S5	B18P3	C23P4					
1FP23a	岸电箱	A	右	16	主配电板 1FP（1 号 AC 440 V 馈电屏）	上	左	23	CJ86/SC	3×70	48		E16S6	D15S1	D16S3	C16S3	B17S5	B18P3	C23P3							
1FP23b	岸电箱	A	右	16	主配电板 1FP（1 号 AC 440 V 馈电屏）	上	左	23	CJ86/SC	3×70	48		E16S6	D15S1	D16S3	C16S3	B17S5	B18P3	C23P3							
1FP23c	岸电箱	A	右	16	主配电板 1FP（1 号 AC 440 V 馈电屏）	上	左	23	CJ86/SC	3×70	48		E16S6	D15S1	D16S3	C16S3	B17S5	B18P3	C23P3							
SYNI	应急配电盘 1EB(发电机屏)	A	右	14	主配电板 MSB-SYN（同步屏）	上	左	21	CJ86/SC	2.4×1.5	51		E14S1	D14S1	D14S2	D15S1	D16S3	C16S3	B17S5	B18P3	C21P3					
ES-I	应急配电盘 1EB(发电机屏)	A	右	14	主配电板 MSB-SYN（同步屏）	上	左	21	CJ86/NC	7×1.5	51		E14S1	D14S1	D14S2	D15S1	D16S3	C16S3	B17S5	B18P3	C21P3					
ES-16	应急配电盘 1EB(发电机屏)	A	右	14	主配电板 MSB-SYN（同步屏）	上	左	21	CJ86/NC	5×1.5	51		E14S1	D14S1	D14S2	D15S1	D16S3	C16S3	B17S5	B18P3	C21P3					
EA-MSB	监测报警接口单元 EA/MSII ECC-P1	上	左	20	主配电板 MSB-SYN（同步屏）	上	左	23	CHJP86/SC	2×2×0.75	17		C19P3	B18P2	B18P3	C21P3										
CAB-EC7	数据处理模块（RDi-32）DPU6 ECC-P1	上	左	19	主配电板 MSB-SYN（同步屏）	上	左	23	CHJ86/SC	1×2×0.75	17		C19P3	B18P2	B18P3	C21P3										
COMP4-2	运行指示(集控台 ECC-P4)	上	左	24	应急空压机控制箱 EAC/CP	下	左	17	CJ86/SC	2×1.5	24		C24P1	B18P2												
COMP5-1	运行指示（集控台 ECC-P4）	上	左	24	杂用空压机控制箱 SAC/CP	下	左	20	CJ86/SC	2×1.5	20		C24P1													

从表 3-2-1 中可以看出，船舶电缆册的编制需明确如下信息：

（1）电缆代号和型号、电缆外径：直接使用电气系统图中的编号、型号和电缆外径，使得电缆册和系统图能对应，每根电缆的电缆代号是唯一的。

（2）起始设备、终止设备：详细填写电缆由何处来的舱室位置、设备名称及代号、电缆敷设到两端设备所在的舱室和肋骨号、甲板名称。

（3）电缆经过部位：对于每一根电缆根据起始点设备和终止点设备的位置，其电缆路径有很多种方案，因此在进行电缆册的编制时需对每条路径进行唯一确认，即需要根据电缆节点图上的节点号进行填写，从而对每一条电缆路径进行唯一的规划，与此同时通过节点号的填写可以检查经过每一个关键节点的电缆数量是否过多或过少，从而进行调整。

（4）电缆长度：电缆长度这一栏里，通常提供理论长度。即根据每一根电缆的节点路径进行测量，获得其长度后，再加上 3%～4%的余量。一般来说理论长度总是会略大于实际长度。

从以上实例可以看出，船舶电缆册直接影响船舶电缆路径的确定、电缆订货等关键问题，因此我们需要进一步了解船舶电缆册的编制方法和要求。

2. 船舶电缆册编制方法和要求

（1）电缆册编制依据

船舶电缆册的编制依据主要是各种电气系统图，包括：电力一次、二次系统图，照明系统图，通信和报警系统图，通信导航系统图，船舶自动化系统图等；各种电气系统的布置图和专业舱室布置图；总布置图及机舱布置图；各层甲板、区域的电气设备综合布置图等。

（2）电缆的统计

①将主干电缆与区域电缆分别统计成册，区域电缆应按区域分层统计。系统图中对已统计的主干电缆、区域电缆做出不同标记。

②始、末端在同一层甲板（平台）的电缆应集中统计。

③同一层甲板（平台），电缆按左、右舷分开统计。

④电缆两端连接的设备在同一层甲板，但需经过下一层甲板敷设的电缆，应统计在下一层甲板电缆册中。

⑤应统计各系统图中随机配套的电缆。

（3）电缆编排

①编排电缆拉放程序应综合考虑所有系统的电缆。

②路径基本相同的电缆应编排在一起，且相同型号、规格的电缆应编排在一起。

③同一层电缆按左、右舷编排，同一舷的电缆要依照后、中、前的次序排列。

④有特殊要求的电缆（如本质安全电路、计算机电缆、光缆等），应单独编排在一起，并标有“单独敷设”或“分开敷设”的标记。

⑤粗、细、长、短不同的电缆应合理编排拉放次序，原则是先编排较粗、较长电缆，后编排较细、较短电缆。

⑥拉放无规律、走向各异的电缆应编排在一起。

（4）电缆贯通件代号的确定

①主干电缆册必须绘制各层甲板的主干电缆贯通件分布示意图。

②主干电缆所经过的贯通件要有代号，代号用甲板或区域名称代码表示。

③主干电缆册中，每根电缆必须标注其经过的所有贯通件代号。

④主干电缆中间停止标记点的确定。

⑤主干电缆册中的每根电缆应标明中间停止标记点。

⑥中间停止标记点应设置在主干电缆贯通处。

(5)电缆长度的测量

①测量电缆长度应依据电气设备综合布置图、线路图和电气焊接件安装图。

②电缆在托架上转弯时,应按托架最大外径计算长度。在电缆与管路或风管等相交处,造成电缆局部升高或降低高度时,都需要将其高度差计算在电缆长度之内。

③应考虑电缆进入设备内(接线端子位置)的引入长度。

④首制船机舱内每个火警探测器电缆宜留有 3 m 的余量,以备移位和试验用。

⑤到艏部穿电缆管敷设的电缆,在过渡箱内要留有一定的电缆伸缩量,总的伸缩量不小于电缆总长度的 1%。

⑥在每根电缆所测长度基础上应适当增加一定的余量,100 m 以上一般增加 2%~3%的余量,50~100 m 一般增加 3%~4 %的余量,50 m 以下一般增加 4%~5%的余量。

任务实施

任务名称:船舶电缆册的编制

一、目的

1. 正确识读主干电缆走向图与主干电缆节点图。
2. 编制船舶电缆册。

二、实训条件准备

1. 某船型主干电缆走向图及主干电缆节点图。
2. 某船型电力一次系统图、电力二次系统图。
3. 某船型电气设备布置图、机舱布置图。

三、项目内容及要求

在电力一次系统图和电力二次系统图中分别选择 16 根电缆,完成船舶电缆册的编制,见表 3-2-2。

表 3-2-2　船舶电缆册的编制任务

任务	考核内容及要求
完成船舶电缆册的编制	根据主干电缆走向图、主干电缆节点图、设备布置图、系统图完成船舶电缆册的编制,要求主要包括以下方面: 1. 船舶电缆拉放顺序的确定; 2. 船舶电缆起止位置的确定; 3. 船舶电缆路径的确定; 4. 船舶电缆长度的预估

四、项目评价

船舶电缆册的编制考核表见表 3-2-3。

表 3-2-3　船舶电缆册的编制考核表

任务编号：		组号：	姓名：	总分：	
考核任务	考核内容	分值	评分标准	得分	备注
船舶电缆册的编制	根据电气系统图，完成船舶电缆册的编制	40 分	1. 船舶电缆拉放顺序的确定（5 分）； 2. 船舶电缆起止位置的确定（5 分）； 3. 船舶电缆路径的确定（20 分）； 4. 船舶电缆长度的预估（10 分）		

任务三　船舶电缆敷设

任务描述

通过对船舶电缆类型、船舶电缆走向图、船舶电缆节点图、船舶电缆拉敷册的学习，为船舶电缆敷设打下了良好的基础，接下来我们将进行船舶电缆敷设作业。

船舶就是一个大型建筑物，其结构复杂，舱室繁多，设备众多，因此船舶电缆敷设是一项繁重的工程，也是船舶电气工艺施工中的一个重要环节。在清楚知道每一根电缆敷设路径和敷设顺序的基础上，进行船舶电缆敷设作业，还需要我们掌握如下几个方面的知识：船舶电缆敷设线路的确定、船舶电缆栖装件的确定、船舶典型舱室电缆敷设以及船舶电缆敷设过程中需要遵循的工艺原则。希望通过本任务的学习，大家可以掌握以上内容，从而指导船舶电缆敷设作业。

相关知识

一、确定船舶电缆敷设线路

微课　船舶电缆敷设——方法篇

船舶电缆敷设线路通常以船舶配电板为起点，由于船舶配电板安装在机舱内，因此船舶主干电缆的电缆走向一般分为三个线路，如图 3-3-1 所示。

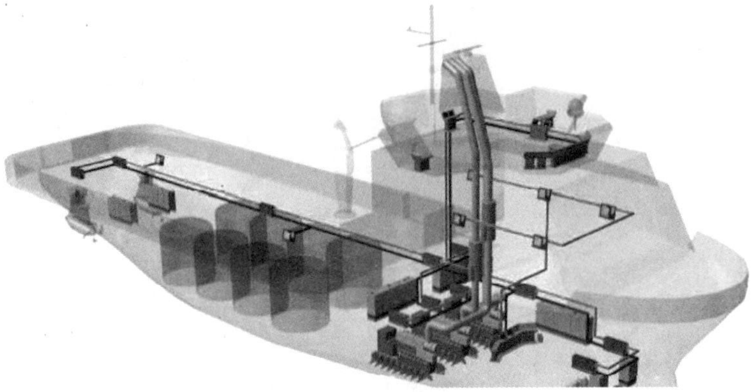

图 3-3-1　船舶电缆敷设线路

从图中可以看出,船舶主干电缆的三条线路均从机舱出发,即第一路是机舱通往上层建筑的驾驶室方向,第二路是机舱通往船首方向,第三路是机舱通往船尾方向。并且每个方向的电缆应根据传输信号进行分类。在具体拉敷时,应按照自上而下、由主干到局部或由大型设备到小型设备的顺序来进行,目的就是减轻劳动强度。

当机舱通往上层建筑驾驶室方向进行电缆拉敷时,一般是沿着隔舱壁行走,上层建筑甲板处的主干电缆一般均敷设在内走道里。

现行设计的多数船舶上均设有专用的电缆舱,其内部不但可以敷设电缆,而且还可以安装一些不经常操作的配电装置,给安装、使用及维修带来了很大方便。

局部电缆的布置在不增加电缆长度的情况下,可以随主干电缆一起行走,这样能降低电缆舾装件的消耗,减小拉敷的工作量。而公共场所及生活区的电缆布置,为了美观应尽量采用暗线敷设。

二、确定船舶电缆拉放方法

船舶电缆拉放方法主要是按照拉线的方向来确定,主要分为单向拉线法和双向拉线法。

如图 3-3-2 所示,单向拉线法是指船舶电缆的首端从拉放点开始,沿着紧固件的一个方向拉线,尾端停在拉放点附近。

这种拉线方法可不停顿地连续拉线,生产效率高。但是当电缆较粗且又长时,劳动强度很大,对电缆最外层护套的磨损大。因此这种拉线方法适用于中小型船的主干电缆、局部电缆,以及贯穿几层甲板的主干电缆且拉放点在最上层甲板。

如图 3-3-3 所示,双向拉线法是指船舶电缆首端从拉放点开始,向一个方向拉放,到达中间停止标志处,将另一段电缆从电缆筒上拉出来,绕成“8”形,然后将电缆尾端向首端相反方向拉放。

这种拉线方法为双向拉放,电缆外皮在拉放过程中磨损较少,但是由于拉线中途有停顿并需要绕成“8”形,则需要设置电缆存放场地,因此该拉线方法适用于大中型船的纵向主干电缆的拉放。

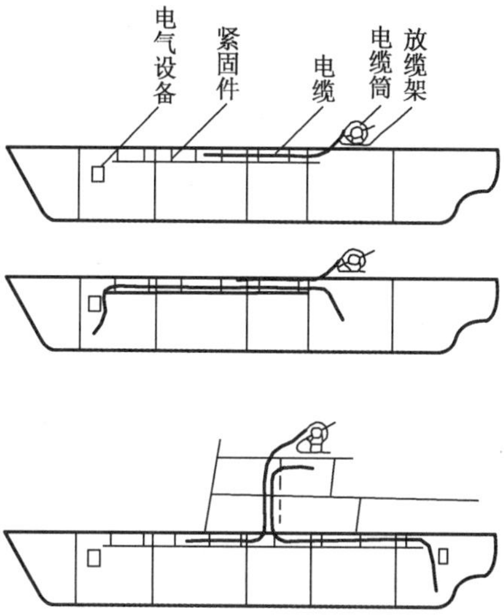

图 3-3-2　船舶电缆单向拉线法

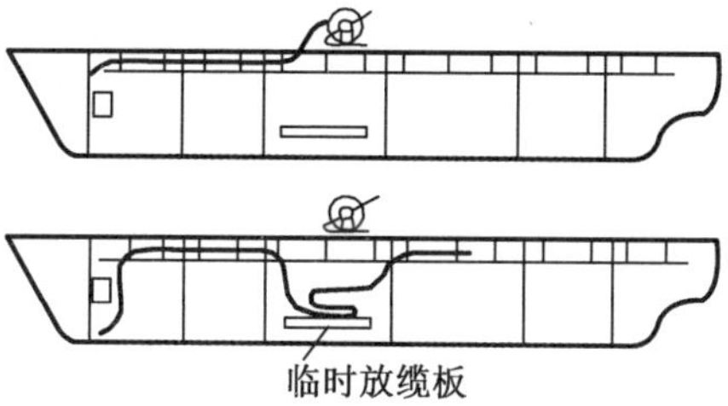

图 3-3-3　船舶电缆双向拉线法

为了减少施工强度，确定电缆拉放方法后还应注意电缆的拉放顺序。常用的拉放顺序主要有如下几种：

(1)按照不同的区域，即先机舱，后居住区，再露天甲板。

(2)按照不同的线路，即先主干，后分支(局部线)。

(3)按电缆的状况先尺度长的、外径大的，后尺度短的、外径小的。

(4)按不同的装置，先大型设备(如主配电板、集中控制台)，后小型设备。

三、确定船舶电缆支承件

船舶在行驶过程中存在摇摆、振动等情况，因此船舶电缆在敷设过程中需要固定。根据 CB/T 3667. 6—1995《船舶电缆敷设和电气设备安装附件 电缆敷设支承件及附件》中的规定，船舶电缆敷设支承件主要包括电缆紧钩、电缆卡子以及电缆绑扎支架。目前船舶上使用较多的是电缆绑扎支架，本节将以电缆绑扎支架为主进行详细介绍。

微课　船舶电缆紧固件

1. 电缆绑扎支架的形式和型号

电缆绑扎支架按照固定形式、结构特点可以分为 6 种见表 3-3-1。

表 3-3-1　电缆绑扎支架产品形式

形式	名称	固定方式及适用场合
U 型	U 型电缆绑扎支架	螺钉固定,供电缆分层分束敷设
I 型	I 型电缆绑扎支架	焊接固定,供电缆分层分束敷设
L 型	L 型电缆绑扎支架	焊接固定,供分支电缆分束敷设
B 型	扁钢电缆绑扎支架	焊接固定,供分支电缆敷设
C 型	单根电缆绑扎支架	焊接固定,供分支电缆敷设
H 型	重型电缆绑扎支架	焊接固定,供大量主干电缆敷设

对应的型号如图 3-3-4 所示。

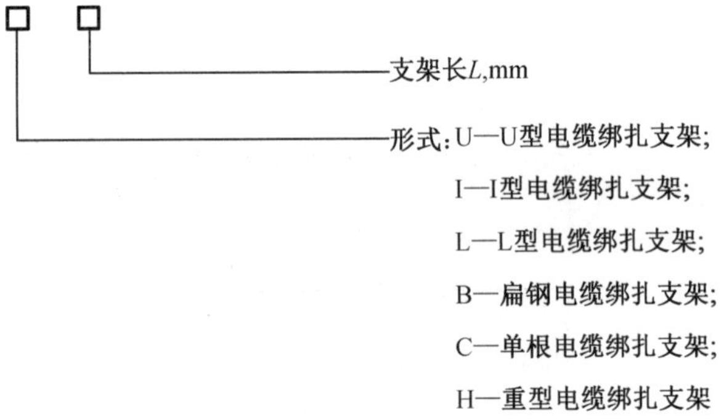

图 3-3-4　电缆绑扎支架型号

2. 电缆绑扎支架的结构和尺寸

(1) U 型支架

U 型支架常由 2~3 m 的钢板制作而成,材料为 Q235A。在结构上该支架具有在两头略微上翘,形状似 U 形的特点,电缆与支架上的腰圆形孔进行固定,其结构如图 3-3-5 所示。

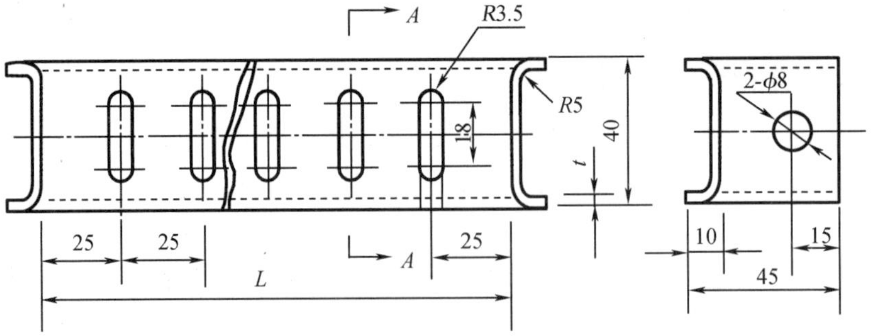

图 3-3-5　U 型支架结构(单位:mm)

如图 3-3-5 所示,该支架两端无支脚,易受到安装高度的限制,通常不会单独使用。其常用的尺寸见表 3-3-2。

表 3-3-2　U 型支架尺寸

型号	孔数	L/mm	t/mm	质量/kg
U150	5	150	2	0. 18
U200	7	200	2	0. 23
U300	11	300	2	0. 32
U400	15	400	2. 5	0. 51
U500	19	500	2. 5	0. 60
U600	23	600	3	0. 80

(2)I 型支架

I 型支架结构形式与 U 型支架类似,其主要由 2~3. 5 mm 厚的 Q235A 钢板制作而成,电缆仍通过支架上的腰圆孔进行固定,其结构形式如图 3-3-6 所示。

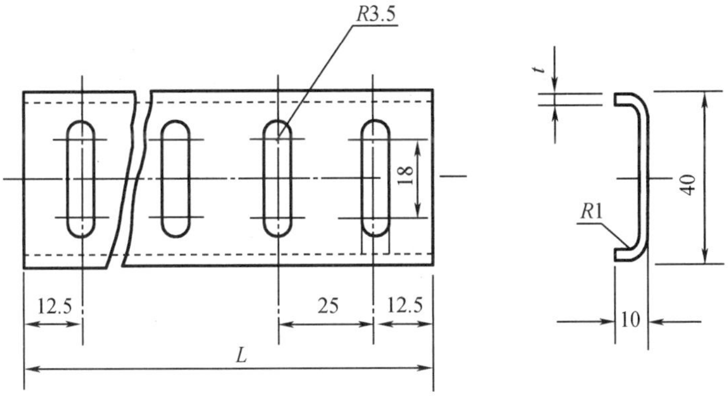

图 3-3-6　I 型支架结构(单位:mm)

如图 3-3-6 所示,该支架无安装脚,支架高度为 10 mm,因此无法用于主干电缆的敷设,只能与角钢等形成组合件用于电缆敷设。其主要尺寸见表 3-3-3。

表 3-3-3　I 型支架尺寸

型号	孔数	L/mm	t/mm	质量/kg
I200	7	200	2	0. 17
I300	11	300	2	0. 29
I400	15	400	2. 5	0. 42
I500	19	500	2. 5	0. 59
I600	23	600	3. 5	0. 89
I700	27	700	3. 5	1. 04

(3)L 型支架

与 U 型和 I 型支架一样,L 型支架由于其外形类似字母“L”而得名,其结构形式如图 3-

3-7 所示。

如图 3-3-7 所示，L 型支架常由 3 mm 厚的 Q235A 钢板制作而成，与 U 型和 I 型支架不同，L 型支架具有安装支架，与电缆底板的一端进行固定。安装时 L 型支架的支脚与船体结构进行固定，电缆则固定在底板上。由于这种形式的支架只有单侧受力，因此只能敷设少量的电缆。其常用的尺寸见表 3-3-4。

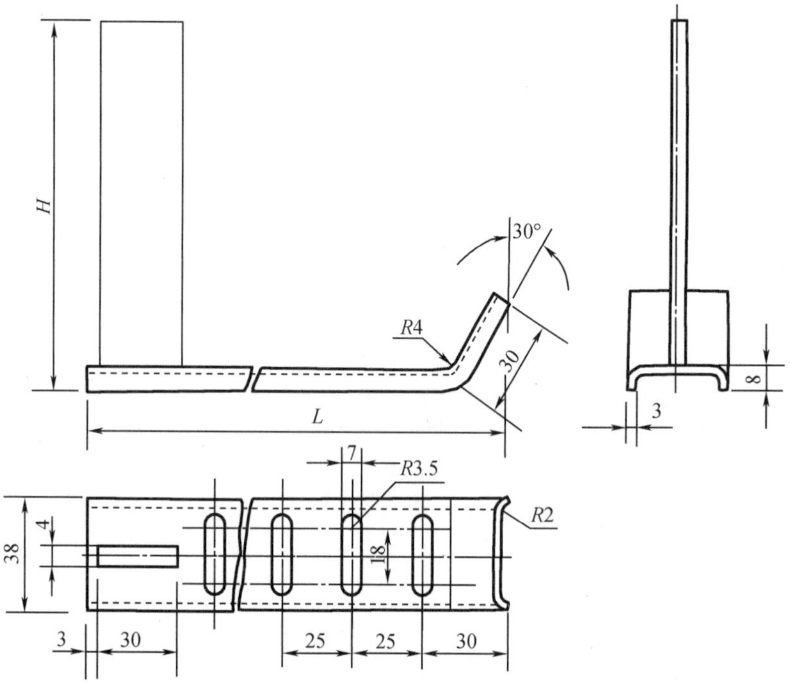

图 3-3-7　L 型支架结构(单位:mm)

表 3-3-4　L 型支架尺寸

型号	孔数	L/mm	H/mm	质量/kg
L150×70	4	150	70	0. 25
L200×70	6	200	70	0. 30
L250×70	8	250	70	0. 35
L150×100	4	150	100	0. 28
L200×100	6	200	100	0. 33
L250×100	8	250	100	0. 38
L150×150	4	150	150	0. 29
L200×150	6	200	150	0. 38
L250×150	8	250	150	0. 43

(4)B 型支架

B 型支架又称扁钢支架，主要用于分支电缆的敷设，其主要结构和尺寸如图 3-3-8 和表 3-3-5 所示。

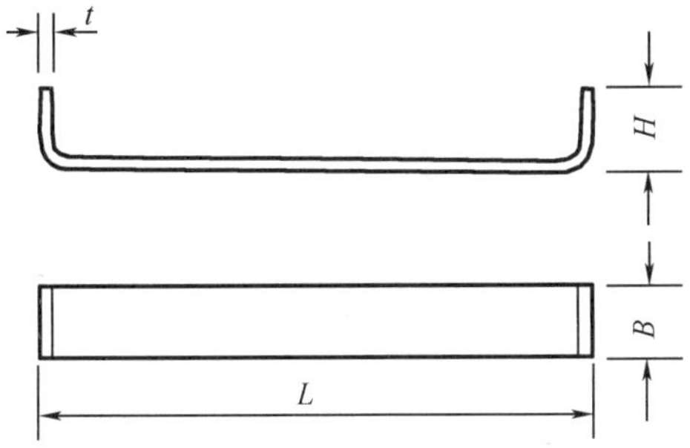

微课 船舶电缆紧固件制作与安装——扁钢支架的制作与安装

图 3-3-8 B 型支架结构

表 3-3-5 B 型支架尺寸

型号	L/mm	B/mm	t/mm	质量/kg
B300×20	300	20	3	0.17
B600×20	600	20	4	0.41
B300×40	300	40	3	0.18
B600×40	600	40	4	0.71

如图 3-3-8 所示，扁钢支架通常由 3~4 mm 材料为 Q235A 的钢板制作而成，支架高度为 20~40 mm，通常与船体结构焊接。

对于某些特种船舶，其具有冷库等处所，无法进行焊接，则支架采用螺栓连接的形式，因此很多船厂在 B 型支架的基础上进行了相应的改造，其结构形式如图 3-3-9 所示。

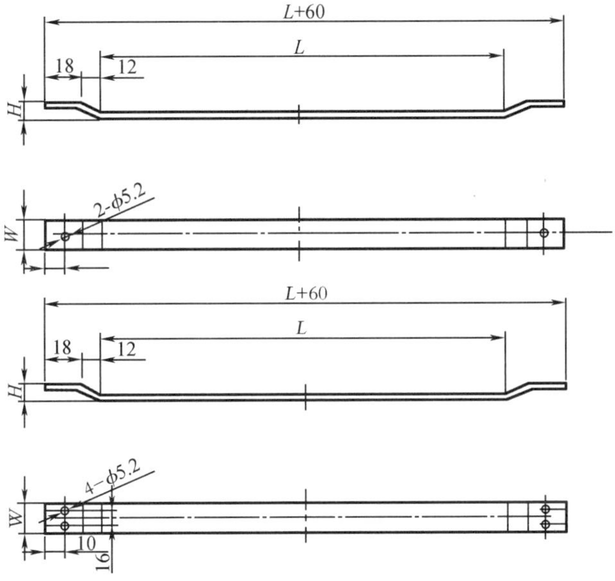

图 3-3-9 冷库用扁钢支架结构(单位:mm)

由于这种支架用于冷库等潮湿处所，因此支架材料统一采用不锈钢制作。其常用尺寸见表 3-3-6。

表 3-3-6　冷库用扁钢支架尺寸

宽度 W/mm	长度 L/mm	厚度 t/mm	支架脚高 H/mm	质量/kg
30	300	2.5	10	0.21
	500			0.33

(5)C 型支架

C 型支架结构如图 3-3-10 所示,该支架是 B 型支架的一种衍生形式,也是用于分支电缆的敷设。

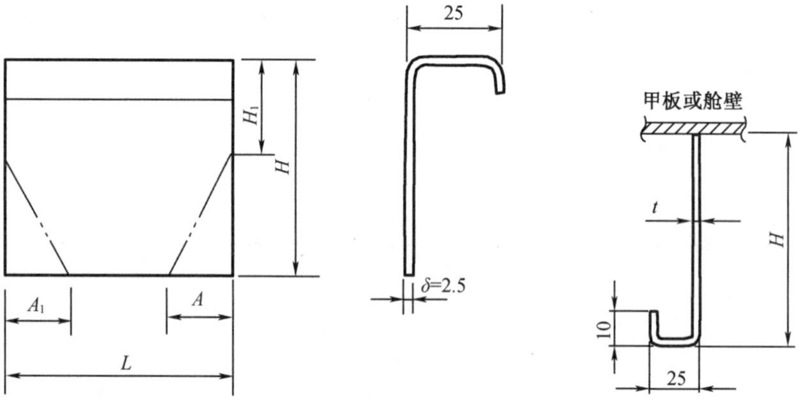

图 3-3-10　C 型支架结构(单位:mm)

其尺寸见表 3-3-7,这种支架高度为 30~100 mm,安装高度较高,可以弥补扁钢支架安装高度不足的问题。

表 3-3-7　C 型支架尺寸

型号	L/mm	H/mm	H_1/mm	A/mm	A_1/mm	质量/kg	备注
C20×30	20	30	—	—	—	0.02	不切角
C20×100	20	100	—	—	—	0.04	不切角
C40×30	40	30	10	10	—	0.04	单切角
C40×100	40	100	50	10	—	0.09	单切角
C70×30	70	30	10	20	20	0.07	双切角
C70×100	70	100	50	20	20	0.15	双切角

(6)H 型支架

H 型支架结构如图 3-3-11 所示,其结构与 I 型支架的结构类似,但是支架材料选用了承重能力更强的 Q235A 的角钢。

(7)组装式电缆支架

U 型、I 型、H 型电缆支架由于没有安装支脚,因此通常不会单独使用,往往需要与其他材料组合为组装支架,用于船舶主干电缆的敷设。按结构形式通常可分为单层支架和双层支架,其结构见表 3-3-8。

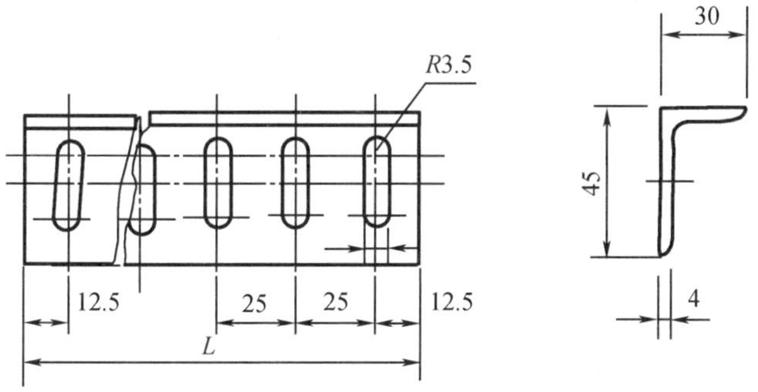

图 3-3-11　H 型支架结构(单位:mm)

表 3-3-8　组装式电缆支架结构

<table>
<tr><th>支架基本单元</th><th>组装式电缆支架结构</th></tr>
<tr><td>U 型电缆支架</td><td>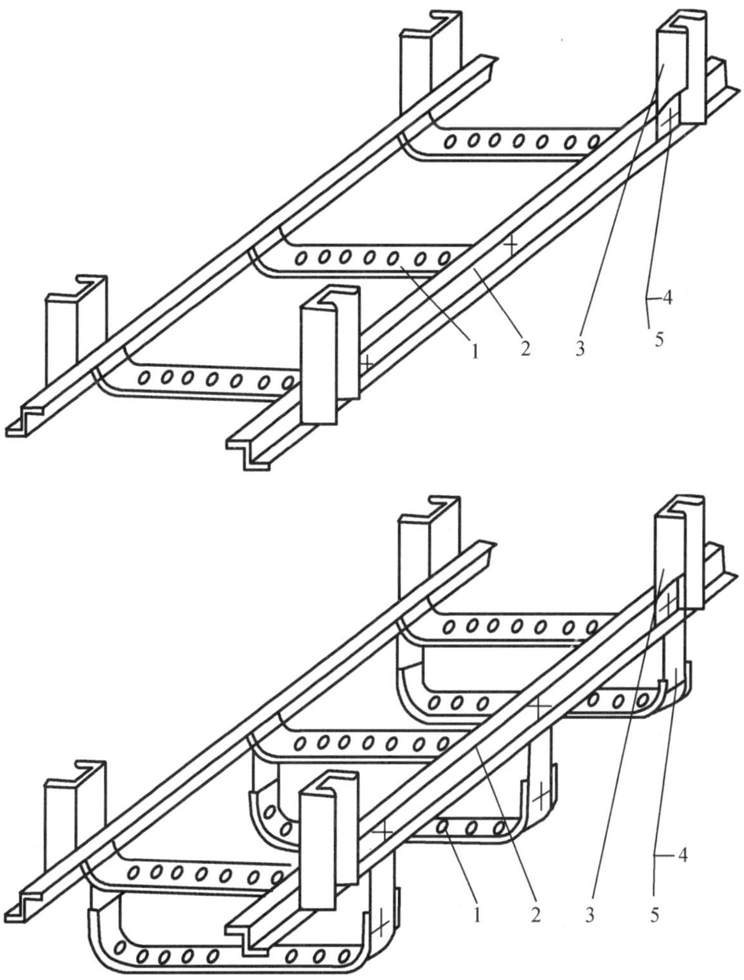

1—U 型电缆支架;2—⅂型钢骨架;3—支脚;4—螺栓;5—螺母</td></tr>
</table>

表 3-3-8(续 1)

支架基本单元	组装式电缆支架结构
I 型电缆支架	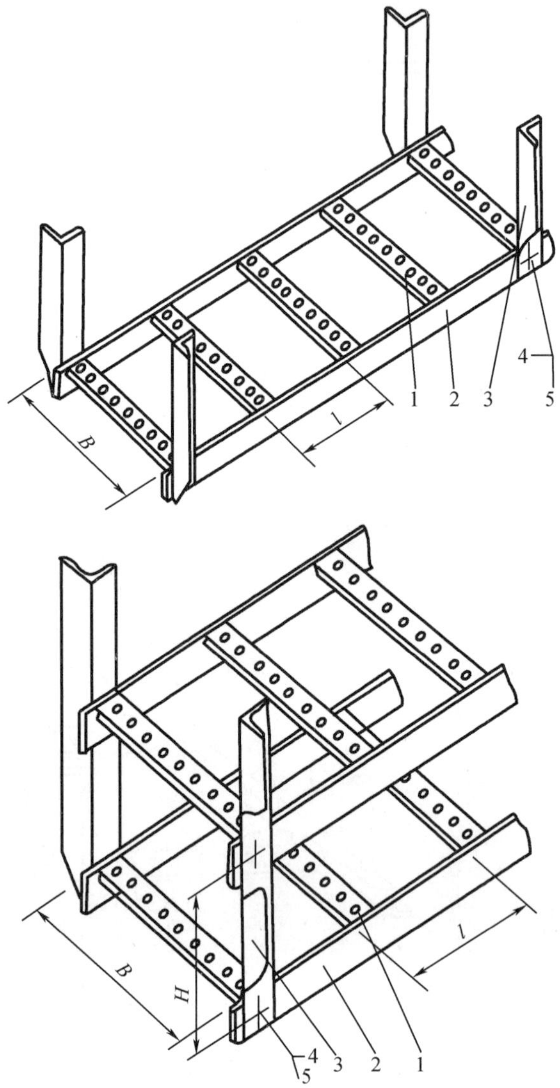 1—I 型电缆支架;2—扁钢或角钢骨架;3—支脚;4—螺栓;5—螺母

表 3-3-8(续 2)

<table>
<tr><th>支架基本单元</th><th>组装式电缆支架结构</th></tr>
<tr><td>H 型电缆支架</td><td>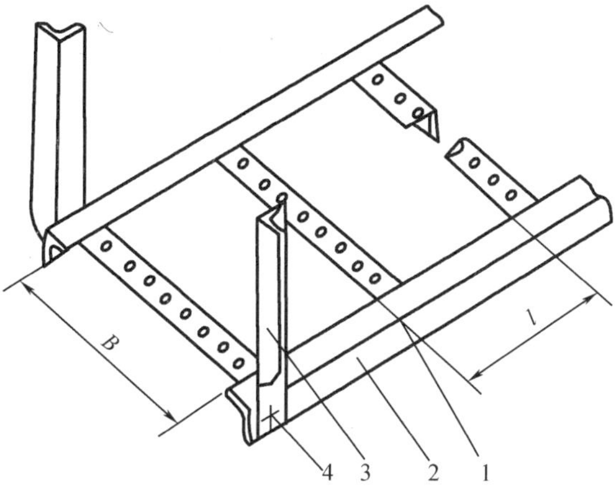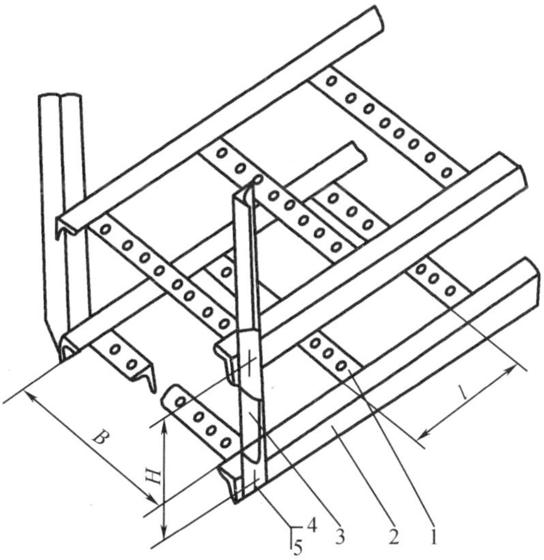1—U 型电缆支架;2—角钢骨架;3—支脚;4—螺栓;5—螺母</td></tr>
</table>

此外,U 型、I 型和 H 型支架还可以单独与扁钢、角钢等组合形成如图 3-3-12 的单只单层或单只双层形式的电缆绑扎支架,这种电缆支架通常用于主干电缆过渡。

相比组合式电缆支架而言,单只电缆支架承重能力较小,但是其体积小,使用灵活,通常用在空间较小、主干电缆通道存在高低变化或方向变化且无法使用组合电缆支架的地方。

为了确保船舶行驶过程中,电缆牢固固定,电缆支承件是电缆敷设的重要舾装件,是承载和固定电缆的重要部件。电缆支承件的制作材料除特殊说明外,一般采用碳素钢 Q235A,并且在制作时应确保其平整、无裂痕、锐边和毛刺,并且在端口尖角处应做半径不小于 3 mm 的圆角处理,制作完成后还应进行热镀锌处理。

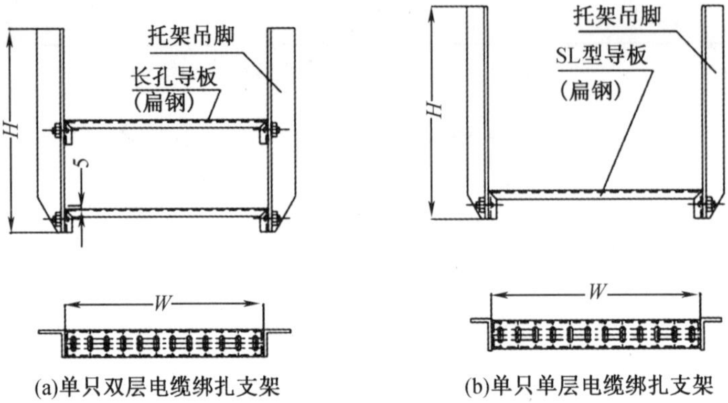

图 3-3-12　单只电缆绑扎支架(单位:mm)

3. 船舶电缆支承件的安装工艺形式

从以上标准中可以看出,船舶电缆支承件的形式较多,然而在实际应用中使用最为频繁的是扁钢支架和多种形式的组合支架。下面就以这两种电缆支架为主对其安装工艺形式进行说明。

(1)扁钢支架

扁钢支架体积小,质量轻,使用灵活,多用于数量较少的分支电缆的敷设,其安装方式主要有顶式安装,如图 3-3-13 所示及壁式安装如图 3-3-14 所示,电缆沿着支架平行敷设,然后进行固定,且两个固定点之间的水平距离为 300 mm。

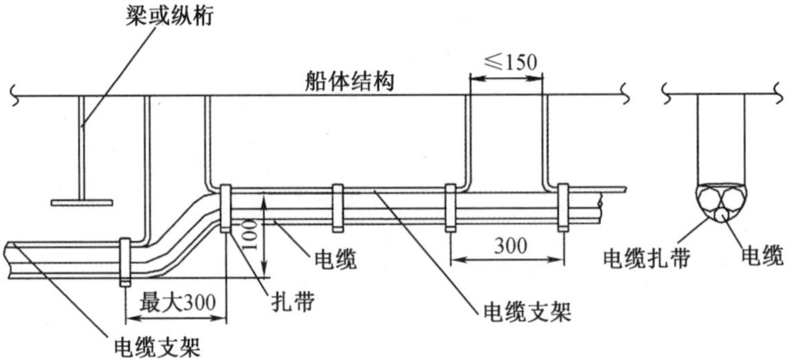

图 3-3-13　扁钢支架顶式安装(单位:mm)

对于特种处所,例如冷库,应采用冷库适用的扁钢支架,其安装形式如图 3-3-15 所示。

(2)组合式支架

组合式支架是船舶电缆支承件大量适用的支架,主要用于船舶主干电缆的敷设。如前所述,船舶组合式支架可以分为单层和双层,其中双层用在船舶空间狭小,电缆较多的处所。组合式支架通常采用顶式安装,即电缆通道位于舱室顶部,电缆与组合式支架底板垂直从而方便固定,如图 3-3-16 所示。当船舶空间较小,双层组合托架空间较小不方便施工时,则可以采用电缆反装的形式,如图 3-3-17 所示。

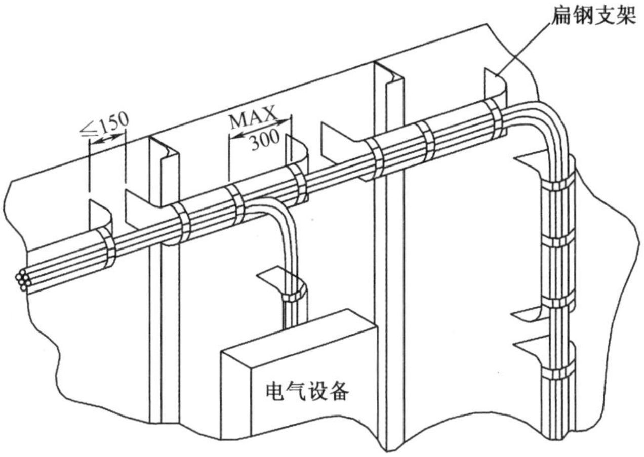

图 3-3-14　扁钢支架壁式安装(单位:mm)

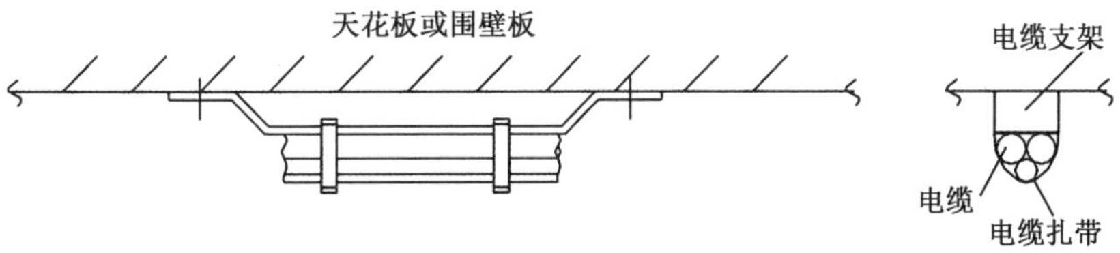

图 3-3-15　冷库扁钢支架安装形式

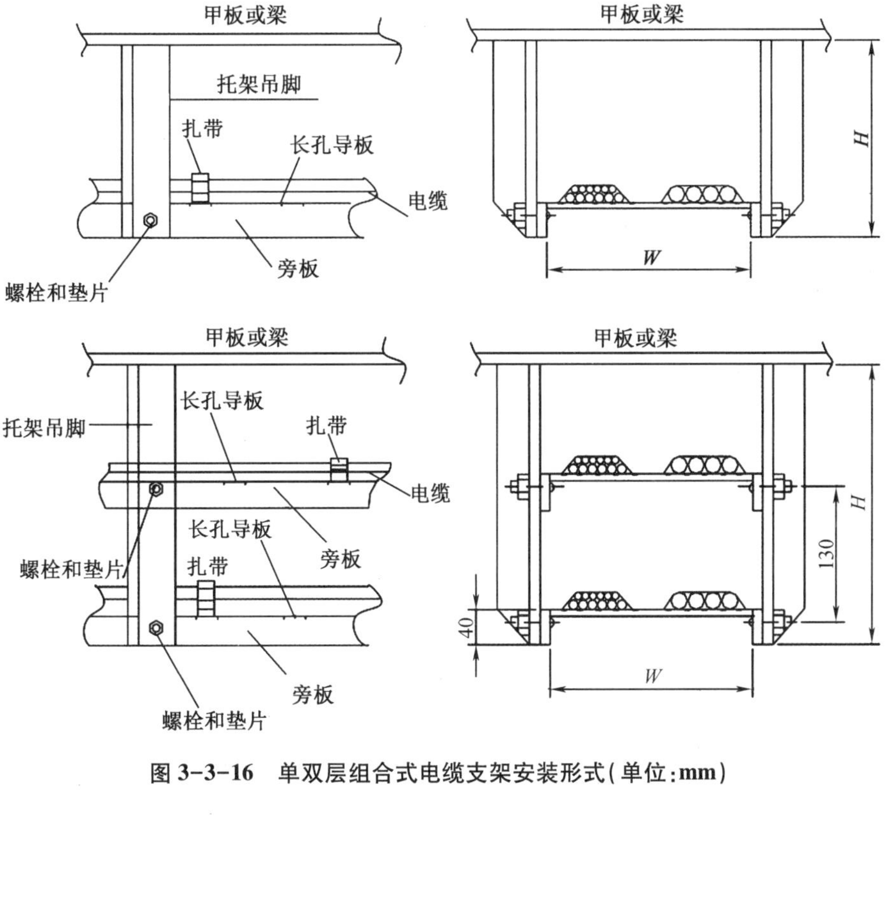

图 3-3-16　单双层组合式电缆支架安装形式(单位:mm)

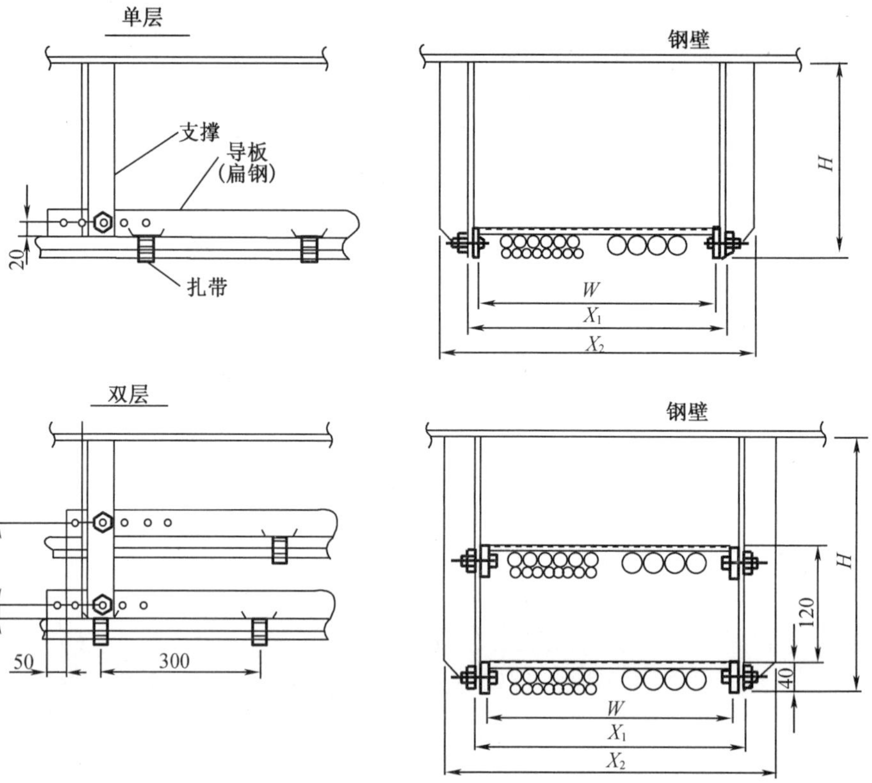

图 3-3-17　单双层组合式电缆支架电缆反装安装形式(单位:mm)

其中组合电缆支架上电缆扎带之间的距离一般为 300 mm,支承件之间的间距则需根据敷设电缆的外径进行确定,应满足表 3-3-9 的要求。

表 3-3-9　电缆外径与支承件距离　　单位:mm

电缆的外径 D	支承件距离 L	
	非铠装电缆	铠装电缆
≤8	≤200	≤250
>8~13	>200~250	>250~300
>13~20	>250~300	>300~350
>20~30	>300~350	>350~400
>30	>350~400	>400~450

四、船舶电缆敷设工艺

根据 CB/T 3908—2007《船舶电缆敷设工艺》中的要求,船舶电缆敷设主要包括船舶电缆扎带的要求,电缆敷设的一般要求、电缆防护、电缆环境要求、电缆弯曲要求,成束敷设的电缆敷设要求、电缆分开敷设要求、交流单芯电缆敷设要求以及特种处所电缆敷设要求。

1. 电缆扎带的要求

露天甲板电缆捆扎必须用白钢扎带。冷库、厨房、厕所、卫生单元等潮湿区域需要用白钢扎带进行捆扎,其他处所的扎带捆扎应符合表3-3-10的要求。

微课　电缆紧固

表 3-3-10　电缆扎带类型及实用场所

电缆扎带		使用场所
名称	带扣材料	
镀锌钢扎带	镀锌钢	室内
不锈钢扎带	不锈钢	露天甲板、冷藏舱、浴室等潮湿场所室内,特别适用于有塑料外护套的电缆
包塑(或镀塑)不锈钢扎带	不锈钢	
包塑(或镀塑)镀锌钢扎带	镀锌钢	室内以及内走道,特别适用于有塑料外护套的电缆
尼龙扎带		室内

此外在进行扎带紧固电缆时,还应遵循以下工艺要求。

(1)垂直敷设的电缆,各种支架均应尽量避免横向安装,如图3-3-17所示,以免再绑扎电缆时,造成扎带上端应力集中。

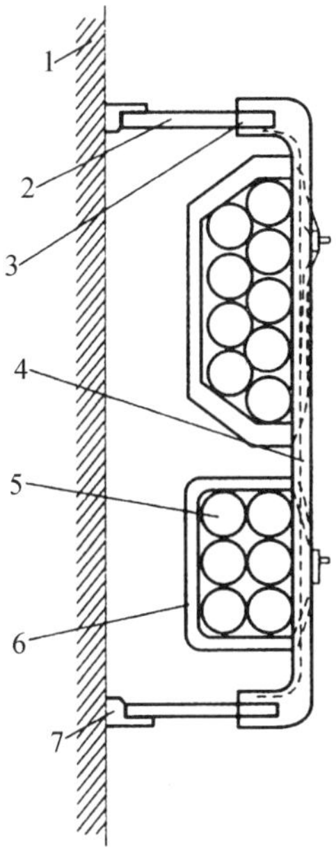

1—肋骨;2—支脚;3—螺栓、螺母;4—电缆支架;5—电缆;6—电缆扎带;7—角钢。

图 3-3-18　垂直敷设的电缆

(2)在扁钢支架上用扎带紧固的电缆,应使得最底层的所有电缆与支架均有接触,并尽量使最底层的电缆宽度略大于支架的宽度,以避免扁钢的边角损伤扎带,如图3-3-19所示。

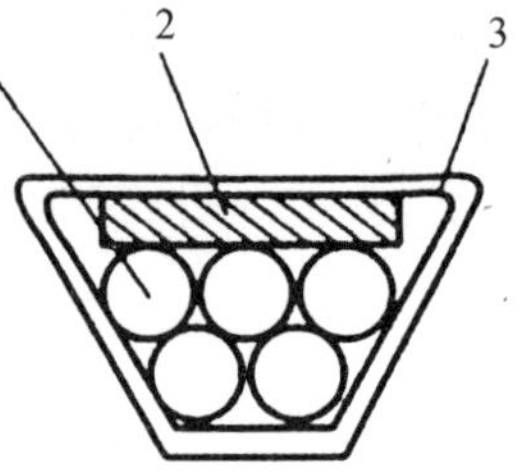

1—电缆;2—扁钢支架;3—电缆扎带。

图 3-3-19　在扁钢支架上用扎带紧固的电缆

(3)在重要舱室(如机舱、辅机舱、应急发电机室等)及明线敷设的内外走道用尼龙扎带紧固电缆。除采用下托敷设形式外,均应每间隔五根尼龙扎带,使用一根金属扎带。

(4)用尼龙扎带紧固电缆,电缆束的周长不应超过尼龙扎带的有效长度,扎带不得连接使用。

(5)扎带的收紧不应使电缆产生有害变形,以免损伤电缆。最好采用定力收紧专用工具,以保证紧固力的正确性及均匀一致性。

(6)尼龙扎带紧固后,应尽量避免过分弯曲及被锐边切割,扎带的弯曲半径不要小于扎带厚度的 2.5 倍。

(7)尼龙扎带收紧完毕后,应在离扎带的紧固装置 5~6 mm 处,将扎带多余部分切除。

2. 电缆敷设的一般要求

微课　船舶电缆敷设——工艺篇

(1)电缆敷设应平直且易于检修。电缆暗式敷设及电缆线路的分支接线盒若为暗式安装时,封闭板应便于开启,并应有耐久标志。

(2)电缆不应直接埋在用可燃材料制成的隔热或隔音绝缘层内。若采用不燃材料包覆,则允许敷设在用不燃材料制成的绝缘层内,但这些电缆应相应降低负荷。

(3)锅炉舱等处的电缆应采用明线敷设;居住室的电缆应采用暗线敷设。若居住室的电缆采用明线敷设,则应采用滞燃塑料槽板予以保护。

(4)敷设电缆时,应看清每一根电缆临时标牌内容,并按电缆册仔细核对。

(5)牵拉电缆时,用力应均衡,出现受阻情况时,应找出原因,排除故障后再进行,不要强拉。

(6)不同护套的电缆混合敷设时,应使电缆保持一定的间隙,防止因摩擦而损伤电缆护套。

(7)整理电缆,不得用铁器猛击或撬杠电缆。临时捆扎电缆时,不宜扎得太紧而伤及电缆。敷设电缆时,尤其是主干电缆,不应造成电缆一端过长、过短、紊乱或损伤。

3. 电缆防护

(1)应避免在货舱、贮藏室、甲板上、舱底花钢板下等易受机械损伤的场所敷设电缆,若无法避免时,则应设置电缆护罩或电缆管加以防护。货舱和甲板上的电缆护罩厚度一般应不小于 3 mm,金属护罩应有防腐蚀措施。

(2)应避免在可动或可拆的部位敷设电缆,避免活动件移动或拆装时损伤电缆。

(3)在前桅敷设电缆时,宜采用长度大于 2 m 的镀锌保护钢管,保护钢管应装在前桅后部,管子上端(电缆出口处)应封堵。

(4)电缆穿过甲板时,应采用金属电缆管、电缆筒或电缆围板加以保护。

(5)若采用塑料保护外套(管状的封闭外套或其他非圆形的封闭管道),则应符合下列要求：应采用金属固定件或金属扎带固定，当用在开敞甲板上时，还应具有防紫外线照射的性能；保护外套应能承受安全工作负载，支承间距应不大于制造厂建议的值或不超过由安全工作负载确定的值，一般间距应不大于 2 m。

4. 电缆环境要求

（1）应避免在有潮气或油、水滴凝结的场所敷设电缆。

（2）在易受油、水浸渍的舱底花岗板下应将电缆敷设在金属管道内。管道应贴近花岗板安装，其两端一般高出花钢板 200 mm 以上，并用填料函或嵌塞填料封端，同时应在管子的最低处设置一个泄水孔。当采用绕性金属管作为电缆的保护管，且当花钢板与内底距离不小于 1 m 时，可只在电缆两端套保护管。

（3）在潮湿舱壁上敷设电缆时，电缆与舱壁间距应大于 20 mm。若舱壁上有绝缘要求时，还应加上绝缘厚度。

（4）电缆与船壳板、甲板、舱壁及防火隔堵的敷设间距应大于 20 mm；电缆与双层底及滑油、燃油柜的敷设间距应大于 50 mm。

（5）电缆的敷设应远离锅炉、热管、电阻器等热源。电缆与蒸气管或排气管交叉时，电缆与蒸气管或排气管的隔热层的间距应大于 80 mm；若电缆线路与蒸气管或排气管平行时，则电缆与隔热层的间距应大于 100 mm，否则应采取隔热措施。

（6）除下列情况外，敷设主干电缆或重要设备的供电和控制用电缆时，一般应远离具有失火危险的机械、机械部件。

①这些设备本身的电缆；

②以钢质舱壁或甲板与这些设备隔开的电缆；

③采用耐火电缆。

（7）除供电电缆外，用于重要设备或应急动力设备、应急照明以及应急状态下使用的船内通信或信号设备的电缆，应远离厨房、洗衣间、机器处所及其舱棚，以及其他具有失火危险的处所。

5. 电缆弯曲要求

敷设电缆，最小弯曲半径应符合表 3-3-11 的要求。

表 3-3-11　固定敷设的电缆最小弯曲半径　　单位：mm

<table>
<tr><th colspan="2">电缆结构</th><th rowspan="2">电缆外径 D</th><th rowspan="2">最小弯曲半径</th></tr>
<tr><th>绝缘</th><th>外护层</th></tr>
<tr><td rowspan="5">热塑性或热固性材料（钢导体为圆形）</td><td rowspan="2">非铠装或非编织</td><td>≤25</td><td>4D</td></tr>
<tr><td>>25</td><td rowspan="3">6D</td></tr>
<tr><td>金属编织屏蔽或铠装</td><td rowspan="5">任务</td></tr>
<tr><td>金属线铠装、金属条铠装或金属护套</td></tr>
<tr><td>合成聚酯/金属薄片带屏蔽或组合带屏蔽</td><td rowspan="2">8D</td></tr>
<tr><td>热塑性或热固性材料（钢导体为特定形状）</td><td>任何</td></tr>
<tr><td>矿物</td><td>硬金属护套</td><td>6D</td></tr>
</table>

此外，电缆敷设不应跨越船体伸缩接头，若确实不能避免时，应将电缆弯成一个环形伸缩弯头，其长度应正比于船体伸缩长度，最小半径应为最大电缆外径的 12 倍。

敷设的电缆通常不应有接头，若由于维修或分段造船需要连接接头时，其导电连续性、绝缘性、机械强度和防护性、接地及耐火或滞燃等特性均应不低于对电缆的相应要求。

6. 成束电缆的敷设要求

（1）电缆成束敷设时，电缆束的横截面宜敷设成梯形或矩形，如图 3-3-20 所示，避免敷设成圆形或方形，梯形或矩形的宽度一般为 150～200 mm，高度应尽可能小。

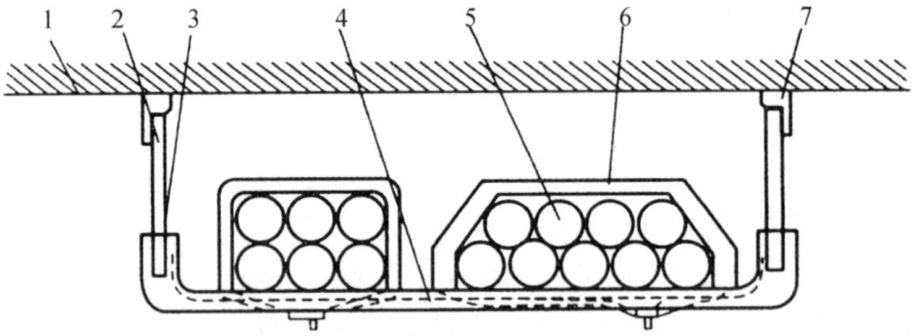

1—横梁；2—支脚；3—螺栓、螺母；4—电缆支架；5—电缆；6—电缆扎带；7—角钢。

图 3-3-20　电缆成束敷设截面形状

（2）动力电缆的成束敷设时，应不超过两层，或者敷设高度应不大于 50 mm。成束敷设电缆用的电缆支架应不多于两层，上下层间的垂直距离为 100～150 mm。束与束的间距应大于 25 mm，如图 3-3-21 所示。

7. 电缆分开敷设要求

（1）导体最高工作温度不同的电缆不应敷设在一起。若此种成束敷设不可避免时，则任何一根电缆的工作温度不应高于该束中额定温度最低的电缆所允许的温度。

（2）对要求两路供电的重要设备，其供电的两路电缆，应在水平及垂直方向远离敷设。

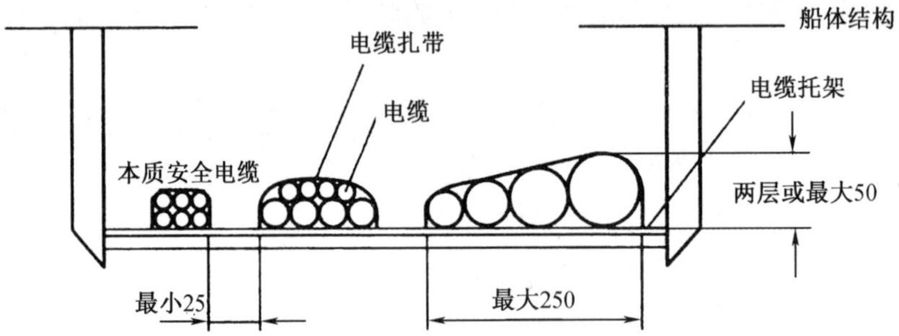

图 3-3-21　电缆成束敷设时的间距（单位：mm）

（3）对具有双套设备的重要设备或互为备用完成同一重要功能的双套系统，各自的供电及其控制用电缆应在水平及垂直方向远离敷设。

（4）具有不同护套或外护套的电缆，若敷设时可能损坏其他电缆的护套或外护套，则不应成束敷设在一起。

（5）电力推进装置的电源电缆应与励磁电缆和其他用途低压电缆分开敷设。

（6）在客船上，配电系统的布置应保证当任何主竖区内发生火灾时，不影响任何其他主竖区内安全所必需的设备的供电。当主馈电电缆和应急馈电电缆通过任何主竖区时，在垂直和水平方向上均应远离敷设。

（7）动力电缆、信号电缆及本质安全电缆应分束敷设，间距应满足设备制造厂对电缆的敷设要求，其中本质安全电缆与其他电缆的最小距离应为 50 mm。

（8）若单根滞燃电缆需成束敷设时，则应采取限制火焰沿电缆束蔓延的措施。

8. 交流单芯电缆的敷设

随着船舶技术的发展，其电站容量也越来越大，因此交流系统呈现向大电流发展的趋势，相应交流电力电缆更多地采用了单芯或双芯电缆，若一定要采用单芯电缆而线路电流又超过 20 A 时，应符合下列要求：

（1）电缆应为非铠装的或采用非磁性材料铠装和覆盖的电力电缆；且属于同一线路的电缆应装在同一管子、管道或电缆槽内。

（2）当由两根、三根或四根单芯电缆分别构成单相电路、三相电路或三相四线电路时，电缆应尽量相互紧贴敷设。在任何情况下，相邻电缆外层之间的间隙不应大于单根电缆的直径。

（3）若额定电流大于 250 A 的单芯电缆，需靠近钢质舱壁敷设时，电缆与舱壁之间至少应有 50 mm 的间隙，但不同相的单芯电缆系品字形敷设时除外。

（4）磁性材料不应用于同一线路的各单芯电缆之间。在电缆穿越钢板时，应将同一线路的所有电缆拢在一起穿过钢板或填料函，其布置应使得电缆之间无磁性材料存在，电缆与磁性材料之间的间隙应不小于 75 mm，但不同相的单芯电缆系按品字形敷设时除外。

（5）为使得导体截面积不小于 185 mm^2 的单芯电缆所构成的三相线路的阻抗达到平衡，应在间隔不超过 15 m 之处，将各相换位一次，也可将三根不同相的单芯电缆按品字形敷设，若走线的长度不大于 30 m，则不必采取此项措施。

（6）若线路中每相有几根单芯电缆并联时，所有电缆应沿相同的路径敷设，且应具有相同的截面；此外，为了防止电流负载的分配不均匀，属于同相的电缆应同其他相同的电缆交错排列。例如：每相有 6 根电缆时，正确的排列次序见表 3-3-12。

表 3-3-12　电缆排列次序示例

每相并联根数	一层排列次序	二层排列次序
2	ABC　CBA	ABC CBA
3	—	ABCA CABC
4	—	ABCABC CBACBA
5	—	ABCABCA BCABCABC
6	—	ABCABCABC CBACBACBA

此外,若电缆为高压电缆,在经过居住处所时,应敷设在封闭的电缆筒或电缆盒内。并应根据不同工作电压进行分隔,不能在同一电缆槽内。若不同等级的高压电缆安装在同一支架上时,电气间隙应满足表 3-3-13 的要求,并不可与额定电压不高于 1 kV 的电缆安装在同一电缆支架上。

表 3-3-13　最小电气间隙

额定电压/kV	最小电气间隙/mm
3(3.3)	55
6(6.6)	90
10(11)	120
15	160

9. 特种处所的电缆敷设要求

根据船舶舱室和船舶类型的特殊性,特种处所的电缆敷设主要包括在金属管道内的电缆敷设、在冷藏处所的电缆敷设以及在油船等危险处所的电缆敷设。其中主要需注意如下几点:

(1)管子或管道的弯曲半径应不小于电缆弯曲内半径的允许值;外直径不小于 63 mm 的管子,其弯曲内半径应不小于管子外直径的 2 倍。

(2)穿管系数(电缆外径截面积的总和与管子、管道或电缆槽内截面积之比)应不大于 0.4,如图 3-3-22 所示。

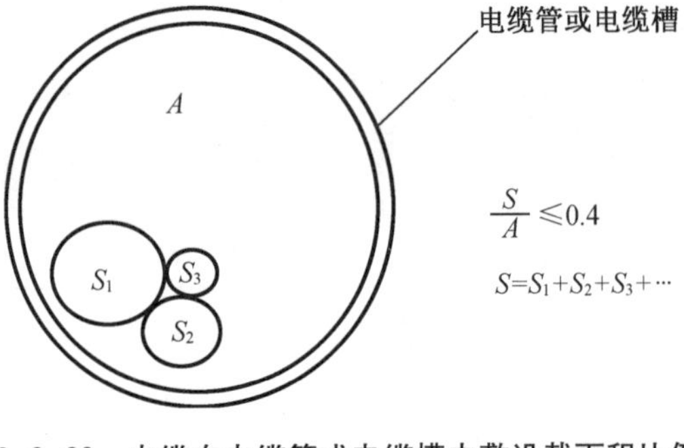

图 3-3-22　电缆在电缆管或电缆槽内敷设截面积比例图

(3)与冷藏处所无关的电缆,不应穿过冷藏处所敷设。需要敷设的电缆应全部明线敷设,应具有水密的护套且应有防止机械性损伤的防护。若采用铠装电缆,则铠装(除非已经镀过锌)应进一步采用耐潮外护套以防止腐蚀。

(4)若电缆一定要穿过冷藏处所的热绝缘层,则电缆应敷设在金属管子里垂直穿过,管子的两端应设置水密填料函。

(5)对于敷设在油船等危险处所的电缆,应采用本质安全电缆,并与非本质安全电路的电缆分开敷设,穿过舱壁时,与蒸气管道法兰的距离应满足:当蒸气管直径大于 75 mm 时,应大于 450 mm,当蒸气管直径不大于 75 mm 时,应大于 300 mm。

五、典型舱室的电缆敷设形式

船舶电缆敷设遍布全船,因此电缆敷设的基本形式有:同一甲板层的水平敷设,如图 3-3-23 所示,其敷设形式分为单层和双层两种,水平敷设时紧固点之间的距离为 600 mm;上下贯穿电缆的垂直敷设,如图 3-3-24 所示,此时电缆紧固点之间的距离为 300 mm;还有电缆转弯和高低落差的电缆敷设两种特殊形式,如图 3-3-25 和图 3-3-26 所示。

以上几种电缆敷设形式为典型敷设形式,但是对于不同的船舶处所,其电缆敷设还有一定的特殊性。这里以机舱区域、上层建筑区域、露天处所、冷藏处所以及水舱区域计程仪和测深仪舱为主,对电缆敷设形式进行说明。

1. 机舱区域的电缆敷设

机舱区域常规的电缆敷设形式如图 3-3-27 所示。

由于机舱位于船舶的核心区域,大型电机设备、船舶动力设备等均位于该处所,特别是花岗板下易受油水浸渍,因此对于这些易受油水浸渍的花岗板以下区域需要对电缆进行保护,保护方式主要是两种,即金属管子和金属软管套,这两种方式下电缆的敷设形式如图 3-3-28 和 3-3-29 所示。

2. 上层建筑区域的电缆敷设

船舶上层建筑主要是居住舱室、工作舱室以及驾驶室,这些舱室一般都有木作绝缘装饰,因此电缆敷设主要分为顶部天花板内敷设(图 3-3-30)、舱壁内暗式敷设(图 3-3-31)以及舱壁上的明线敷设(图 3-3-32)等几种形式。

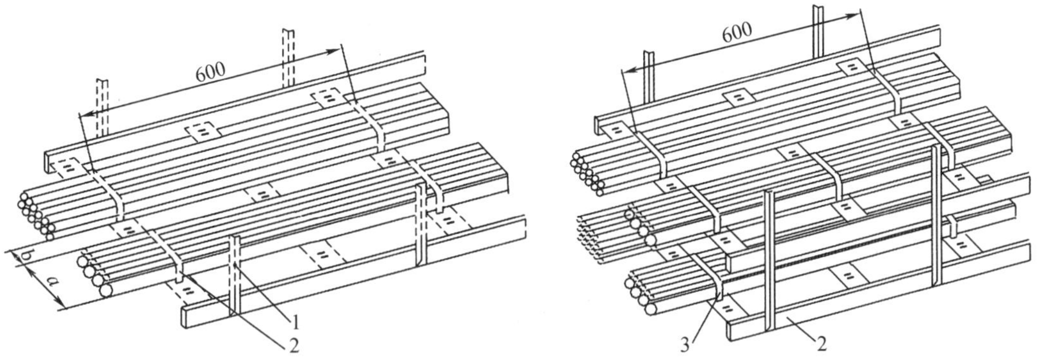

1—单层电缆托架;2—电缆扎带;3—双层电缆托架。

图 3-3-23　电缆水平敷设(单位:mm)

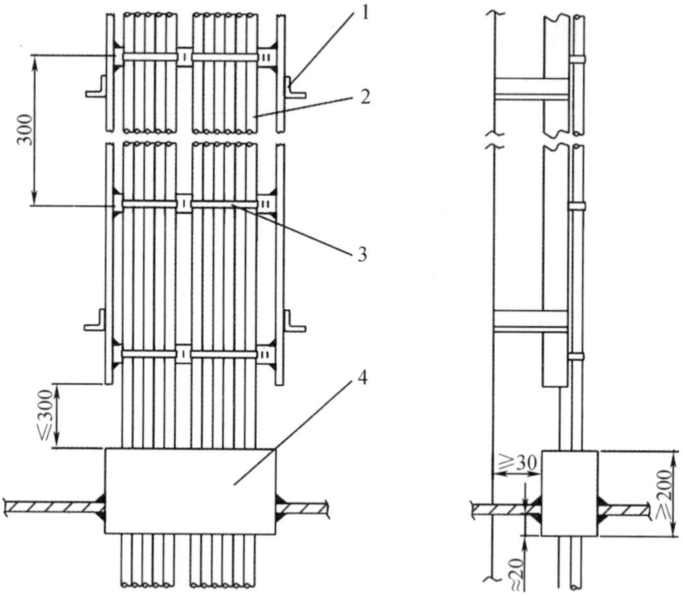

1—单层电缆托架;2—电缆;3—电缆扎带;4—水密电缆筒。

图 3-3-24　电缆垂直敷设(单位:mm)

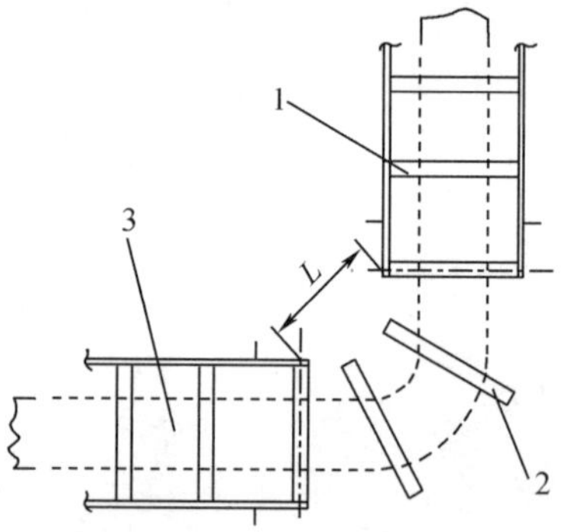

1—组合电缆托架;2—单只电缆托架;3—电缆。

图 3-3-25　电缆水平弯曲

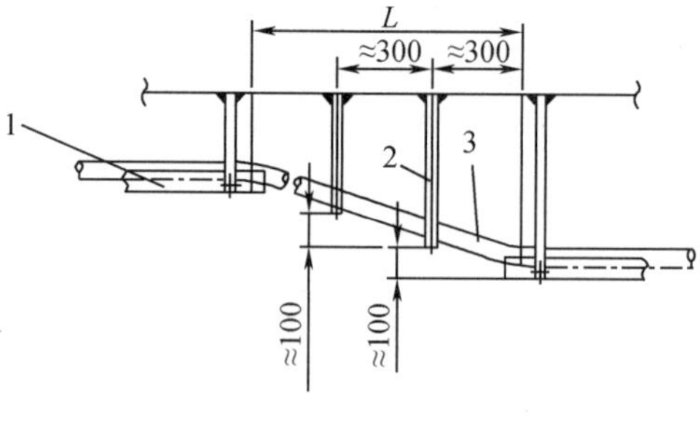

1—组合电缆托架;3—单只电缆托架;3—电缆。

图 3-3-26　电缆高低落差敷设(单位:mm)

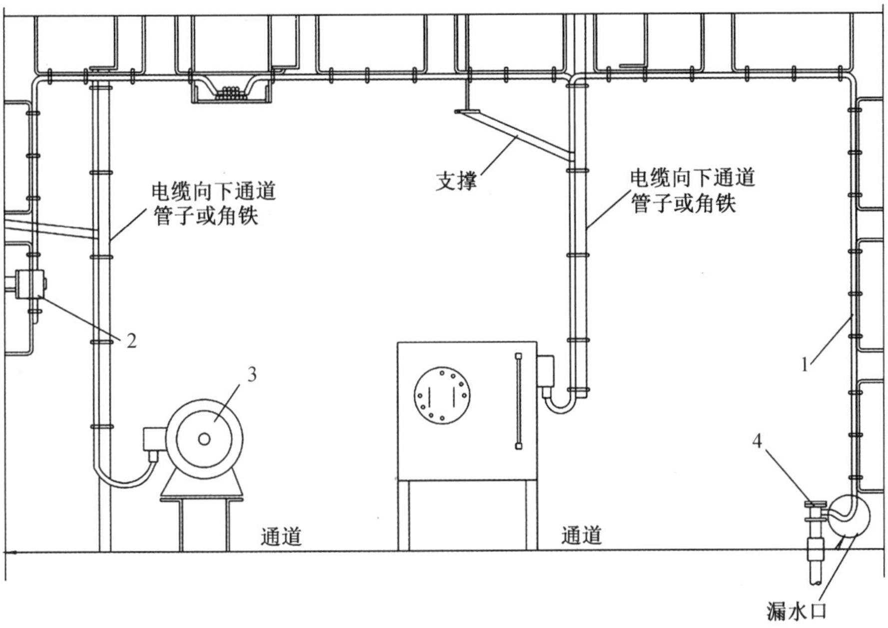

1—电缆；2—启动箱；3—马达；4—液位开关。

图 3-3-27　机舱区域常规的电缆敷设形式

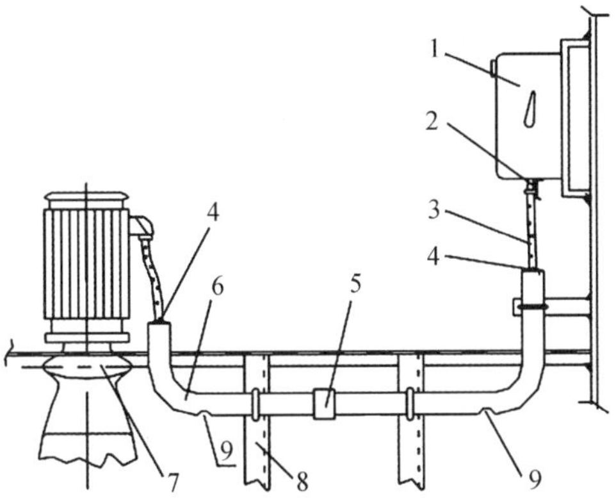

1—控制箱；2—托板；3—电缆；4—墙料和护圈；5—套筒接头；6—镀锌钢管；7—泵；8—支架；9—泄水孔（去毛刺）。

图 3-3-28　花岗板下电缆敷设在金属管子的形式

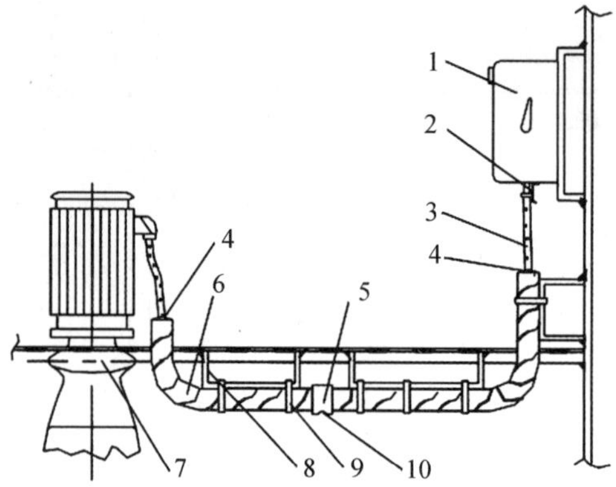

1—控制箱;2—托板;3—电缆;4—堵料和护圈;5—连接器(可不用);6—金属软套管;7—泵;8—扁钢电缆支架;9—包塑不锈钢扎带;10—泄水孔(去毛刺)。

图 3-3-29　花岗板下电缆敷设在金属软管套中的形式

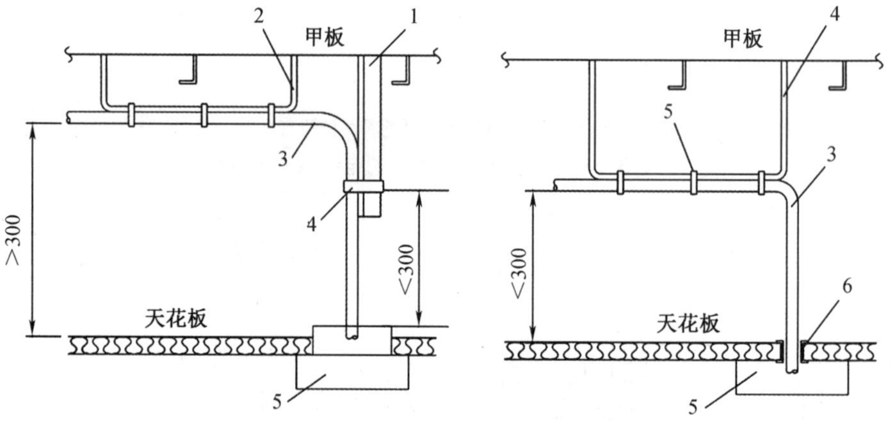

1—角铁支撑件;2—扁钢电缆支架;3—电缆;4—电缆扎带;5—电气设备;6—电缆衬套。

图 3-3-30　电缆敷设在天花板内(单位:mm)

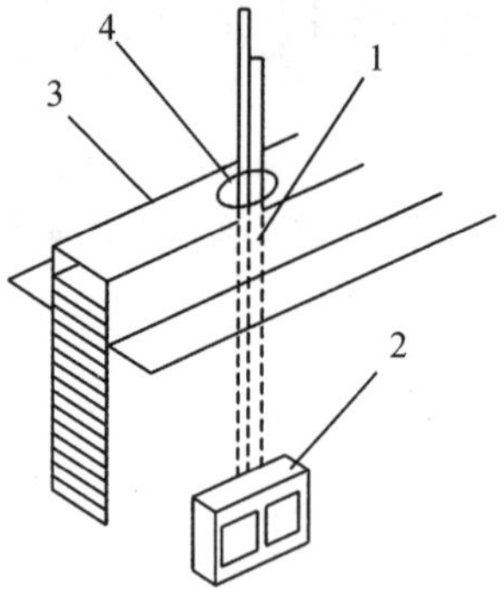

1—电缆;2—电气设备;3—围壁板;4—电缆孔。

图 3-3-31　电缆在舱壁上暗式敷设

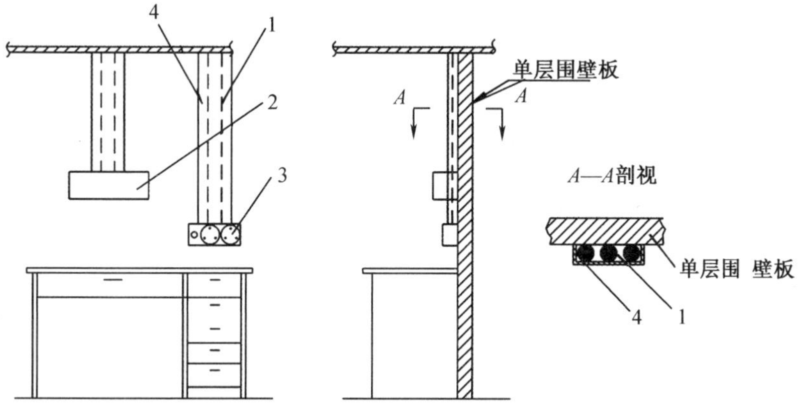

1—电缆；2—壁式台灯；3—明式插座；4—电缆罩。

图 3-3-32　电缆在舱壁上明线敷设

3. 露天处所的电缆敷设

露天处所的电缆敷设主要分为两个特殊区域，即主甲板上电缆的敷设以及驾驶室顶部天线电缆的敷设。

主甲板上的电缆敷设在地面且为露天处所，因此需要采用穿管敷设的形式，如图 3-3-33 所示，如果线路过长管路具有断裂的风险，则还应设置伸缩接头。

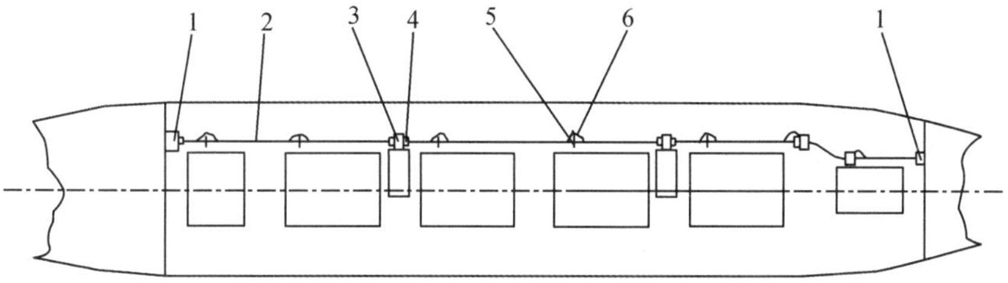

1—艏艉舱室电缆管道防水电缆分线箱；2—镀锌钢管；3—甲板电缆管道防水电缆分线箱；4—舱壁式伸缩接头；5—法兰；6—接地跨接线。

图 3-3-33　电缆在主甲板上的电缆敷设形式

对于驾驶顶部的天线电缆而言，天线电缆的一端连接至设备天线位于露天处所，另一端连接至设备主机位于舱室内部，且电缆为垂直敷设，因此天线电缆的敷设方式如图 3-3-34 所示，其主要采用鹅颈管通过扶手等结构进行加强的敷设形式。

4. 冷藏处所的电缆敷设

冷藏处所的电缆敷设的首要条件就是与冷藏处所无关的电缆不应穿过冷藏区域。敷设在冷藏处所的电缆均应具有水密或不透性的护套。

冷藏处所的电缆应全部采用明线敷设，且电缆与冷藏室壁之间应留有一定的空间，并且需采用不锈钢扎带绑扎，敷设形式如图 3-3-35 所示。

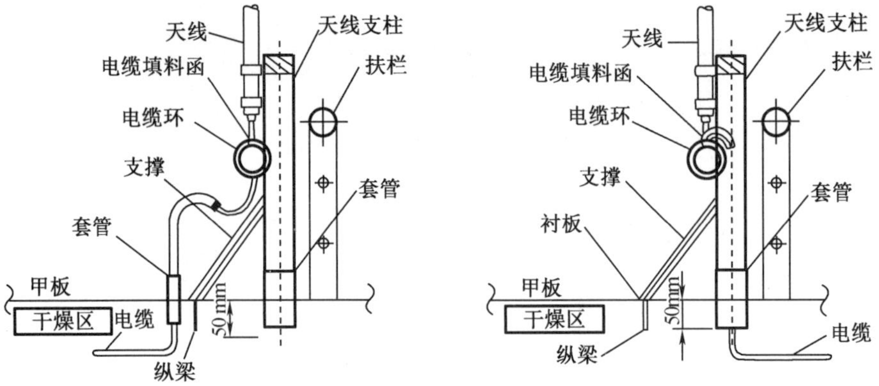

图 3-3-34　露天处所的天线电缆敷设图

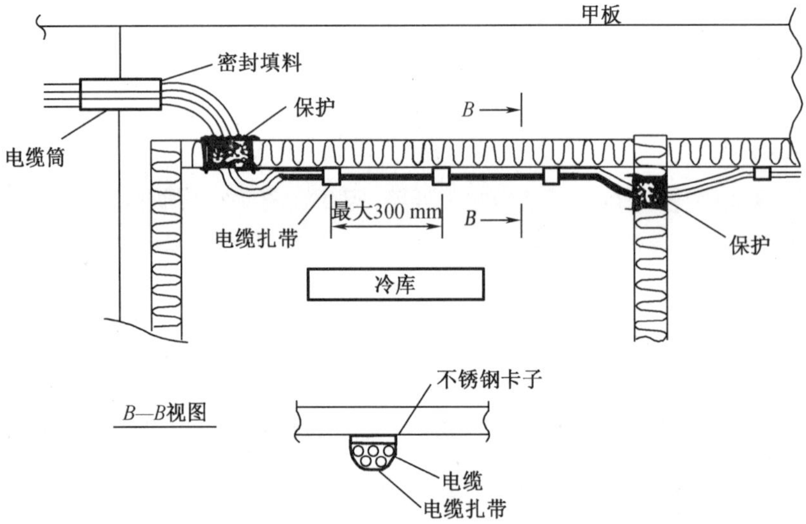

图 3-3-35　冷藏处所内的电缆敷设

5. 水舱区域计程仪、测深仪舱的电缆敷设

计程仪与测深仪由于设备工作原理的特殊性，需直接与海水接触，并且要方便设备检修，因此电缆敷设形式特殊。在进行电缆敷设时，水舱区域的电缆应敷设在金属管子内，水线以下的电缆敷设应保证其水密性能良好，如图 3-3-36 所示。垂直敷设电缆管，当长度超过 6 m，应予每隔 6 m 左右处安装适当的金属支承盒。

综上所述，船舶电缆敷设作业是在确定了敷设路径和敷设方法，选择正确的电缆支承件的基础上，结合船舶舱室特点按照电缆敷设工艺标准进行的综合性施工作业，是船舶电气施工的一个非常重要的环节。

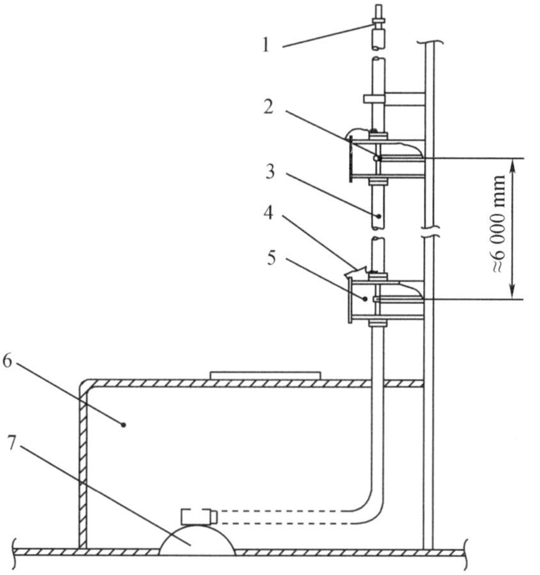

1—填料函；2—电缆紧固件；3—镀锌钢管；4—接地跨接线；5—电缆支承盒；6—换能器围井；7—换能器。

图 3-3-36　水舱区域计程仪、测深仪的电缆敷设

任务实施

任务名称：船舶电缆敷设作业

一、目的

1. 正确识读主干电缆走向图、主干电缆节点图。
2. 编制船舶电缆册。
3. 明确电缆敷设方法。
4. 认识船舶电缆敷设支承件。
5. 掌握电缆敷设工艺要求。
6. 能完成电缆敷设作业。

二、实训条件准备

1. 某船型主干电缆走向图及主干电缆节点图。
2. 某船型电缆册。
3. 某船型电气设备布置图、机舱布置图等。
4. 船舶电缆敷设工艺文件。
5. 工具及施工材料。

三、项目内容及要求

船舶电缆敷设任务见表 3-3-14。

表 3-3-14　船舶电缆敷设任务

<table>
<tr><th>任务</th><th>考核内容及要求</th></tr>
<tr><td rowspan="7">船舶电缆敷设</td><td>根据所敷设电缆的位置,确定电缆敷设方法</td></tr>
<tr><td>确定电缆敷设环境
1. 检修方便
2. 防止机械损伤
3. 远离热源
4. 避免潮湿、油浸
5. 是否危险处所</td></tr>
<tr><td>确定电缆敷设方式
1. 水平敷设方式
2. 垂直敷设方式
3. 穿管敷设方式
4. 露天处所的电缆敷设</td></tr>
<tr><td>确定电缆排列
1. 成束敷设电缆,电缆横截面形状为矩形或梯形,宽度<250 mm;动力电缆高度<50 mm 或<两层
2. 成束电缆间距:>50 mm
3. 双层组合支架上下层间距:150 mm
4. 穿管敷设电缆系数<0. 4</td></tr>
<tr><td>确定电缆防电磁干扰
1. 动力电缆与信号电缆分开捆扎
2. 本质安全电缆分开敷设</td></tr>
<tr><td>特种电缆敷设
1. 高压电缆单独敷设并标记
2. 单芯电缆的排列呈品字形,如长度超过 15 m 需进行变换</td></tr>
<tr><td>电缆的绑扎
1. 电缆扎带的选用
2. 电缆扎带之间的距离
3. 冷藏处所等特种处所的扎带的选择</td></tr>
</table>

四、项目评价

船舶电缆敷设考核表见表 3-3-15。

表 3-3-15　船舶电缆敷设考核表

任务编号：		组号：	姓名：　　总分：		
考核任务	考核内容	分值	评分标准	得分	备注
船舶电缆敷设作业	依据船舶电缆敷设工艺完成实训室内船舶电缆敷设的施工，并对重要部分进行检查，每人 20 处	50 分	电缆扎带的使用： 1. 电缆扎带选择错误，每处扣 2 分； 2. 电缆扎带使用错误，每处扣 2 分； 3. 电缆扎带紧固不牢，每处扣 2 分； 4. 电缆扎带收紧多余部分没有切除，每处扣 2 分。 电缆敷设工艺要求： 1. 电缆敷设没有远离热源、冷凝环境，每处扣 2 分； 2. 电缆敷设空间太小，不利于人员检修，每处扣 2 分； 3. 电缆弯曲半径过小，每处扣 2 分； 4. 电缆强电弱电没分开，每处扣 2 分； 5. 成束电缆截面不满足要求，每处扣 2 分； 6. 成束电缆间距、高度不满足要求，每处扣 2 分； 7. 单芯电缆超过 15 m 未换相，每处扣 2 分； 8. 施工过程中损坏电缆，每处扣 2 分。 电缆支承件的认识： 选择 5 处电缆支承件进行识别，错一处扣 1 分		

知识拓展

一、电缆备料

电缆备料就是把要在船上敷设的电缆预先确定路线后，测得实际需要的长度列成电缆表册，切割卷入电缆筒内。由于电缆表册是从敷设方便性来考虑敷设顺序和拉线部位，并确定停止记号的位置的，所以在备料时应严格按表册顺序进行，使后敷设的电缆先备料、先敷设的电缆后备料。

备料的方法有两种：一种是使用备料机，在备料机上配有计数器（观察卷入筒内的电缆长度用)、电动绞车、电缆筒、操纵机构等,这种方法效率高,使用方便;另一种是把电缆从原电缆筒卸下,测得所需电缆长度后切断,然后再使用电动绞车把电缆卷入备料筒内,使用电动绞车可以使电缆排列整齐,在备料筒内电缆可安放得更多。

二、主干电缆切割的方法和注意事项

(1)依据主干电缆册电缆的排列顺序,以拉线点为单位,从后往前切割;同时要对电缆卷筒做好相应的标签。

如电缆册 1 号拉线点,从第 29 根电缆 N1-17G 开始切割,并按 29—28—27—…—1 的顺序卷到电缆筒上。如果该拉线点需两个以上电缆卷筒,在第一个卷筒卷满电缆之后必须标明该电缆筒首尾两根电缆代号,即 N1-17G-N1-18G,并将该筒号编号定为 1-1;将第二个电缆筒编号定为 1-2,并标明首尾两根电缆代号,以此类推,若使用 3,4 个卷筒,则定为 1-3,1-4。放线时先放该拉放点最后卷好的卷筒。如:电缆册 1 号拉线点需 4 个卷筒卷完电缆,则先放 1-4 号卷筒的线,即 1 号拉放点的第一根电缆,再依次放 1-3,1-2,1-1 号卷筒。电缆放线滚动方向定为卷筒方向。

(2)电缆在切割的过程中,要对每一根电缆实测外径,并将结果填写在电缆册相应的电缆实测外径栏内,这是保证以后电缆密封的重要环节。

(3)对切割的每一根电缆,在其两端都要做个电缆标签,大概距其首端和尾端 100 mm 处。标签中要清晰标明电缆代号、标牌、截面、长度,如 B1-3G CHHYP 3×0.811 4 m,主干电缆中部要根据所给的中间标记长度做出标记。

(4)对于主干电缆来说,其两端都要做好封头处理。

(5)主干电缆切割并做好标签后,向卷筒上缠绕电缆,电缆之间使用麻绳可靠连接。

(6)拉线点前方电缆长度为中间标记的长度。

三、舱室电缆的切割方法与注意事项

与主干电缆切割相比,舱室电缆切割的要求偏低些,切割方法与主干电缆切割方法相似,具体如下。

(1)依据主干电缆册电缆的排列顺序,以拉线点为单位,从后往前切割。

(2)对切割的每一根电缆,在其两端都要做个电缆标签,标签形式如同主干电缆标签,用透明胶布缠绕在标签外层,确保标签字迹清晰且不挪位。与主干电缆切割相比较,舱室电缆不需要在电缆中部做中间标记;此外,也不需要对电缆的两端做封头处理。

(3)电缆切割并做好标签后,向卷筒上缠绕电缆,电缆之间使用麻绳可靠连接。

(4)对电缆卷筒做好相应的标签,标签形式如同主干电缆卷筒处理方式。

任务四　船舶电缆贯穿船体结构作业

任务描述

从前面的学习我们已经掌握了船舶电缆敷设中支承件的选择、电缆敷设的方式、电缆敷设的工艺要求以及典型舱室的电缆敷设方式。然而船舶是一个大型结构物，在电缆敷设的过程中不可避免地要在船体结构、船体舱壁上开孔，从而保证船舶电缆通道的畅通。那么如何在不破坏船体结构的前提下保证电缆通道的连续性呢？为了解决这个问题，本任务我们将学习电缆贯穿件的相关内容，认识电缆贯穿件，了解电缆贯通形式及相关阻燃密封工艺，从而完整地掌握船舶电缆敷设作业。

相关知识

一、船舶电缆贯穿件的选用

微课　船舶电缆贯穿件

船舶电缆贯穿件是一种电缆贯穿船体结构时，用来保护电缆或保持船体结构的原强度、密封性能的一种装置，也是用于引入防水设备，保护电气设备防水性能的一种装置。根据《船舶电缆敷设和电气设备安装附件 第1部分：电缆贯通装置》(CB/T 3667. 1—2014)的规定，电缆贯通装置主要有填料函、电缆管、电缆框、电缆筒、灌注式电缆框、耐火套管、模块式电缆密封装置、电缆衬套装置。其主要按照防水性能进行分类，可分为水密和非水密两大类。水密贯通装置主要有：填料函、电缆筒、灌注式电缆框、模块式电缆密封装置。非水密贯通装置主要有：电缆框、电缆衬套装置，其中电缆管和耐火套管需与其他贯穿件配合使用。如没有特殊说明，电缆贯穿件的材料为普通A级钢，贯穿件制造完成后，需将其锐边及毛刺打磨，并进行防腐处理，一般涂防锈底漆。

1. 电缆框

电缆框是用于电缆穿过横纵梁及非水密舱壁时保护电缆束的电缆贯穿件，其按照结构可以分为YK型电缆框(图3-4-1)、TK型电缆框(图3-4-2)和FK型电缆框(图3-4-3)三种。

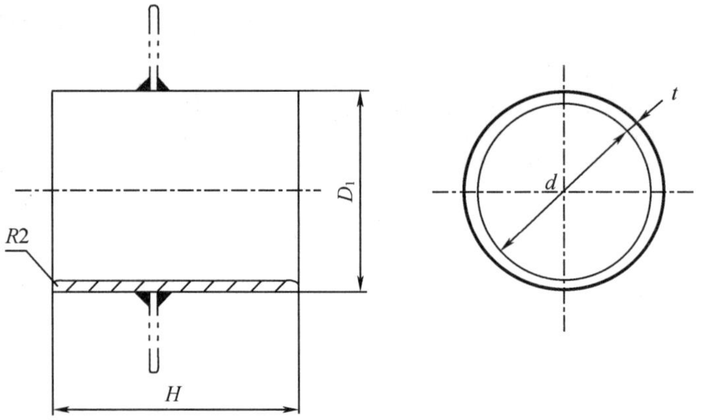

图 3-4-1　YK 型电缆框

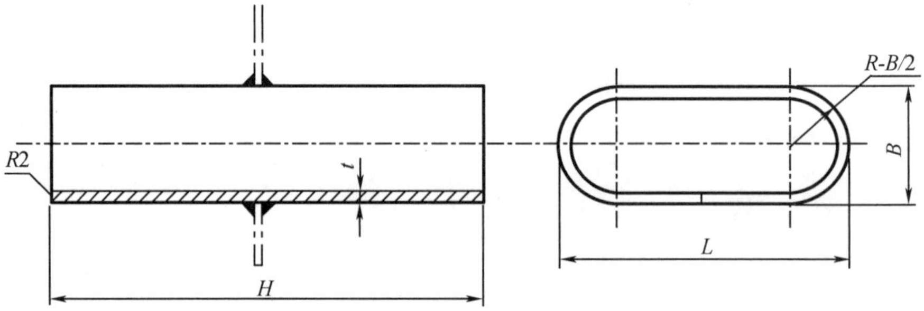

图 3-4-2　TK 型电缆框

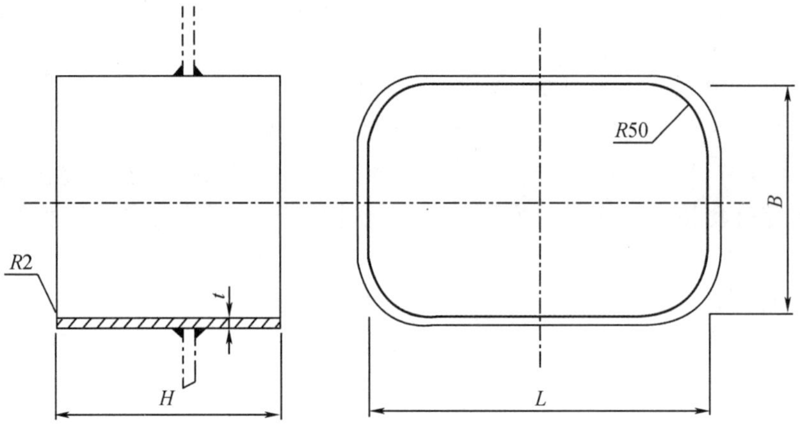

图 3-4-3　FK 型电缆框

如图所示,YK 型电缆框为圆形,TK 型电缆框为椭圆形,FK 型电缆框为长方形且四角为圆角。YK 型电缆框主要用于较少电缆束通过横梁纵骨及非水密舱壁;TK 型和 FK 型电缆框主要用于保护电缆束通过横梁纵骨及非水密舱壁,可容纳较多电缆的电缆束。这三种型号的电缆框通常用如图 3-4-4 的方式进行表示。

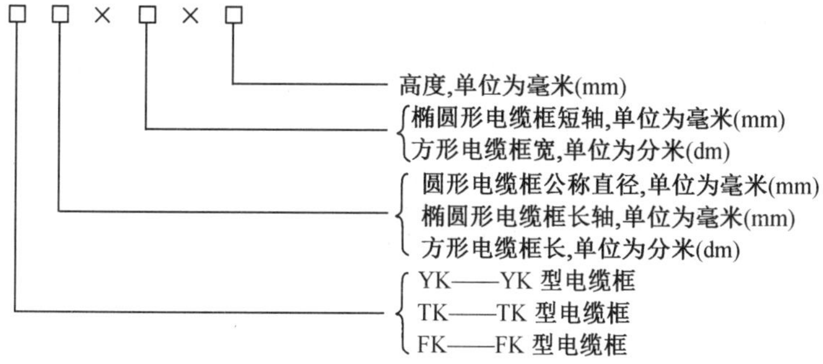

图 3-4-4　电缆框的型号含义

2. 电缆衬套装置

电缆衬套按照其结构可以分为 A 型电缆衬套和 B 型电缆衬套,如图 3-4-5 所示。当电缆穿过木制等非水密隔壁或金属电缆管时采用 A 型电缆衬套,当电缆穿过非水密隔壁时用 B 型电缆衬套,电缆衬套的表示方法如图 3-4-6 所示。

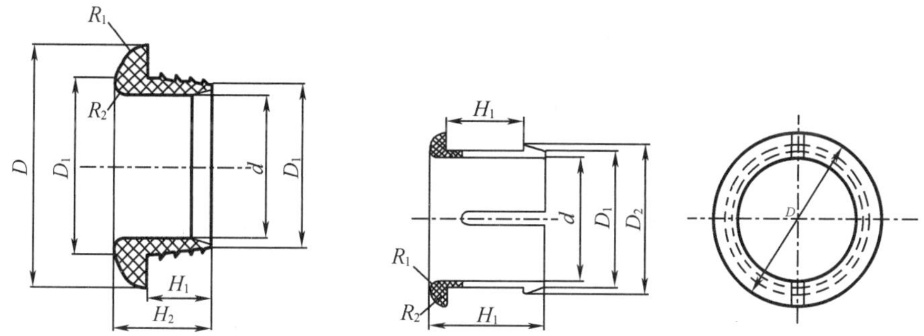

(a)A型电缆衬套　　(b)B型电缆衬套

图 3-4-5　电缆衬套的结构形式

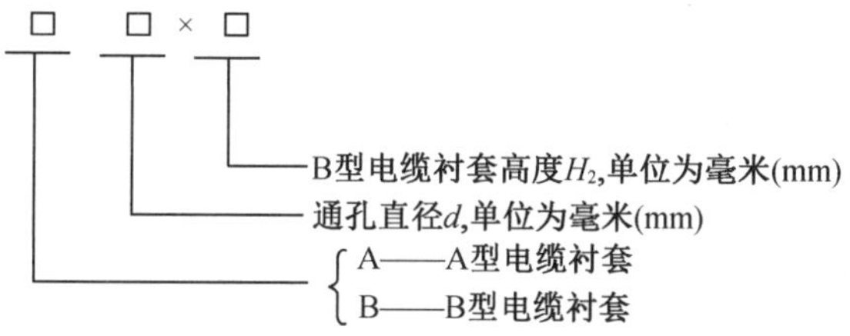

图 3-4-6　电缆衬套的表示方法

3. 填料函

填料函按照其结构形式和安装方式可以有很多种形式,但是按照其使用方式来分,可以分为单填料函和管式填料函。

单填料函是单根电缆穿过水(气)密隔舱壁或甲板时所使用的贯穿件,其主要由填料函帽及填料函座组成,规格需根据电缆直径进行选择,其结构如图 3-4-7 所示。

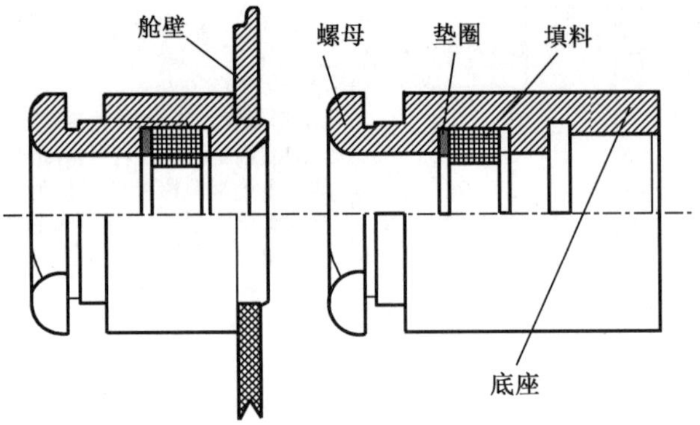

图 3-4-7　单填料函结构

4. 电缆管

电缆管按照结构可以分为 AG 型电缆管和 BG 型电缆管，如图 3-4-8 所示。其中与填料函配合使用的电缆管为 AG 型电缆管，用于保护单根电缆穿过水密和防火甲板；与 B 型电缆衬套配合使用的为 BG 型电缆管，用于保护单根电缆穿过非水密甲板。

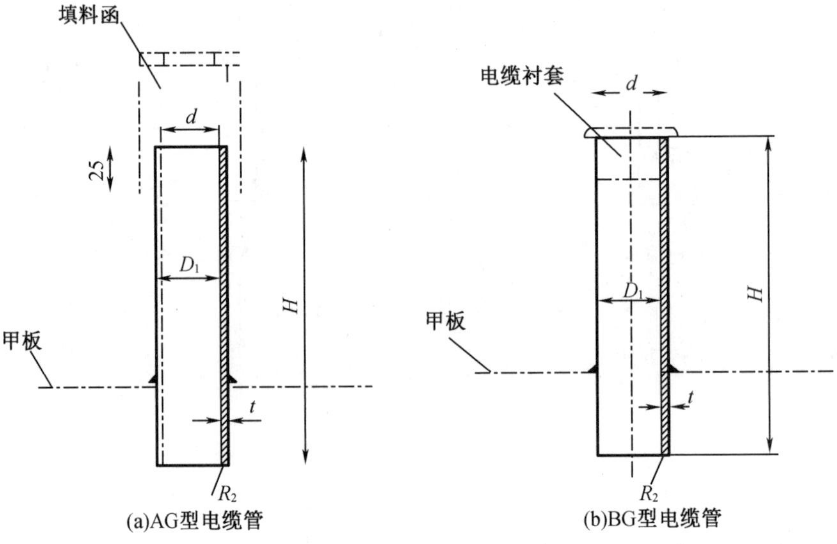

图 3-4-8　电缆管形式（单位：mm）

5. 电缆筒

电缆筒由钢板制成，按其结构可分为 MT 型电缆筒和 HT 型电缆筒，如图 3-4-9 所示。这两种形式的电缆筒主要是安装形式存在差异，其中 MT 型电缆筒为铆接式，HT 型电缆筒为焊接式。

两种电缆筒用填料密封后，MT 型电缆筒可用于保护电缆束穿过铝制水密或防火甲板；HT 型电缆筒可用于保护电缆束穿过水密或防火甲板。电缆筒在长度和宽度方面种类很多，但是从高度上来说只分为三种，$H=200$ mm、$H=250$ mm 和 $H=450$ mm，其中 $H=450$ mm 的电缆筒主要用于室外和穿过甲板的主干电缆束通路上。

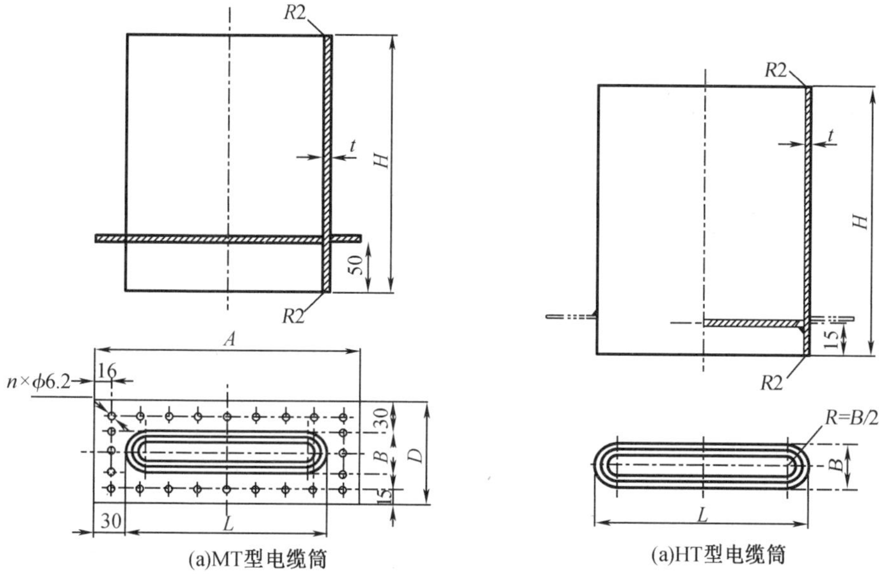

图 3-4-9　电缆筒形式(单位:mm)

6. 灌注式电缆框

灌注式电缆框按其结构可以分为 AH 型灌注式电缆框、BH 型灌注式电缆框以及 CH 型灌注式电缆框三种,如图 3-4-10 所示。

如图所示,AH 型灌注式电缆框为圆形,BH 型灌注式电缆框为椭圆形,CH 型灌注式电缆框为方形。三种电缆框用填料密封后均用于保护电缆束穿过水密或防火舱壁,其中圆形 AH 型灌注式电缆框适用于较少电缆束穿过水密或防火舱壁。其表示方法如图 3-4-11 所示。

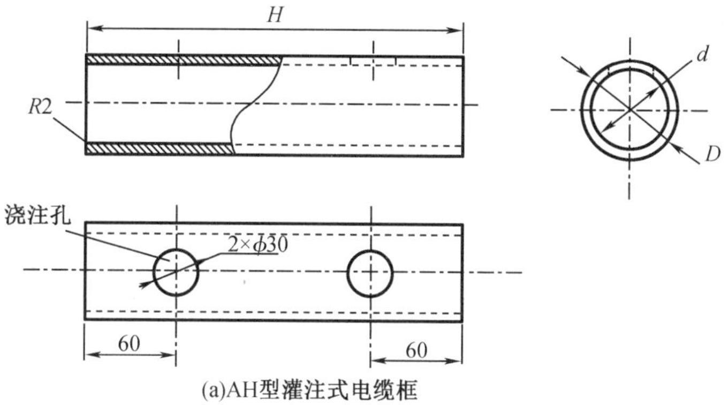

图 3-4-10　灌注式电缆框结构(单位:mm)

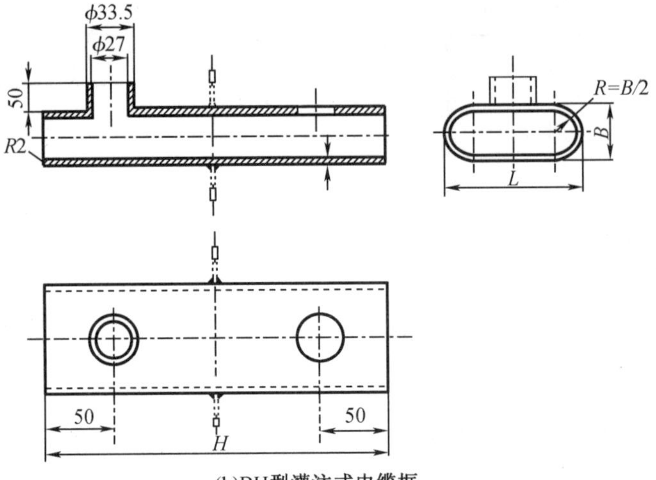

(b)BH型灌注式电缆框

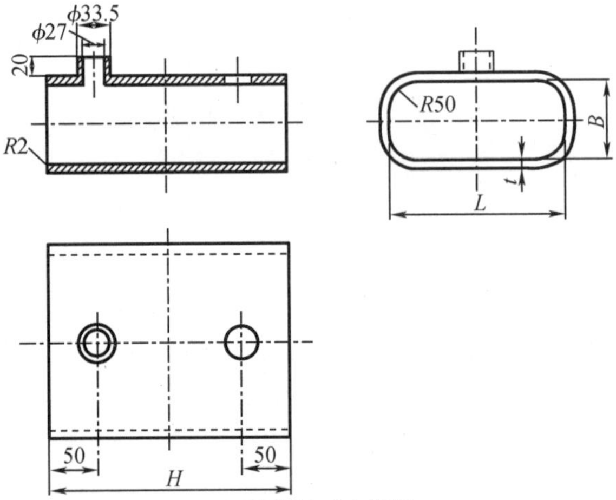

(c)CH型灌注式电缆框

图 3-4-10(续)

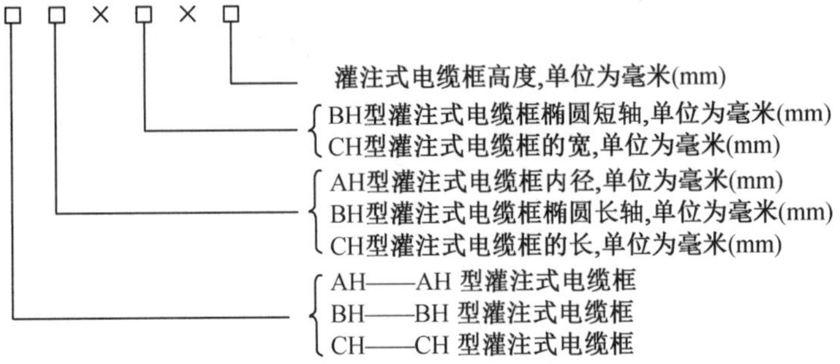

图 3-4-11 灌注型电缆框表示方法

7. 模块式电缆密封装置(简称 MCT)

MCT 是一种新型的电缆贯穿件,是瑞典 ROXTEC 和 LYCKEABORGS 公司的产品,是一种积木式的电缆填料盒。它是一种电缆通过水密舱壁或甲板上的贯穿框体,在电缆间嵌塞以标准型的橡胶填块,然后拧紧螺栓,填块受压使电缆间隙得到密封。它具有防水、防火、气密和隔音等功能,方便拆卸,便于增设和更换电缆,其结构如图 3-4-12 所示。

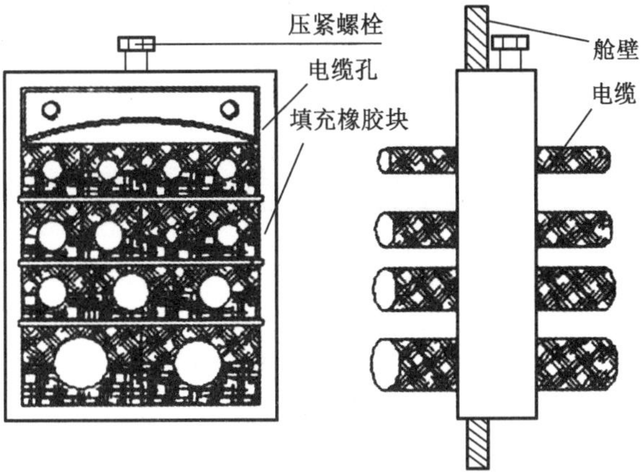

图 3-4-12　模块式电缆密封装置

8. 电缆贯穿件的使用

电缆贯穿件可以按照水密性能进行分类，那么其在使用时也同样按照水密性能进行使用，可以分为电缆穿过非水密金属舱壁和船体结构、电缆穿过水密舱壁、电缆穿过甲板三种。

（1）电缆穿过非水密金属舱壁和船体结构

电缆穿过非水密金属舱壁和船体结构时，按照电缆贯穿件的特点，应选用电缆框或衬套，其安装形式如图 3-4-13 所示。

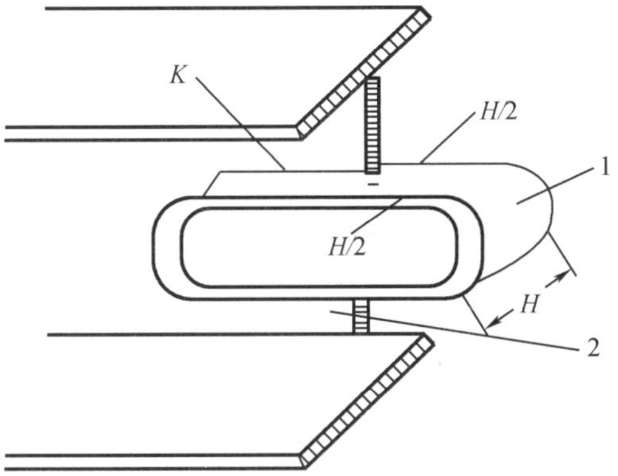

1——电缆框；2——船体构件。

图 3-4-13　电缆框或衬套的安装形式

（2）电缆穿过水密舱壁

电缆穿过水密舱壁时，按照电缆贯穿件的特点，若为单根电缆可以选用填料函，若为多根电缆可以选用灌注式电缆框，其安装形式如图 3-4-14 所示，也可以使用 MCT 模块，其安装形式如图 3-4-15 所示。

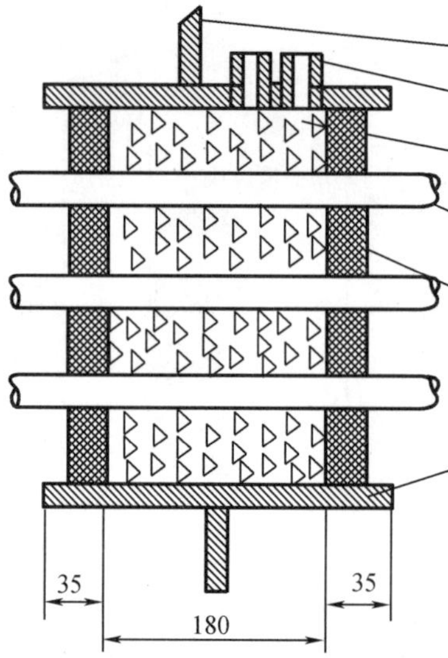

1—舱壁;2—浇冒口;3—无机填料;4—电缆;5—速固填料;6—填料盒本体。

图 3-4-14 灌注式电缆框安装形式(单位:mm)

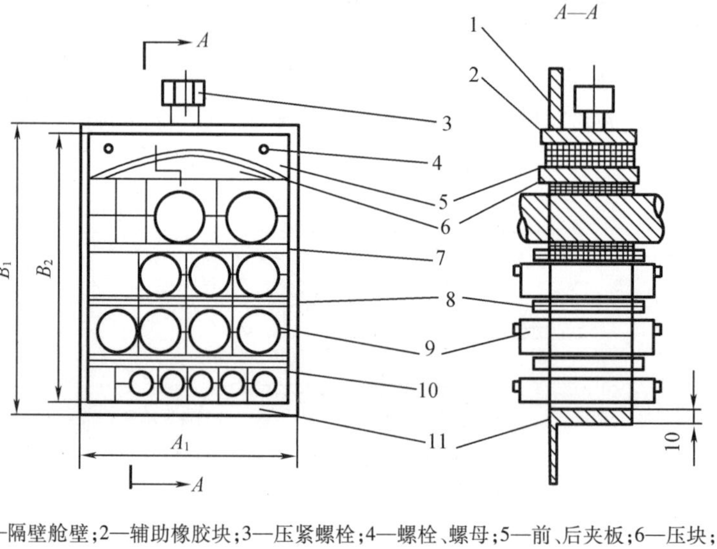

1—隔壁舱壁;2—辅助橡胶块;3—压紧螺栓;4—螺栓、螺母;5—前、后夹板;6—压块;
7—填充橡胶块;8—隔板;9—电缆;10—橡胶块;11—填料盒壳体。

图 3-4-15 MCT 安装形式

(3)电缆穿过甲板

电缆穿过甲板时,可设置电缆管、电缆筒等。其中电缆筒的安装形式如图 3-4-16 所示。

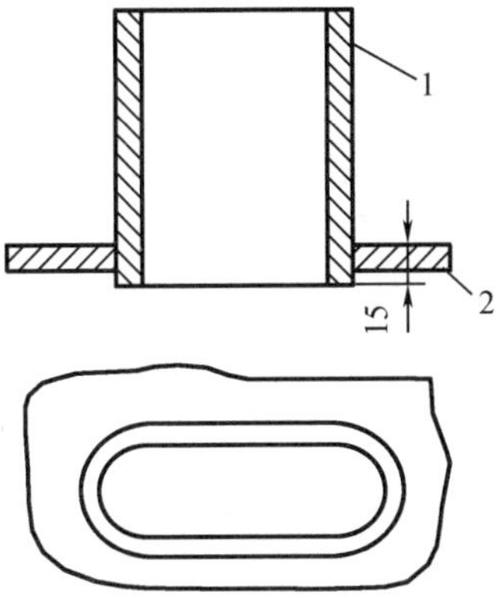

图 3-4-16　电缆筒的安装形式(单位:mm)

电缆筒安装时,其安装高度室内不得低于 200 mm,室外不得低于 400 mm。若电气设备的进线高度小于该尺寸,则可不受此限制。并且在电缆筒的端部需用填料封闭,以防杂物掉入和电缆松动。

二、电缆贯穿件的密封阻燃

电缆通过贯穿件穿过有水密、防火要求的场所时除需要保证原有船体的结构强度,还应进行密封从而保证船体结构的水密性和防火性均满足原设计要求。因此在船舶贯穿件施工完成后,待电缆敷设完毕后,还应对贯穿件进行密封处理。

1. 防火区域划分及防火等级

根据《1974 年国际海上人命安全公约》(SOLAS)及 1981 年和 1993 年的修正案的要求,规定了船舶结构的防火等级和形式,把不同船舶类型、不同船舶部位划分为 A、B、C 三级耐火程度,A 级划分四等,B 级划分二等,C 级不分等。在《钢质海船入级规范》中,对耐火分隔级等分别给出了定义。

(1)A 级分隔

A 级分隔的结构应在一小时的标准耐火试验至结束时,能防止烟和火焰通过,并且应用的不燃材料隔热,使在下列时间内,其背火一面温度较原温度增高不超过 139 ℃,且在任何一点,包括任何接头在内的温度较原来不超过 180 ℃。

A-60 级:60 min;

A-30 级:30 min;

A-15 级:15 min;

A-0 级:0 min。

(2)B 级分隔

B 级分隔的结构应在最初半小时耐火试验至结束时,能防止火焰通过,并且应具有这样的隔热等级,使在下列时间内,其背火面的平均温度较原温度不超过 139 ℃,且在任何一点,包括任何接头在内的温度较原温度不超过 225 ℃。

B-15 级:15 min;

B-0 级:0 min。

(3)C 级分隔

C 级分隔采用认可的不燃材料,即材料通过规定的试验程序,加热至约 750 ℃时,既不燃烧，也不发出足量的造成自燃的易燃气体材料，并且不需要满足防止烟火通过及限止温升的要求。

当电缆穿过这些防火分隔时，电缆贯穿件的形式应能符合该防火分隔的相应等级，其所采用的填料应具有验船部门的形式认可证书，所有电缆的水密贯穿件应符合密性检测的要求，因此电缆贯穿件的密封显得尤为重要。

2. 电缆贯穿件的密封施工

(1)采用无机浇注式填料进行电缆密封

DMT-W 型无机填料灌注要求：

①防水防火舱壁和甲板的电缆筒、电缆框要一面满焊。

②DMT-W 型填料由 A 组分(粉状)与 B 组分(溶液)组成，施工时，将 B 组分倒入 A 组分，调配比例为 6:4(质量比)，调匀后使用。

③在灌注前应清洗电缆筒并放好电缆。

④在灌注前先将 PD100 膨胀堵料(片状)塞于电缆筒的底部(垂直筒)或电缆框两端封堵电缆与电缆的空隙，然后喷洒配套的阻燃促进剂，待膨胀块完全膨胀后(约 30 min)，方可灌注 DMT-W 型填料。

⑤灌注前要检查电缆是否已用膨胀堵料分开，电缆之间的距离为 5~8 mm，电缆距贯通件内壁为 8~10 mm，满足要求后，灌注 DMT-W 型填料。

⑥DMT-W 型填料调配好的混合液在环境温度 20 ℃左右时，应在 15 min 内灌完，时间过长会凝固。

⑦施工的环境温度为-5~40 ℃。

在进行施工时，首先进行填料的配置，即将 A、B 两个组分按照 6:4的质量比进行调配，然后将配好的填料在 15 min 内用完，否则配料将在 30 min 内固化而不能使用。在进行电缆贯穿件的灌注时可以采用自流法，也可以采用加压法进行灌注，其中加压法灌注时，压力需保持在 0.05 MPa 左右，否则压力过大容易造成喷溅。

(2)RISE A-60 耐火密封

RISE 是一种新型填料，相对于无机填料而言，这种密封方式操作简单便于后期检修，因此是目前使用较多的一种电缆密封方式。

如图 3-4-17 所示为采用 RISE 填充电缆筒贯穿舱壁或甲板的形式。

采用 RISE 进行电缆筒的封堵时需要遵循一定的工艺原则：

①电缆随意穿过电缆筒，但不能拉敷太紧，以免妨碍后续的电缆分离工作。

②所有电缆拉放完后，每根电缆套上相应的橡胶套管，推入电缆筒内，要求套管距电缆筒两端各 20 mm 距离。

③电缆筒内剩余空间用 27/19 和 18/12 的空套管填充，将套管推入电缆筒内，套管距电缆筒两端各 20 mm 距离。

④清除电缆筒两端及电缆表面的灰尘和油渍等脏物。

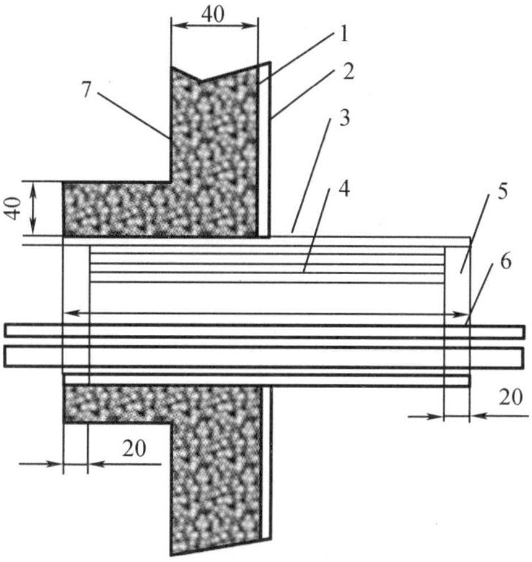

1—硅酸铝毡;2—舱壁或甲板;3—电缆筒;4—RISE 空橡胶套管;5—FIWA 密封胶;6—电缆;7—玻璃丝布。

图 3-4-17　RISE 填充电缆筒贯穿舱壁或甲板的形式(单位:mm)

⑤电缆筒两端填充 20 mm 厚的 FIWA 密封胶。注意电缆与电缆之间一定要注满密封胶。

⑥由于部分密封胶会被挤入空套管内,因此要用 FIWA 密封胶(被认可型)适当过量填充电缆筒。

⑦在密封胶表面喷洒肥皂水,避免施工时粘连工具。

⑧用油灰刀将密封胶压入或用抹布喷上肥皂水沾压电缆筒两端的密封胶,确保电缆筒内密封胶均匀填充,表面平整。

⑨为了保证气密、水密,用抹刀将电缆间的密封胶压紧、抹平,电缆周围必须注满密封胶并压实。

⑩对于竖向贯穿的电缆,为防止橡胶套管下滑,可选用套管内径比电缆外径稍小的套管,或将填充橡胶套管相互勾连成一束后再填充。

后加电缆施工方法:用刀在电缆筒两侧切掉密封胶,切口要有锥度;后加电缆穿过空心套管或将套管取出穿过电缆后再加上套管;电缆筒两侧切口重新填满 FTWA 密封胶,压紧、抹平。

(3)采用 ROX 模块进行安装

ROX 模块安装需要按照每条船所设计的电缆密封筒图册选用模块。在安装前需检查该贯穿筒电缆根数是否与密封筒图册所标的相应筒电缆数量、规格相同,确认相同后,方可进行模块安装。ROX 模块的安装主要包括 ROX 配套模块的安装和 ROX 顶部紧固套件的配套安装两大部分。其具体操作视频大家可以扫描如下二维码进行观看。

3. 电缆穿过防火舱壁的贯通形式

如前所述,防火隔壁分为 A 级、B 级和 C 级,其中穿过 A 级和 B 级防火分隔时需要采取相应的措施。

A-0 级防火甲板的贯通密封形式如图 3-4-18 所示。穿过 A-60 级防火分隔的贯通形式主要有两种,分别为浇注式和 MCT 式,如图 3-4-19 所示。

微课　船舶电缆密封实例

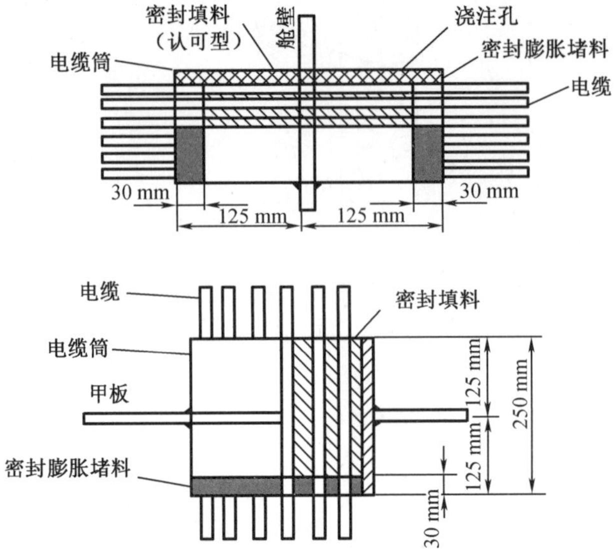

图 3-4-18　**A-0 级防火甲板的贯通与密封图**

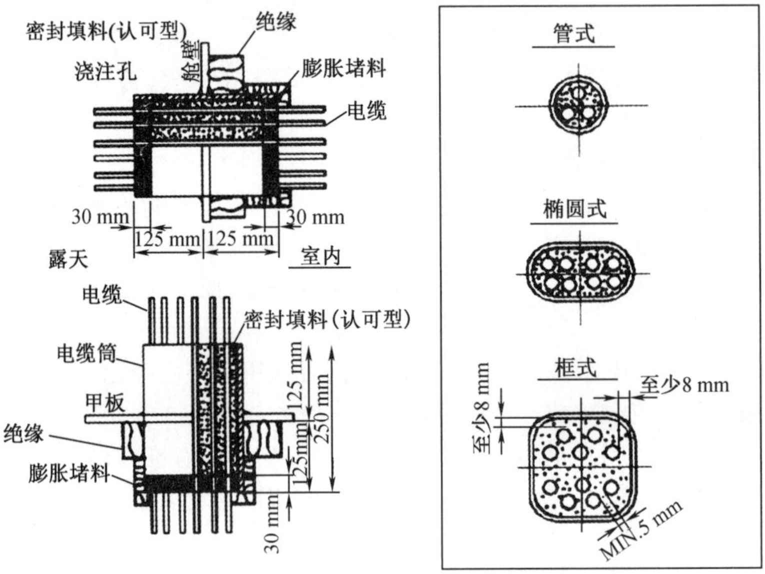

(a)浇注式A-60级防火甲板的贯通与密封

图 3-4-19　**A-60 级防火甲板的贯通与密封图**

注:认可型密封填料应用于 A-60 级电缆贯通。

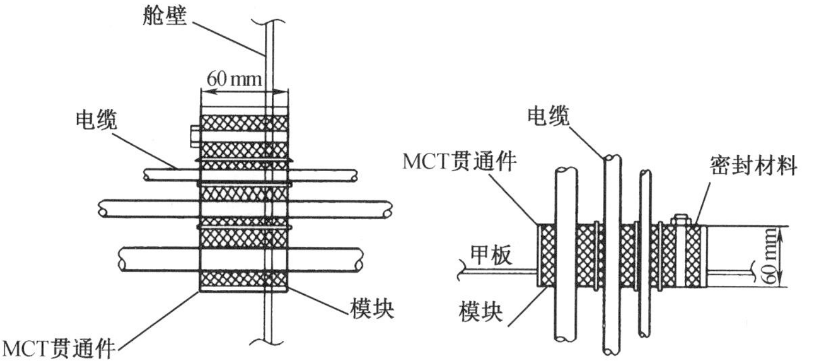

(b)MCT式A-60级防火甲板的贯通与密封

图 3-4-19(续)

穿过 B 级防火甲板的电缆贯通如图 3-4-20 所示,通常电缆框可用电缆束穿过 B-15 级以上的防火分隔处的垂直电缆贯通。但在围井区为防止油浸常用电缆筒代替电缆框。

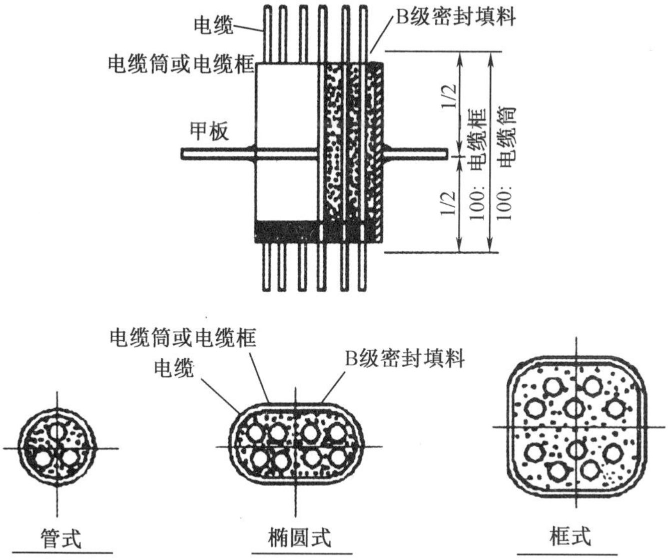

图 3-4-20　B 级防火甲板的贯通与密封图

当电缆贯通件完成密封后还需要对其密封效果进行相应的检测,应能满足 12 h 海水浸入不溶解,以及相应的压力、温度试验,待试验完成后方可确认电缆贯穿密封是否符合要求。

任务实施

任务名称:船舶电缆贯穿件的选择及密封

一、目的

1. 明确船舶电缆贯穿件的种类。
2. 正确选用电缆贯穿件。
3. 明确电缆贯穿件的密封方法。

二、实训条件准备

1. 电缆敷设图。
2. 电气设备安装图。
3. 防火区域划分图。

三、项目内容及要求

船舶电缆贯穿件的选择及密封任务见表 3-4-1。

表 3-4-1　船舶电缆贯穿件的选择及密封任务

任务	考核内容及要求
船舶电缆贯穿件的选择及密封	根据电缆敷设路径中船舶电缆需要穿过的船体结构对如下电缆贯穿件进行合理选择: 1. 电缆框及衬套 2. 填料函 3. 电缆管 4. 电缆筒 5. 灌注型电缆盒 6. MCT
	根据电缆穿过船体构件情况进行贯穿件的封堵: 1. 确定电缆贯穿形式 2. 确定船体舱壁的防火等级 3. 正确进行电缆贯穿件的封堵

四、项目评价

船舶电缆贯穿及密封作业评分表见表 3-4-2。

表 3-4-2　船舶电缆贯穿及密封作业评分表

任务编号：　　　　　　　　　　　组号：　　　　姓名：　　　　总分：

考核任务	考核内容	分值	评分标准	得分	备注
船舶电缆贯穿件的选择和密封	依据电缆敷设路径中穿过的船体结构选择合适的电缆贯穿件，每人选 5 处	50 分	电缆贯穿件的选择： 1. 选择依据分析错误，每处扣 1 分； 2. 电缆贯穿件的选择错误，每处扣 2 分。 电缆贯穿件密封： 1. 电缆贯穿形式错误，每处扣 2 分； 2. 未能正确判断船体结构的防火分隔等级，每处扣 2 分； 3. RISE 填料识别错误或使用不当，每处扣 2 分； 4. ROX 操作不当，每处扣 2 分		

知识拓展

一、船体构件开孔原则

为了合理地布置电缆，充分利用舱内空间，电缆线路难免要穿过船体构件，这无疑会影响船体的结构强度。为保证船舶的安全性，要求在船体构件上不开孔、少开孔、开小孔、不开直角孔；如必须开大孔且又影响到船体构件的强度时，则应采取相应的补强措施，以达到船体构件的原强度。

1. 禁止开孔的区域

船体构件上禁止开孔的区域，主要包括如下几个区域：

①梁或桁与肋骨等交叉的开口处，梁或桁端部的肘板处，如图 3-4-21(a)所示。

②扶强材、肘板及其上面的折边区处，如图 3-4-21(b)所示。

③支柱的上部横梁附近，如图 3-4-21(c)所示。

④支柱的下部构件如肘板、纵桁等处，如图 3-4-21(d)所示。

⑤舱口部位、机座的卷边等处。

除以上区域外，为了保证电缆通道的连续畅通，电缆构件上可以进行开孔，但是需要遵循一定的原则。

2. 船体构件开孔原则

开孔的形状一般应为圆形，若为其他形状，则至少应为圆角，以防止应力集中。当设置电缆框、电缆筒或电缆管时，孔的大小应与所选定的电缆贯穿件相配合，不宜过大。

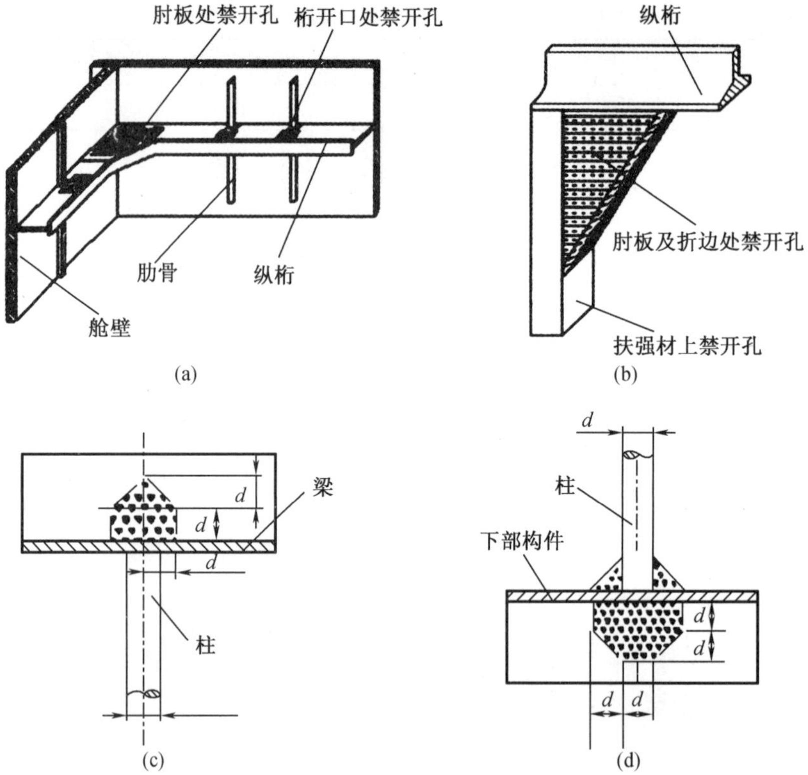

图 3-4-21　船体构件上禁止开孔的区域

(1)在横梁、肋骨及纵绗上开孔

在横梁、肋骨及纵桁上开孔如图 3-4-22 所示，开孔的基本要求如下：

①若在相邻的肋(纵)骨间开若干个长为 $l_1,l_2,l_3,l_4\cdots$ 的孔时，则各孔应沿梁长度方向分散布置；且开孔总长度 $l_1+l_2+l_3+l_4+\cdots\leqslant 0.5L$，开孔高度 h_1、h_2、$h_3\cdots\leqslant 0.5H$。

②开孔位置应靠近甲板，即 $H_1\leqslant 0.5H$。

③相邻两孔边线距离 $b>0.5(L_a+L_b)$。

④孔边与肋骨开口处距离 $a>0.2L$。

⑤梁的两端及与纵梁连接处的开孔，应符合：$d\leqslant 1/8H$，$a\geqslant 3dH_1\leqslant 1/3H$，如图 3-4-22(b)所示。

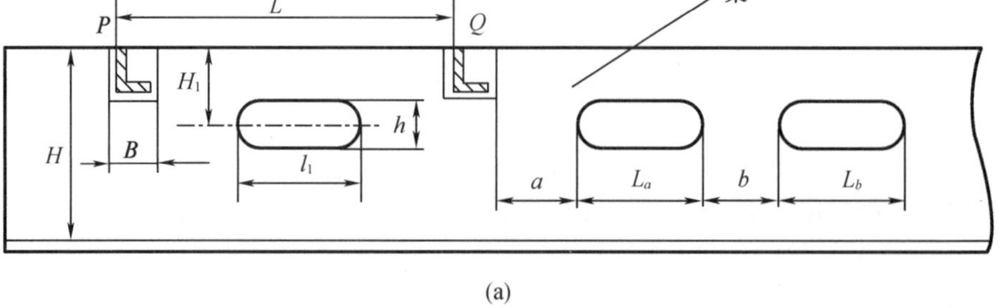

图 3-4-22　在横梁、肋骨及纵绗上开孔

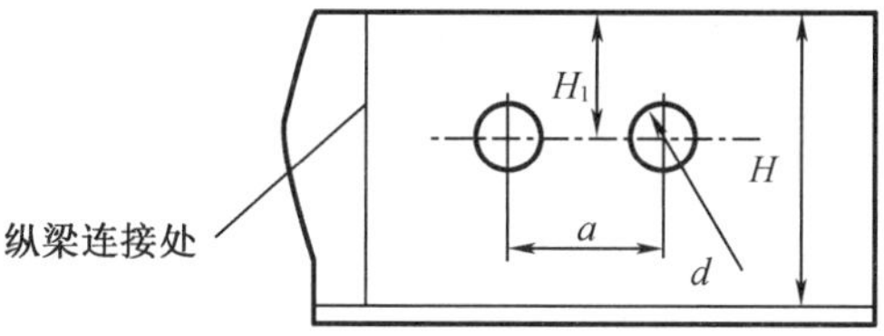

(b)

图 3-4-22(续)

(2)在甲板上开孔

①开孔形状应为腰圆形、椭圆形或圆形,以减少应力的集中。

②开孔方向:腰圆形或椭圆形开孔的长轴尽可能沿艏艉线方向,开口长宽比大于 2,以减少沿船宽方向的开孔宽度。

③在船长的船舯强力甲板上开孔:船宽方向开孔尺寸之和≤货舱口至船边距离×6%。

④在非强力甲板上开孔:

a. 腰圆形或椭圆形孔:船宽方向开孔尺寸之和≤货舱口至船边距离;

b. 圆形孔:船宽方向开孔尺寸之和≤货舱口至船边距离×6%。

二、在船体构件和甲板上开孔的强度补强

在船体构件或甲板上开孔时,若不能符合上述开孔原则,则需在征得船体主管部门同意后方可实施,且开孔尺寸不超过规定的极限值。例如,在船体构件上开孔尺寸如图 3-4-23 所示,船体构件(横梁、肋骨、纵桁等)上开孔的极限值应满足如下要求:

①$B \leqslant 70\% \cdot h$,②$h_1 \geqslant 10\% \cdot h$,③$h_2 \geqslant 20\% \cdot h$。

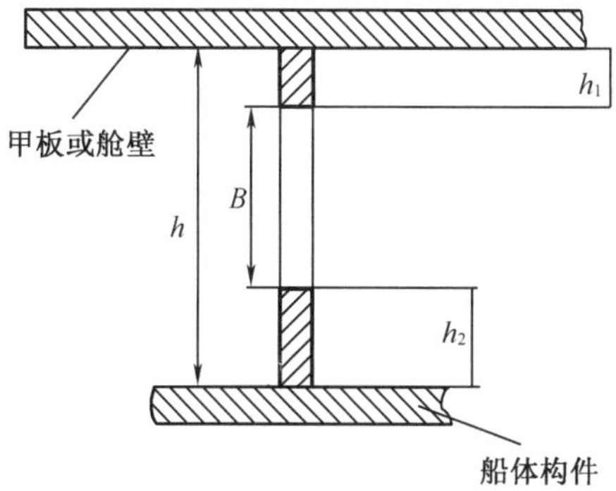

图 3-4-23　在船体构件上开孔尺寸

此时必须在开孔处设置补强框或补强复板,并应符合下列要求:

①钢板厚度≥被开孔的船体构件或甲板的厚度。

②补强框(垂直于腰圆孔平面)的高度≥所开腰圆孔的宽度。

③补强复板(沿腰圆孔短轴)的有效宽度之和≥所开腰圆孔的宽度。

④补强框和补强复板材料的强度应不低于被开孔的船体构件或甲板的材料强度。

⑤补强框应单面连续焊接,补强复板应在其内、外圈连续焊接。

⑥开孔处所用的电缆管、电缆框或电缆筒等若能满足上述要求,则可不再另设补强框或补强复板。

项目四

船舶电气设备接线作业

德育启迪

2021年江苏大工匠|黄勇华:为海上巨轮装上“大脑”与“眼睛”

新江苏·中国江苏网记者　李梦迪

“现已离港200海里,一切正常,可以开始海试!”浩瀚大海上,31.5万t VLCC(超大型油轮)正在进行正式投入运营前的最后测试。31.5万t的油轮是什么概念?其体量约等于一艘航母的3~5倍。

1980年,黄勇华出生在南通,在港口旁长大的他常常看到一艘艘巨轮驶进驶出,“这么大的船,要怎么在海上开?坐上这大船是什么感觉?”少年的脑袋里生出许多好奇与向往。

2010年,还在南通职业大学读电气自动化的黄勇华,经过层层选拔,成为南通中远川崎船舶制造有限公司的一名布线技术员实习生。

彼时,船舶设计图纸都是从国外引进全英版本,上面密密麻麻的专业词汇和名词缩写让不少新手打了退堂鼓,“虽然在学校也学了一些,但一开始真的是摸不着头脑,但我知道这是进入专业领域一定要过的门槛。”黄勇华没有退缩,不懂的词就圈出来逐个查询标注,有时还要向老师傅请教,方能把图纸和零件一一对应上。经过三年努力,他成长为部门里的技术小能手。

2004年,集团组织技术大比武,选手都是有着十年二十年工作经验的“老手”。“我觉得我也能行!”勤学善钻的黄勇华凭着初生牛犊不怕虎的胆量毛遂自荐,一举夺得比赛第

二名。

在船舶舾装阶段，排线接线、拉电缆……是对脑力和体力的双重考验。到了夏天，船舱里温度高，穿着工装鞋在甲板上走，热度透过厚厚的胶底传到脚心，黄勇华和工友们却能苦中作乐。"有一次我们在甲板打了一个鸡蛋，十几秒就直接煎熟了，虽然很辛苦，但能跟兄弟们一起干活，还是觉得充满了干劲儿。"

见解独到、思路精准的黄勇华常常能最快发现系统中的问题出在哪里。因为业务水平过硬加上沟通能力强，2010 年起黄勇华行代职场长职责，2014 年被正式任命为南通中远海运川崎制造本部舾装部电装科船体职场长，成为全公司最年轻的，也是唯一一位"80"后职场长，负责保障船舶通信导航系统。

通信导航系统是一艘轮船的"眼睛"和"大脑"。行驶在汪洋大海上，目之所及皆为湛蓝。目的地在哪，要开到什么速度最节能，都依赖通信导航系统，一旦哪里出了问题，巨轮就会失去方向，船员们的安全也会失去保障，黄勇华的工作就是为整艘轮船的安全保驾护航。

在一次整船系统调试中，团队发现一旦有强电流进入，就会有报警信号进入黑匣子，负责定位的罗经信号受到干扰成了轮船的安全隐患。成千上万的零件，让老师傅们无从下手，连请来的外国工程师也没有发现问题所在。这时，黄勇华指出，"既然零件都没有问题，那会不会是距离的原因?"原来，在原始图纸上，船载航行数据记录仪（VDR）内接触器与芯片设计距离较近导致罗经的信号被干扰，这才让轮船没了"方向感"。

2017 年，南通中远海运川崎开始建造国内首艘 2 万标箱集装箱船。由于此船为国内首制，且预定的舾装周期非常短，在中国乃至世界造船史上堪称绝无仅有。作为船舶电气的安装和调试方面现场总担当，他没有退缩，而是与设计、制造相关人员反复研讨，攻坚克难、呕心沥血打出一套组合拳，圆满完成施工任务。

随着船舶大型化、多功能化和节能化的发展，对船舶电力系统的要求越来越高。2.4 万箱超大型集装箱船正在建造，黄勇华继续探索新的领域，发掘有效的智能设备助力船舶绿色"智"造。"小时候梦想着能坐一坐巨轮，没想到现在能亲手参与建造三百多艘这样的轮船，为中国的船舶建造贡献一份自己的力量。"

（原载于 2022 年 4 月 30 日新江苏 · 中国江苏网）

知识目标

1. 掌握电缆引入设备的形式和工艺要求。
2. 掌握电缆切割、标记和包扎方法、工艺要求。
3. 掌握电缆接线方法和步骤。

能力目标

1. 能够完成电缆切割、标记和包扎作业。
2. 能够完成电缆接线作业。

任务一　电缆引入设备

任务描述

微课　船舶电气设备接线——船舶电缆的引入和切割

船舶电气设备接线作业是按照船舶电力系统图与接线图，对船舶电缆引入设备的形式和工艺要求，电缆的切割、标记及线芯包扎，电缆引入设备的方法，电缆纵向密封施工等工序的介绍。船舶电气设备接线作业是利用电缆将用电设备与船舶供电系统连接在一起，因此，接线工艺直接影响用电设备工作的性能，是保证船舶电气设备正常工作的前提，同时也是船舶电工施工中重要的环节。通过本任务的学习，大家完成以下几个任务：

1. 说出三种电缆引入设备的形式；
2. 说出三种电缆引入设备的方法；
3. 简述电缆引入设备的工艺要求。

相关知识

一、电缆引入设备的形式

1. 电缆引入设备的分支形式

根据电气设备的安装方法、设备进线孔位置、电缆线路的方向及电缆的型号、规格和数量，电缆引入设备主要包括扇形分支、隐扇形分支和混合分支方法。

(1)扇形分支

如图 4-1-1 所示为电缆引入设备的扇形分支法。采用此方法时，电缆线路的方向正对于设备的进线孔，电缆布置的形状像一把扇子。因为这种方法电缆所占的地方易受损伤，所以应尽量避免采用。

(2)隐扇形分支

如图 4-1-2 所示为电缆引入设备的隐扇形分支法。采用此方法时，电缆线路的方向与设备进线孔的方向相反。这种方法电缆在设备的背面，走向隐蔽、美观，占地面积小，不易被碰伤。这种方法是在电缆敷设好后再安装设备，同时设备与舱壁之间有一定的距离。要保证电缆通过和弯曲半径≥$4d$，这种方法用得比较多。

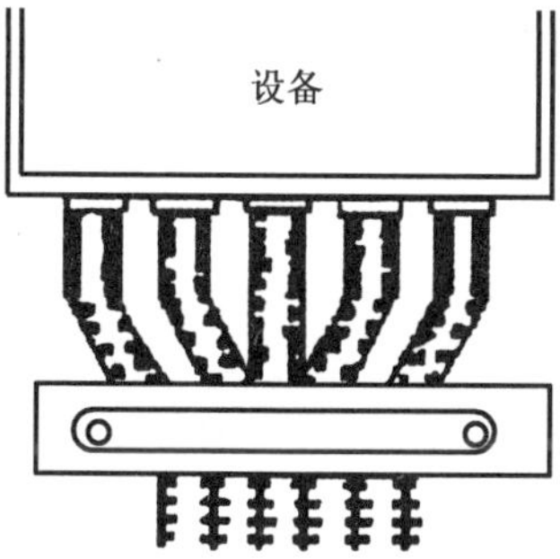

图 4-1-1　扇形分支

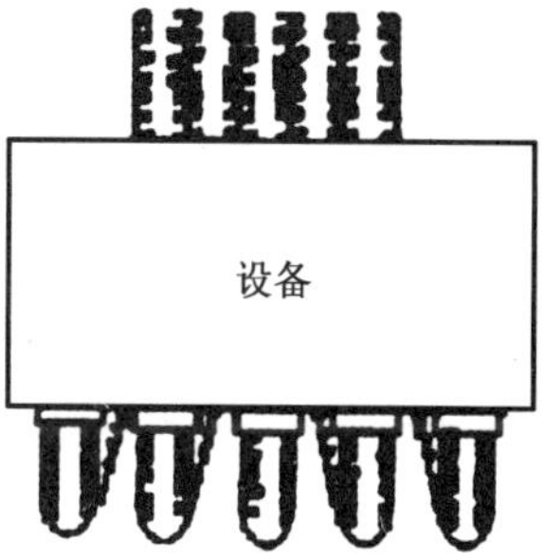

图 4-1-2　隐扇形分支

这种方法还有一种形式是暗式走线引入设备。多根电缆形成一个隐扇形分支，电缆从木封板通过孔引出来。首先根据电缆的外径选好塑料衬套，再根据衬套的外径在木封板上选择好电缆进入设备的距离，按前面的工艺要求钻好孔，将电缆从木封板通过孔引出来，套上相应的塑料衬套插到木封板上。单根线也可这样进行施工。目前船上驾驶室后壁设备的安装引入电缆都入采用此工艺。设备有的是通过木螺丝直接固定在木壁上，重的设备有的通过木封板内加强木方进行固定，如图 4-1-3 所示。

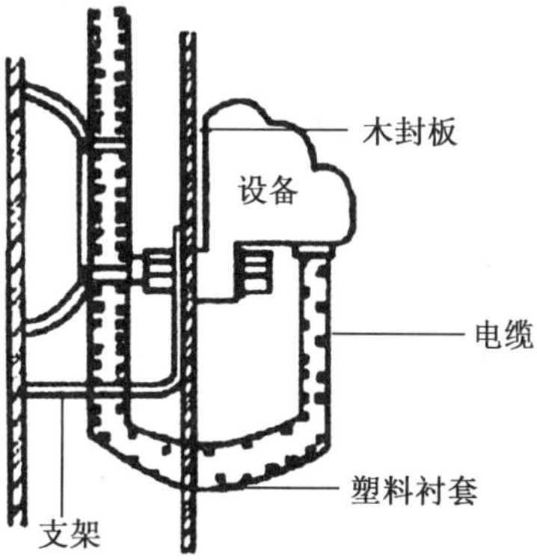

图 4-1-3　暗式走线固定方式

(3)混合分支

设备的填料函不但向下有分支,侧边也有分支,再根据电缆线路的方向结合上述方法混合使用,如图 4-1-4 所示。

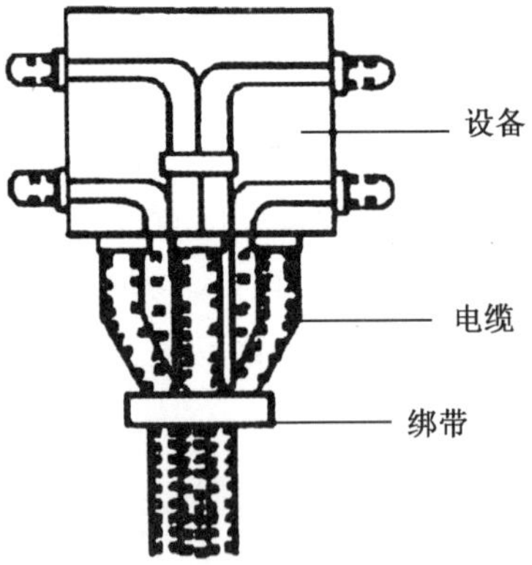

图 4-1-4　混合分支

不同分支方法特点见表 4-1-1。

表 4-1-1　不同分支方法特点

序号	分支方法	特点
1	扇形分支	• 电缆线路方向正对于设备进线孔 • 电缆易受损伤 • 谨慎采用
2	隐扇形分支	• 电缆线路方向与设备进线孔方向相反 • 敷设在设备背面,走向隐蔽、美观 • 占地面积小,不易被碰伤 • 要求电缆通过和弯曲半径≥4d
3	混合分支	• 分支方法灵活,按需敷设

2. 电缆引入设备的方法

(1)直接引入

直接引入法如图 4-1-5 所示,此种方法适用于电缆的芯线截面较大、硬度大,在短距离内弯曲比较困难时。这种方法要求设备的进线孔与电缆在同一直线上。

(2)不完全“S”形引入

不完全“S”形引入法如图 4-1-6 所示。当设备的进线孔与电缆在与舱壁垂直的同一平面上,而两者中心线距离小于电缆弯曲半径的两倍时,采用不完全“S”形引入。

(3)完全“S”形引入

完全“S”形引入法如图 4-1-7 所示。当设备的进线孔中心线与电缆中心线间距离为电缆弯曲半径的两倍以上时,采用完全“S”形引入。

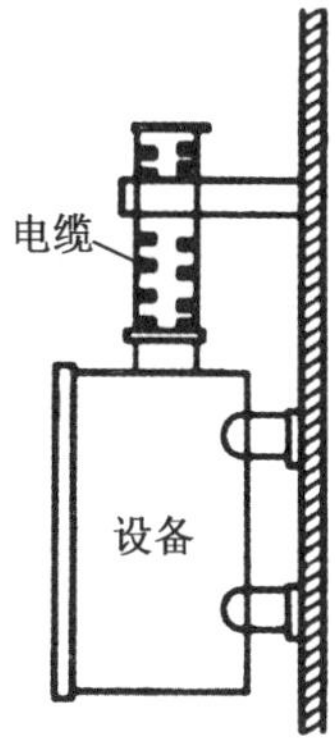

图 4-1-5　直接引入

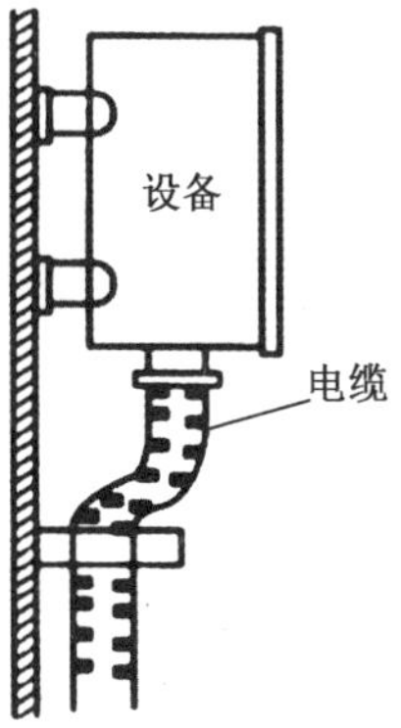

图 4-1-6　不完全“S”形引入

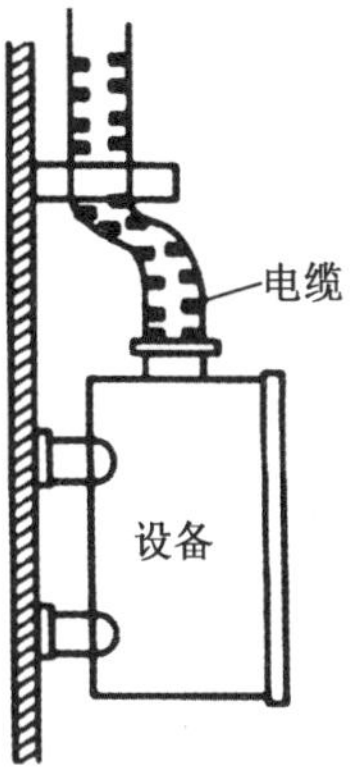

图 4-1-7　完全“S”形引入

(4)180°转弯引入

180°转弯引入法如图 4-1-8 所示。在设备进线孔的方向与电缆线路的方向相反时,采用该方法。为了使电缆引入方便并保证弯曲半径,要求设备与舱壁间有足够的距离,且设备进线孔中心线、电缆中心线应在与舱壁垂直的平面上。

(5)斜 180°转弯引入

斜 180°转弯引入法如图 4-1-9 所示。在设备距离舱壁较近、电缆线路方向与设备进线孔方向相反时,为了保证电缆的弯曲半径而采用斜 180°转弯引入设备。这种情况下设备进线孔中心线与电缆中心线不在与舱壁垂直的平面上。

(6)90°转弯引入

90°转弯引入法如图 4-1-10 所示。如果电缆线路方向与设备进线孔方向垂直,应采用 90°转弯引入法。在这种情况下,要求设备中心线与电缆线路有足够的距离。90°转弯引入时,占地面积大,且不美观,应尽量避免采用。

在实际情况下,如上述几种电缆引入法都不能采用,可以任意引入,但要符合工艺要求,且要美观。

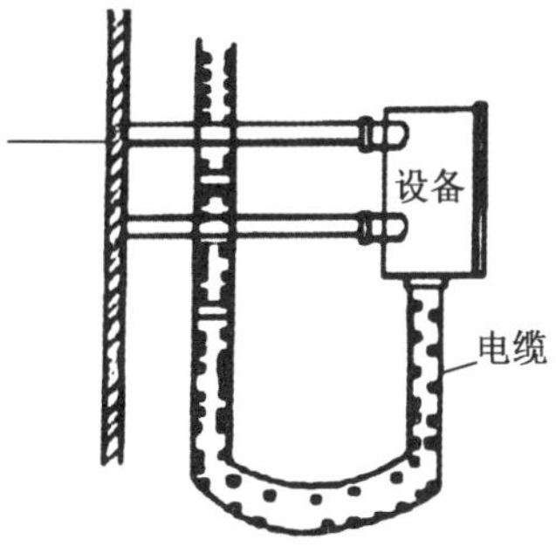

图 4-1-8　180°转弯引入

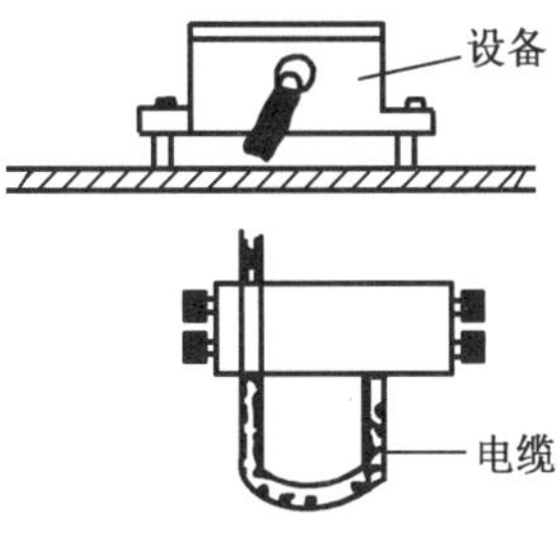

图 4-1-9　斜 180°转弯引入

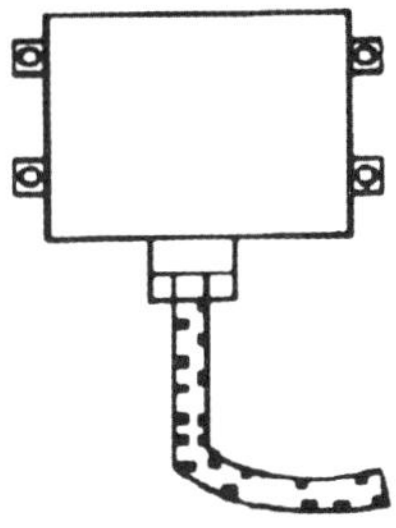

图 4-1-10　90°转弯引入

不同引入方法的特点见表 4-1-2。

表 4-1-2　不同引入方法特点

序号	引入方法	适用条件	特点
1	直接引入	当电缆的芯线截面较大、硬度大，在短距离内弯曲比较困难	要求设备的进线孔与电缆在同一直线上
2	不完全“S”形引入	当设备的进线孔与电缆在与舱壁垂直的同一平面上	设备的进线孔与电缆的中心线距离小于电缆弯曲半径的两倍
3	完全“S”形引入	当设备的进线孔与电缆在与舱壁垂直的同一平面上	设备的进线孔中心线与电缆中心线间距离为电缆弯曲半径的两倍以上
4	180°转弯引入	当设备进线孔的方向与电缆线路的方向相反	要求设备与舱壁间有足够的距离，且设备进线孔中心线、电缆中心线应在与舱壁垂直的平面上
5	斜 180°转弯引入	当设备距离舱壁较近、电缆线路方向与设备进线孔方向相反	设备进线孔中心线与电缆中心线不在与舱壁垂直的平面上
6	90°转弯引入	当电缆线路方向与设备进线孔方向垂直	要求设备中心线与电缆线路有足够的距离，此方法占地面积大、不美观

二、电缆引入设备的工艺要求

1. 电缆引入、切割、接线的工艺程序

电缆引入、切割、接线工作是在电气设备安装和电缆敷设工作结束后开始进行的，此项工作的质量直接关系到电气设备使用的可靠性，对电气安装工作质量来说是关键的环节。

在着手进行切割、接线之前，首先根据图纸核对电缆标记、根数、芯数、截面是否符合要求。此外，还必须核对设备内部接线柱的数量、位置是否正确，如有问题应及时解决。

电缆引入、切割、接线的工艺程序如下。

(1)打开设备，了解其内部的线路。

(2)确定电缆引入设备的弯曲半径及芯线长度，并切除电缆的多余部分。

(3)对每根电缆划出剥割记号。

(4)依上述剥割记号，剥去金属编织层及护套直到芯线绝缘。

(5)根据需要在芯线上套上套管或包扎绝缘带，做好芯线标记。

(6)切除芯线绝缘，清洁金属线芯，做好接线端头。

(7)配铜接头，进行冷压连接或搪锡。

(8)芯线整理捆扎。

(9)芯线接入。

(10)检查接线的正确性。

2. 电缆引入设备的工艺要求

(1)敷设到电气设备的电缆，其最后一个紧固件(卡线板、紧钩、绑带或直接从木质壁开孔出来)与设备进线孔间的距离要符合下列要求。

①引入电气设备的弯曲半径,应不小于表 4-1-2 中的规定值。

②电缆引入防水式设备时,在填料函前的电缆应有一段直线部分(图 4-1-11),其长度应大于或等于填料函螺母高度 H 的 1.5 倍,以便于填料函螺母拧出。

表 4-1-3　引入电气设备电缆弯曲半径的规定值

电缆外护层	电缆外径 D/mm	最小弯曲半径
金属护套、铠装层	任何值	$6D$
其他护层	$D \leqslant 25$	$4D$
	$D>25$	$6D$

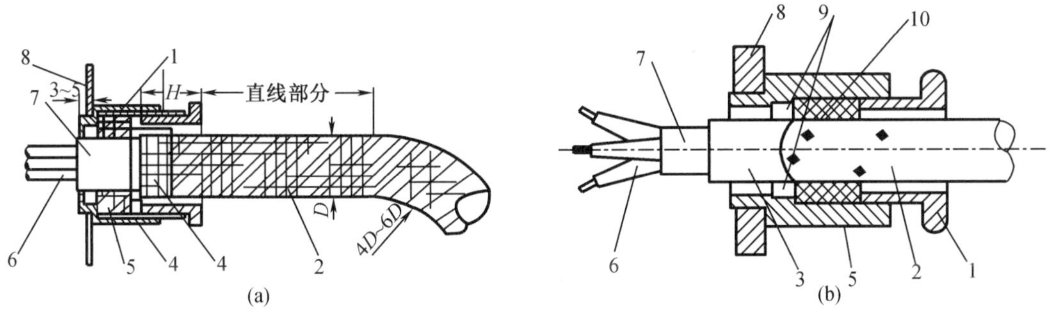

1—填料函;2—电缆;3—塑料胶带;4—填料;5—平垫圈;6—电缆芯线;
7—电缆护套;8—设备壁;9—锥形垫圈;10—橡胶卷。

图 4-1-11　填料函前的电缆的直线部分(单位:mm)

(2)电缆端部设有永久性标牌,成束电缆上的永久性标牌其可见部分应放置在同一直线上,标记号码应向外,如图 4-1-12 所示。

(3)电缆引入非水密设备时,为了使引入电缆牢固及保护设备,在进线孔外需设有封口板及托线板,封口板应按引入电缆(或电缆束)的外径钻孔,其孔径应比电缆边缘大 1~2 mm,在电缆进入设备后,应在托线板上用卡线板固定,如图 4-1-12 所示。

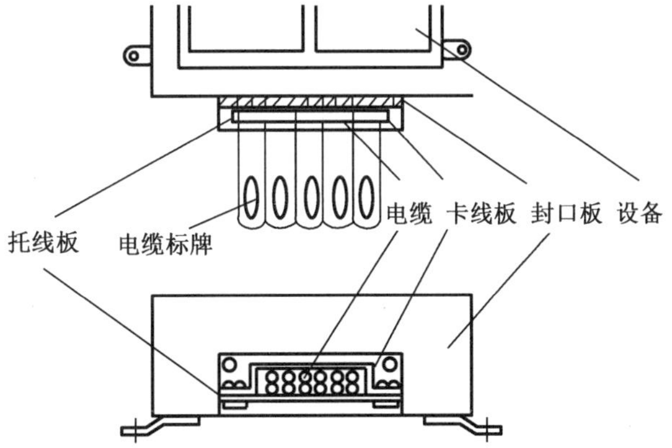

图 4-1-12　电缆端部永久性标牌

任务实施

任务名称:电缆引入设备

一、目的

1. 明确电缆引入设备的工艺要求。
2. 掌握电缆引入设备的分支形式和引入方法。
3. 完成电缆引入设备的施工。
4. 电缆引入设备的分支形式和引入方法以及紧固符合工艺要求。

二、实训条件准备

1. 材料与工具准备。
2. 施工现场及安全生产准备。
3. 工艺文件与测评标准准备。

三、项目内容及要求

按照工艺要求,对实训室某舱室设备进行电缆引入作业。

• 任务

电缆引入设备。

• 考核内容及要求

根据设备安装情况,按照电缆引入设备的形式工艺要求,完成电缆引入设备的施工。

1. 确定电缆引入设备时的分支形式。
2. 根据设备安装情况,确定电缆引入设备的方法。
3. 按照电缆引入设备的工艺要求,完成电缆引入作业。

四、项目评价

根据所学习的知识结构,结合实训条件,选择合适的电缆引入设备方法,电缆引入作业的考核评分标准见表 4-1-4。

表 4-1-4　电缆引入作业考核评分表

项目编号:			组号:	姓名:	总分:	
考核项目	考核内容	要求	分值	评分标准	得分	备注
电缆引入设备	选择电缆引入设备的方法	结合实训条件,确定电缆引入设备方法	50	1. 根据设备安装情况选择的引入方法是否正确,错误每处扣 3 分; 2. 选择依据是否合理,不合理每处扣 2 分		

表 4-1-4(续)

项目编号：			组号：	姓名：	总分：	
考核项目	考核内容	要求	分值	评分标准	得分	备注
电缆引入设备	电缆引入设备作业	按照电缆引入设备工艺要求，进行作业	50	1. 操作过程是否符合工艺要求，不符合每处扣 3 分； 2. 实际操作效果检验，要求做到合理、整齐、美观，不符合要求每处扣 2 分		

任务二　电缆的切割、标记及线芯包扎

任务描述

微课　船舶电气设备接线——船舶电缆芯线标记、制作和接线

在前一节，我们学习了电缆引入设备的形式、方法和工艺要求。在船上电缆引入设备之前，应根据电缆引入方法的要求和电缆芯在不同设备内的留线长度，完成相应的切除操作。此外，还应确保引入设备的电缆线芯引入位置正确，需要进行相应的标记操作。通过学习，大家完成以下几个任务：

1. 完成电缆的切割；
2. 对电缆进行标记；
3. 完成电缆端头的包扎。

相关知识

一、电缆切割

在船上电缆引入设备之前，应根据电缆引入方法的要求和电缆芯在不同设备内的留线长度，将多余的电缆端部切除，并将一定长度的电缆保护层剥掉，以防电缆外皮在设备内造成设备元件或零部件损坏，特别是金属编织套留在设备内会导致部分短路。又因设备空间小，电缆外皮若留在里面，占地多，妨碍设备正常工作，所以在设备内只留下电缆芯线的绝缘层，起绝缘作用。若引入设备的电缆少，对于非水密设备，可将芯线端头都处理完后再引入。而对水密设备，一般都先引入设备，再进行芯线端头处理。对于引入电缆数量较多的情况，因为芯线束在设备内要进行捆扎，所以在电缆切割和剥皮后就引入设备，再将芯线根据不同的工艺要求进行捆扎，分出线头，再处理芯线端头和压冷压头等。

1. 电缆切割前准备工作

(1)切割前必须保证测量绝缘达到技术要求(100 MΩ 以上),并测量电缆无短路或断路。

(2)核对电缆册,检查待切割的电缆型号齐全且有充足备料。

(3)检查电缆切割工具,确认齐全并无损坏。

(4)熟悉工具使用规则,便于高效安全地进行电缆切割工作。

2. 电缆切割

(1)电缆切割的规范要求

①电缆引入设备前,按引入方式及芯线长度的要求保留好足够长度的电缆后,即可将多余的电缆切除,并剥掉一定长度的电缆护套或铠装层,以避免造成设备内器件的损坏或短路。

②由于设备内的空间有限,芯线的长度必须适当,不能过长。

(2)电缆护套的切割

①在切割电缆护套时,不得损伤芯线的绝缘,并要保证电缆引入设备时芯线有必要的长度。

②在切割绝缘护套时,电缆引入设备的进口处且靠近设备内壁一侧的绝缘护套应保留 3~5 mm,如图 4-2-1 所示。对内部空间较宽敞的设备(主配电板、分电箱等),其护套可保留至接线柱附近再剥去。

③对于绝缘护套在接线柱附近剥去的电缆,其金属编织护套应在电缆进入设备后,靠近内壁处切除。

④电缆进入防水填料函时,金属编织护套应在进入密封圈前切除,使填料压紧在电缆的绝缘护套上,以保证其密封良好;而金属编织护套的切口不应露出填料函压紧螺母的外表面,以防止金属丝扎伤电缆或造成短路,如图 4-2-2(a)所示。

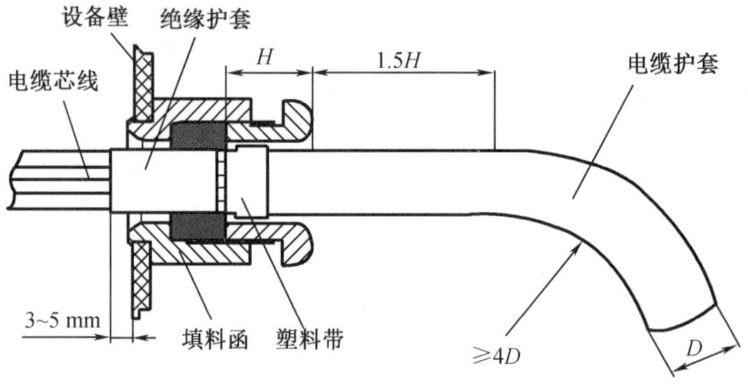

图 4-2-1　电缆通过填料函引入设备时的切割

⑤电缆进入无防水要求的设备时,其金属编织护套应比绝缘护套多切除 2~3 mm,以免编织护套刺伤芯线绝缘,如图 4-2-2(b)所示。

⑥金属编织护套切割后,应在切割处包以 2~3 层塑料带扎紧,以防编织护套松散。芯线如需加套管,则应连同芯线套管从根部一起包扎,一般应使包扎长度的 2/3 在金属编织护套上,如图 4-2-2(c)所示。

⑦对于采用金属护套接地的电缆，在切割时必须留有接地所需要的金属编织护套的长度。在切割处，先将金属编织护套拔开一缺口，然后将金属编织护套完整无损地脱出，再在其端部连接电缆接头。

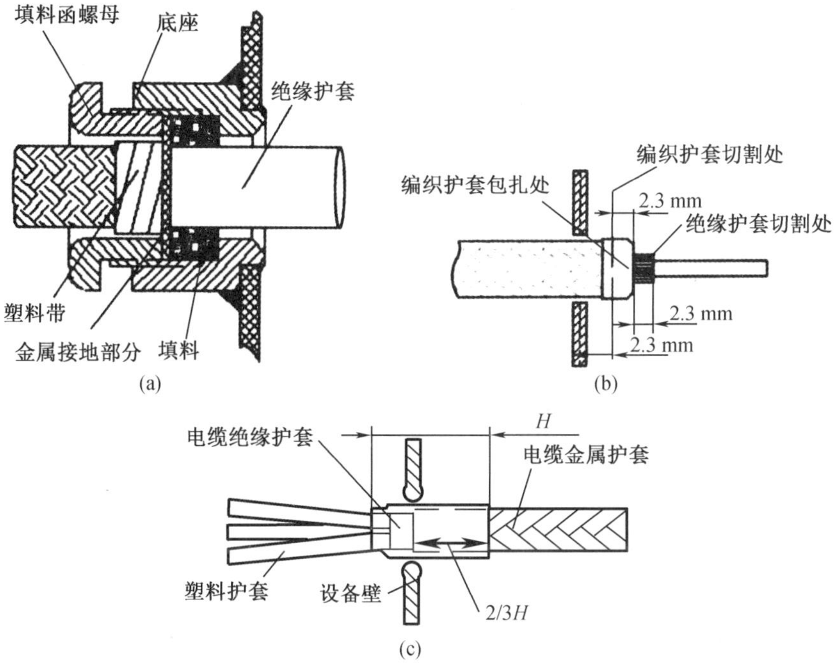

图 4-2-2　金属护套电缆引入时的切割

3. 线芯长度的确定

(1)线芯的长度应包括必需长度及备用长度。必需长度即为线芯沿设备内壁接至所连接的接线柱的距离加上制作接头所需的长度。备用长度应保证使同一电缆的线芯在相应的接线柱之间能互换(对三芯电力电缆，允许只互换其中任意两根)，线芯截面在 4 mm^2 以下的，还必须加上能再制作 2~3 个同样接头的余量长度。

(2)对于芯线截面大于 6 mm^2 的电缆，一般是由电缆切口处到接线柱直接引线，芯线除留有必需长度和备用长度外，可不留余量长度，如图 4-2-3 所示。

(3)对于多芯电缆，在确定芯线长度时，应能保证芯线沿设备内壁可以接至最远一个接线柱，然后再留有制作 2~3 个同样接头的余量长度，如图 4-2-4 所示。

(4)引入照明灯具及附具的线芯长度，可参照表 4-2-1 确定。

(5)此外，芯线长度的确定，不但要考虑设备内允许安置芯线空间的大小，还要考虑线在设备内的布置情况，要做到整齐、对称和美观。

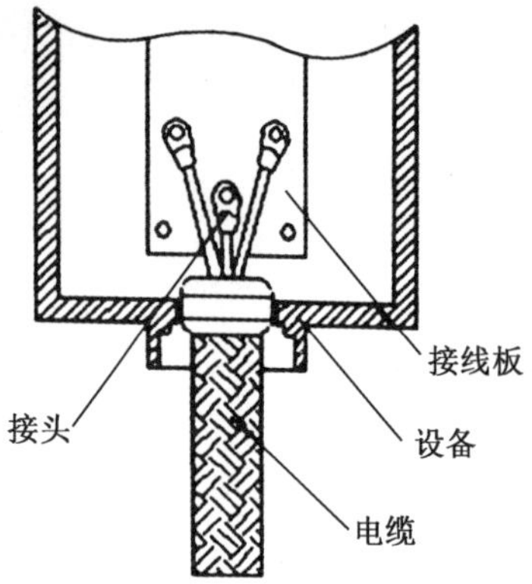

图 4-2-3　6 mm² 以上电缆的引入

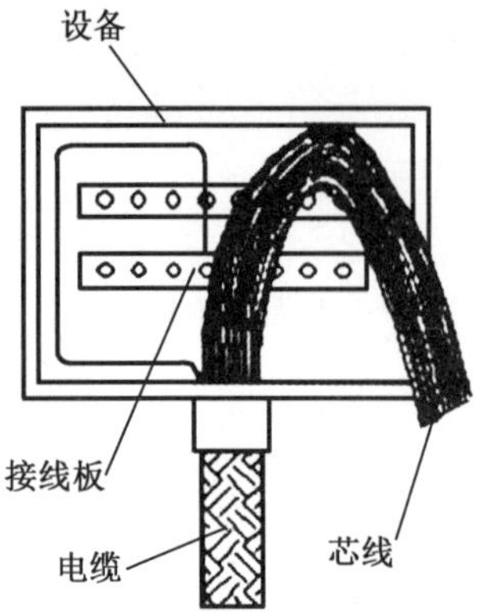

图 4-2-4　多芯电缆的芯线长度

表 4-2-1　引入照明灯具及附具的线芯长度

设备名称	线芯长度/mm	设备名称	线芯长度/mm
篷顶灯	200	防水插座	120
舱顶灯	200	暗式开关	120
小型舱顶灯	150	暗式插座	120
床灯	150	接线盒	120
镜灯	150	按钮盒	120
壁灯	150	警铃、警钟	120
防水开关	120	限位开关	120
防水开关插座	120	柄式开关	120

二、电缆的标记和包扎

1. 电缆的标记

(1)电缆标记的形式

①引入设备的电缆线芯应逐根进行对线，以保证同一根线芯的两端具有相同的编号。

②按照图样规定，确定每一根线芯的标记，并与所连接的设备接线柱标记一一对应。

③线芯标记上的字母、号码应清晰、整齐、不褪色，并应与设备的电路图相符。如设备接线柱的标记与电路图不相同，则应同时写上设备接线柱的标记，并标上括号以示区别。

(2)电缆标记的方法

①标记套管的选择。

标记套管通常选用与芯线绝缘层外径相符的白色塑料套管切割而成，上面的字符可用打字机打印或用特种墨水手工写成，且印好后的塑料管应放入 50~60 ℃的烘箱内干燥 10~15 min。设备内芯线标记套管应排列整齐。在做接头前应先将标记套管套在线芯绝缘上，待接头压好后，将套管移至线芯端部。如接头为板型、管型、开口管型、销型和针型，应使套管长度的一半套在接头上，如图 4-2-5 所示。

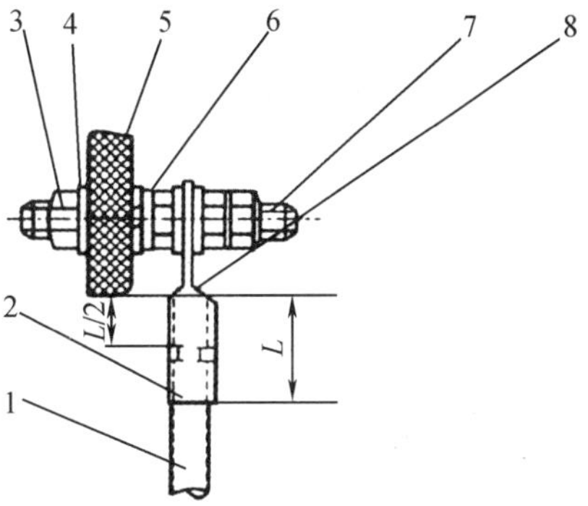

1—电缆芯线;2—标记套管;3—螺母;4—平垫圈;5—接线板;6—弹簧垫圈;7—接线柱;8—电缆接头。

图 4-2-5　正确的接线形式

②标记套管的尺寸。

a. 线芯接头为板型或管型时,套管的内径应能保证套管紧套在接头上不致松动。套管的长度应为剥去绝缘的线芯导体长度的 2 倍。

b. 线芯如无接头或接头为销型时,套管的内径应能保证套管紧套在线芯绝缘上,其长度应等于剥去绝缘的线芯导体的长度。

③标记套管的排列。

同一设备内的线芯标记套管应排列成同一方向,且不应将字母和号码倒置。

2. 电缆的包扎

(1)电缆端头包扎要点

①确保电缆的绝缘电阻。电缆本身的结构以及质量都有可能影响到电缆本身的绝缘。如切割好的电缆,其铜芯和芯线绝缘间、芯线之间及芯线绝缘与护套之间都有空隙,潮气或腐蚀性气体渗入而降低电缆的绝缘电阻。

②考虑环境因素影响。船舶上的环境很差,其中盐雾、油雾、霉素、凝露、温差大等对电缆的橡胶起加速老化作用。为防止芯线橡皮绝缘受到油气和腐蚀性气体等的污染,对进入非防水式的电气设备的电缆进行总体包扎。

③考虑船舶的建造周期及修理周期。

④考虑船舶各部位的周围环境不同。

⑤考虑多芯电缆的包扎工作量(或多电缆)对电气安装周期的影响。

(2)电缆端头包扎范围

①对进入防水电气设备的电缆,不必进行端头包扎,但金属编织护套电缆在金属编织层切口处要包 2~3 层胶带。

②进入非水密电气设备的电缆,若设备是处于环境条件的部位时,电缆进行总体包扎。这些需包扎部位包括主机舱、机械舱室、副机舱、甲板机械舱室、锅炉舱、厨房、浴厕间、舵机舱、露天部位等。但其他舱室部位的电缆不进行总体包扎。对于芯线绝缘橡皮层外有塑料层的电缆不用总体包扎。

③进入白炽灯、电热器、电阻箱等具有产生较高温度设备的电缆芯线,应套玻璃丝套或玻璃丝黄蜡管保护。对于进入高温设备的电缆,如将接到电灶、电阻箱等的电缆芯线的绝缘层剥掉,套上瓷管、瓷珠并紧密连续套到端部,以免芯线短路。

④全塑料电缆进入非防水设备时,芯线不用包扎。

(3)包扎材料

①塑料带分为无黏性和有黏性两种,有红色、绿色、黄色、蓝色等几种颜色。

②玻璃丝管及瓷管:用于产生热源的设备里电缆芯线的包扎。

③透明塑料管:直接套在电缆芯线上,包扎较方便。

(4)电缆端头包扎方法

①局部的包扎。

局部的包扎实际上是防潮密封和防止屏蔽网松散,一般采用塑料带和塑料胶带,包扎方法有以下几种。

a. 密封芯线绝缘与护套间的间隙包扎。

将防护套切口处的锐角削去,为包扎平滑美观,在护套与芯线绝缘之间绕以适量的填充料。包扎时先从距离金属编织层切口 10~15 mm 处开始至芯线绝缘层 15~20 mm 处止,采用 2/3 叠绕法,即第二圈胶带复叠第一圈胶带宽度的 2/3,这样包扎一遍就有三层胶带。对于多芯电缆,应该使芯线绝缘间间隙密封,如图 4-2-6 所示。

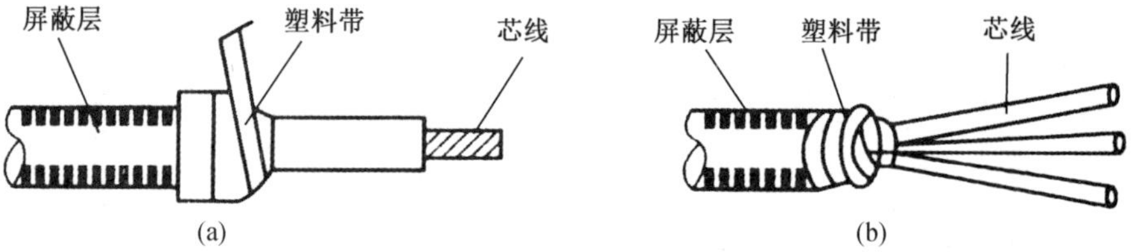

图 4-2-6　芯线绝缘间间隙密封

b. 密封芯线绝缘和铜芯间的包扎。

这项工作在电缆端头压接完后进行。包扎前先将芯线标记套管向芯线绝缘层退一定距离,然后用塑料带按上述方法包扎,如图 4-2-7 所示。

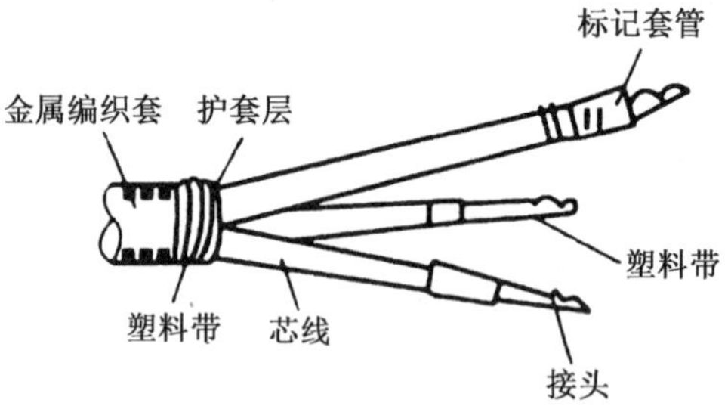

图 4-2-7　密封芯线绝缘和铜芯间的包扎

②电缆端头的总体包扎。

总体包扎是从电缆的最外保护层(金属编织层或护套层)到芯线端的距离内全部进行包扎。这主要是针对进入非水密设备的电缆,防止芯线橡胶绝缘受到油气和腐蚀性气体的污染。对于芯线粗的采用塑料带,对于电力电缆,用和汇流排相同颜色的塑料带来包扎;对于多芯的电缆芯线,采用透明塑料管加以保护,套管的长度一般略长于芯线绝缘的长度。

套管应套到芯线根部,套管与护套连接处应用塑料胶带扎紧,如图 4-2-8 所示。

电缆芯线绝缘外有防护层的不需套塑料管。因为塑料带和塑料管对橡皮绝缘的老化、发黏会起到促进作用,所以不主张芯线全包扎。

a. 单芯电缆的芯线包扎。

单芯电缆的芯线包扎如图 4-2-9 所示,其包扎工艺如下。从电缆芯线端头向电缆外皮的方向包塑料带,采用 2/3 叠绕法到达电缆外皮为止,并用二氧乙烷胶水粘牢塑料带末端或用黏胶带封塑料带末端。

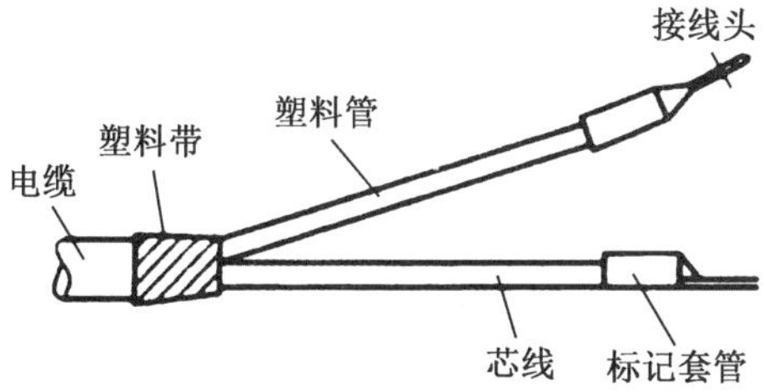

图 4-2-8 电缆端头的总体包扎

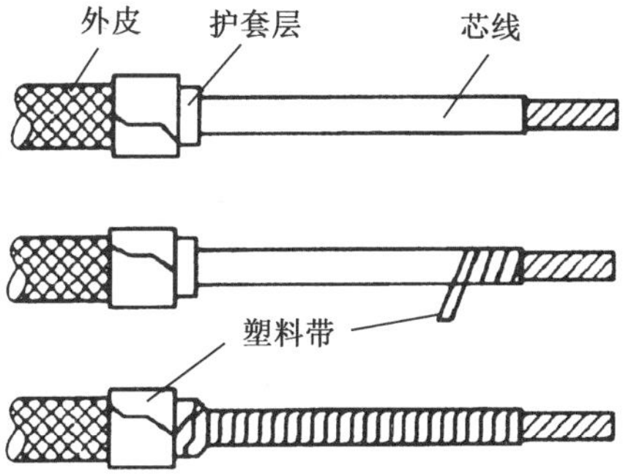

图 4-2-9 单芯电缆的芯线包扎

b. 双芯电缆的芯线包扎。

双芯电缆的芯线包扎如图 4-2-10 所示,其工艺过程如下。先将其中一根芯线的端头向电缆外皮方向采用 2/3 叠绕法包扎塑料带,包到护套切口处止,再用相同的方法包扎另一根芯线到护套切口处,这时不切断扎带,而在两芯线间轮流反复绕 2~3 层后再继续绕到电缆外皮切口处上 15~30 mm,包扎完毕。

c. 三芯电缆的芯线包扎。

三芯电缆的芯线包扎方法类似于双芯电缆的包扎,而在第三根芯线包扎完后,护套切口的芯线分支处应仔细包扎,使分支处包扎严密又美观,如图 4-2-11 所示。

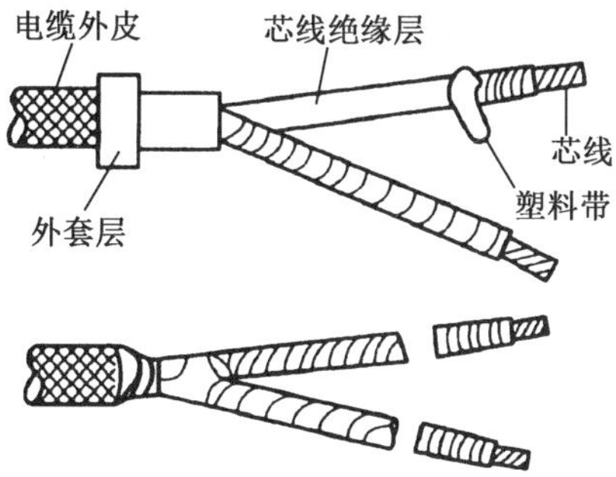

图 4-2-10 双芯电缆的芯线包扎

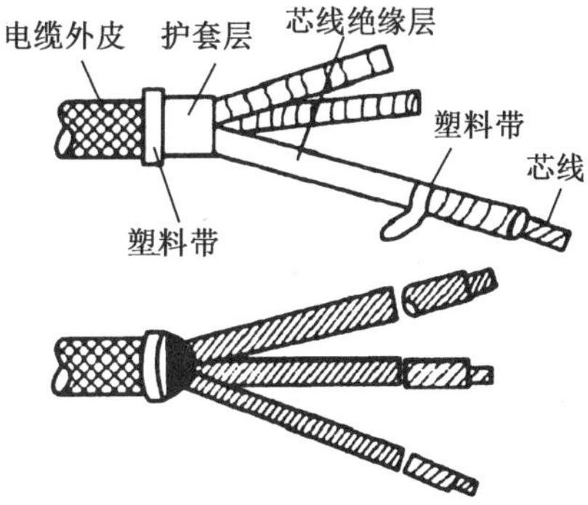

图 4-2-11 三芯电缆的芯线包扎

以上三种包扎,在实际造船上都是用于电力电缆、粗芯线包扎。对于细芯线一般都采用套塑料管,并在护套层处用塑料带将塑料管一起包扎好。对于电力电缆包扎时所采用的塑料带应选择相应的颜色来包扎。

d. 多芯线电缆的包扎。

多芯电缆一般都是芯线较细的电缆，作为信号电缆和控制电缆用。这些电缆包扎芯线一般都是用套塑料管法，但塑料管要套到电缆切口处的根部，然后用塑料带包扎，如图 4-2-12 所示。这种方法最后加粗了电缆芯线的直径，除了对电缆芯线绝缘有害外，有的设备内也容放不下，给安装造成了困难。具体在某一条船上采用哪种包扎工艺，要看具体建造工艺的规定。

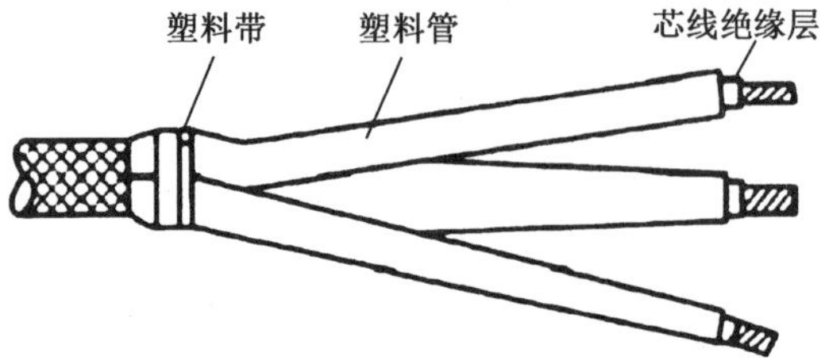

图 4-2-12　多芯电缆的芯线包扎

③产生高温的设备。

白炽照明灯具及有绝缘接线板的电阻箱(架)、电热器等产生高温的设备，如线芯受到发热元件的热量辐射，则应套玻璃丝套管或玻璃丝黄蜡管加以保护。玻璃丝套管应套至线芯根部，并在根部用扎线扎紧，如图 4-2-13 所示。

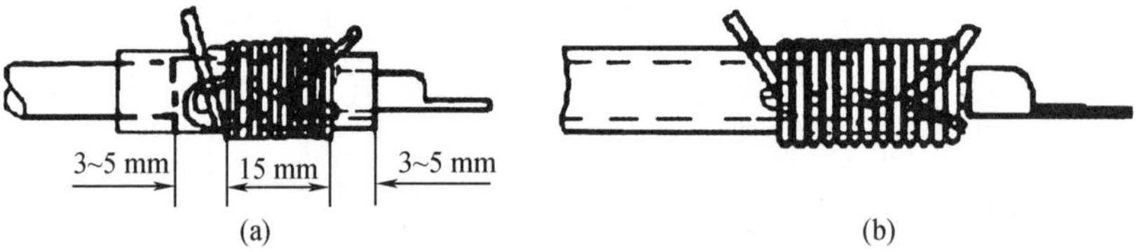

图 4-2-13　玻璃丝套管使用方法

电阻箱(架)、电热器等产生高温的设备，如线芯直接接至发热元件上，应按线芯长度剥去绝缘层，套以瓷珠绝缘。瓷珠应紧密连续地套至端部，以免线芯短路。

对日光灯和短暂工作的报警用指示灯，可不用套玻璃丝套管。

④屏蔽线端头的处理。

这里介绍的是带绝缘护套的内屏蔽线的端头处理。若处理得不好就有可能使设备产生误动作。屏蔽线的屏蔽层应在信号接线端一点接地。

接地处的端头处理注意不应使屏蔽编织层松弛和损伤绝缘层。处理方法如图 4-2-14 所示。

非接地端的端头处理注意不要使屏蔽层靠近芯线。处理方法如图 4-2-15 所示。

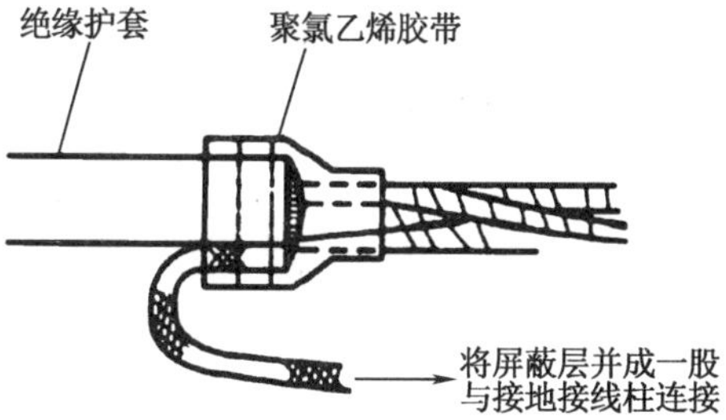

图 4-2-14　接地处的端头处理

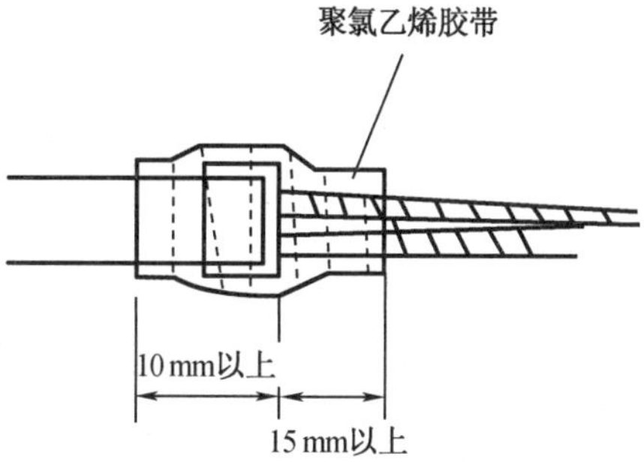

图 4-2-15　非接地处的端头处理

任务实施

任务名称:电缆的切割、标记和包扎

一、目的

1. 明确电缆切割的工艺要求。
2. 掌握电缆标记、包扎的方法。
3. 完成电缆切割操作。

二、实训条件准备

1. 材料与工具准备。
2. 施工现场及安全生产准备。
3. 工艺文件与测评标准准备。

三、项目内容及要求

按照相关工艺要求,完成对电缆引入设备的电缆进行切割、标记和包扎。

1. 任务 1:电缆切割

考核内容及要求:

(1)电缆切割准备;

(2)电缆切割的规范要求;

(3)线芯长度的确定。

2. 任务 2:电缆标记

考核内容及要求:

(1)电缆标记的形式;

(2)电缆标记的方法。

3. 任务 3:电缆包扎

考核内容及要求:

(1)电缆端头包扎所要考虑的因素;

(2)电缆端头的包扎。

四、项目评价

根据所学习的知识结构，结合实训条件，进行电缆切割、电缆标记、电缆端头包扎实际操作，考核评分表见表 4-2-2。

表 4-2-2　电缆切割、标记及包扎考核评分表

项目编号：			组号：	姓名：	总分：	
考核项目	考核内容	要求	分值	评分标准	得分	备注
电缆切割、标记及包扎	电缆切割	进行电缆的实际切割，并做到符合工艺要求	30	1. 切割不正确每处扣 3 分； 2. 整体切割效果不好每处扣 3 分； 3. 长度选择不对每处扣 3 分； 4. 其他不符合切割工艺要求处每处扣 2 分		
	电缆标记	按照实船电缆标记进行操作	30	1. 标记不正确扣 2 分； 2. 整体效果不好扣 3 分； 3. 其他不符合切割工艺要求处每处扣 2 分		
	电缆端头包扎	进行电缆局部包扎、整体包扎、高温设备的包扎	40	1. 主要考查三种包扎方式掌握情况，包扎不合理或效果不好各扣 2 分； 2. 其他不符合切割工艺要求处每处扣 2 分		

任务三　电缆的接线

任务描述

微课　船舶设备接线实例

在之前的两小节，我们学习了电缆引入设备的形式和工艺要求，以及电缆的切割、标记和包扎方法，现在就让我们进行电缆的接线操作学习。通过学习，大家完成以下几个任务：

1. 完成电缆引入设备的紧固；
2. 完成与设备的接线；
3. 读懂电气接线图。

相关知识

一、电缆的引入设备的紧固

(1)引入设备的电缆,在设备进口处应牢靠固定。对有填料函的设备,可利用填料函固定;如无填料函,则应设有进线托线板(架)或其他电缆紧固件,以免电缆松动及线芯和接头受到应力。

(2)填料函的紧固形式如图 4-1-11 所示。填料函的两侧应设有内径与护套外径相近的金属或尼龙垫圈,并尽量使填料函压紧在护套上。填料函压紧后,应使护套露出设备内壁 3~5 mm,填料函螺母应露出 2~3 牙。

在露天和有水凝聚的场所,应避免填料函螺母口向上设置,并且应在螺母口电缆周围用填料封闭,并稍微凸起,以免积水。

(3)进线托线板的紧固形式如图 4-3-1 所示,电缆在托线板上紧固后,应使护套露出设备内壁 3~5 mm,设备封口板的开孔尺寸应与电缆束的直径相符。进线托线板按 CB 381—65《进线托线板》选用。

二、设备的接线

1. 电缆与设备的连接形式

线芯的端部一般应设有接头,接头与线芯可采用冷压连接。冷压接头按 CB* 394—88《冷压电线电缆接头》选用。接头套筒的内径应与线芯导体的直径相符,接头的接线孔径应略大于设备接线柱的直径。如线芯截面为 4 mm^2 以下,设备的接线柱为具有压板的插入式连接,可不设接头。

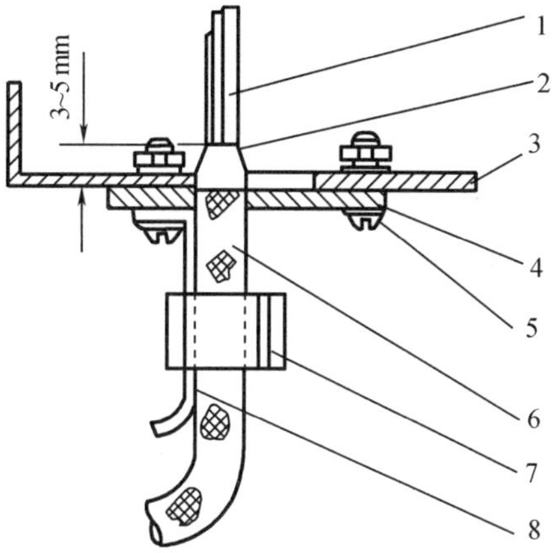

1—电缆芯线;2—电缆护套;3—设备壁;4—进线封口板;5—螺钉、螺母;
6—电缆;7—紧固件(钢带);8—托线板。

图 4-3-1　进线托线板的紧固形式

2. 电缆端头制作

(1)冷压接头的种类

目前,船舶电缆芯线的接头的处理,广泛采用的是在芯线端头上压接冷压铜接头的工艺方法,如图 4-3-2 所示。其规格为 1~400 mm^2,常用的形式有:板型铜接头,如图 4-3-2(a)所示;管型铜接头,如图 4-3-2(b)所示。常见的接头类型包括 UT 型、OT 型、UTJ 型、OTJ 型、SC 型等。

(2)冷压接头的压接工艺

①所有冷压接头必须使用专用工具进行压接。专用工具的压模应按接头的规格选用。压模的尺寸、技术要求以及压接的操作符合 CB*/Z 89—88《电线电缆冷压连接技术条件》规定。

②选择的冷压接头套管内径略大于电缆芯线接头的外径,其接线孔径应略大于设备接线柱的直径。

③芯线的绝缘层的切割不得损伤芯线,且切口应平整,其切割长度 $L=L_1+(2\sim3\ \text{mm})$,如图 4-3-2(c)所示。

④压接前应除去铜接头上的橡皮膜及油污等杂质。

⑤所有冷压接头必须用专用工具或模具进行压接,且应保证压接质量。

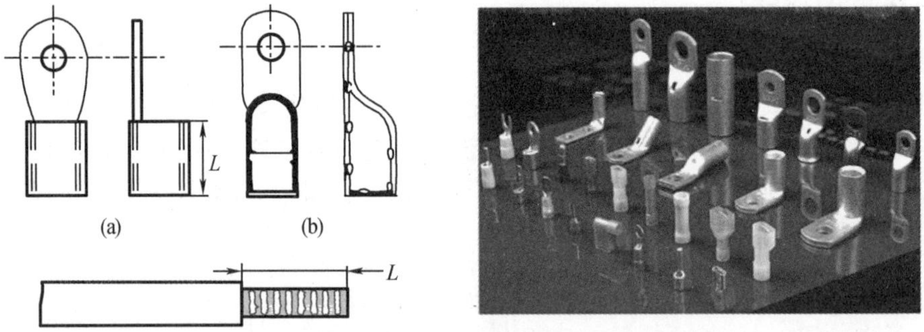

(a) (b) (c) (d)

图 4-3-2　冷压接头

3. 芯线的捆扎

(1)设备内的线芯束应妥善捆扎,以防松散。捆扎应牢靠、整齐、美观。如线芯束较长时,应适当地加以固定。

(2)线芯束一般可用塑料旋绕管、小型尼龙扎带等进行捆扎。如设备内有塑料敷线槽,则可以不再另行捆扎。

(3)塑料旋绕管、小型尼龙扎带、塑料敷线槽的材料应是牢固、滞燃、不吸潮的。

(4)线芯的余量一般应在接线柱附近绕圈放置。导体截面在 2.5 mm^2 及以下的线芯,其余量可弯曲后捆扎在线芯束之中。

(5)备用线芯一般应单独捆扎。

4. 接线

(1)将线芯按图样编号正确地接至设备的接线柱。

(2)接线的紧固位置应牢靠、整齐,并应设有防止松脱的弹簧垫圈或锁紧螺母。在接头的两侧均应设有平垫圈。

(3)不得用紧固接线柱的螺母来紧固线芯接头。

任务实施

任务名称:船舶电缆引入设备接线施工

一、目的

1. 明确电缆引入设备连接的工艺要求。
2. 掌握电缆接头制作与冷压接头工具使用方法。
3. 完成电缆引入设备紧固和接线。

二、实训条件准备

1. 材料与工具准备。
2. 施工现场及安全生产准备。
3. 工艺文件与测评标准准备。

三、项目内容及要求

按照电缆引入设备连接的工艺要求,完成电缆端头制作,并将电缆引入设备连接。

• 任务

船舶电缆引入设备连接。

• 考核内容及要求

按照电缆引入设备接线施工工艺要求,完成电缆引入设备的接线施工。

1. 按工艺要求完成电缆端头制作;
2. 按照接线要求,做好电缆标记;
3. 电缆引入设备连接;
4. 完成电缆引入设备的捆扎、紧固施工。

四、项目评价

根据所学习的知识结构,结合实训条件,进行船舶电缆引入设备接线实际操作。考核评分表见表 4-3-1。

表 4-3-1　电缆引入设备接线考核评分表

项目编号：　　　　　　　　　　组号：　　　　姓名：　　　　总分：

考核项目	考核内容	要求	分值	评分标准	得分	备注
电缆引入设备接线	电缆引入设备紧固	进行电缆引入设备紧固，并做到符合工艺要求	20	1. 紧固方式错误每处扣 2 分； 2. 紧固时损坏电缆每处扣 1 分； 3. 紧固不符合规范每处扣 1 分； 4. 紧固不牢每处扣 1 分； 5. 遗漏每处扣 1 分； 6. 损坏工具每处扣 2 分		
	电缆端头制作	按照工艺要求进行电缆端头制作	30	1. 端头制作与电缆连接不牢每处扣 2 分； 2. 端头制作不符合规范每处扣 2 分； 3. 端头无标记或标记不正确扣 2 分； 4. 工具使用不当每处扣 2 分； 5. 整体效果不好扣 1 分		
	电缆芯线捆扎	按照工艺要求进行电缆芯线捆扎	20	1. 电缆芯线捆扎不牢每处扣 2 分； 2. 芯线捆扎用料不符每处扣 2 分； 3. 芯线捆扎无余量每处扣 2 分； 4. 需要捆扎处无捆扎每处扣 2 分； 5. 其他不符合工艺要求每处扣 2 分		
	电缆接线	进行电缆引入设备接线实际操作	30	1. 连接不牢固每处扣 2 分； 2. 连接不整齐每处扣 2 分； 3. 需要连接处无连接每处扣 3 分； 4. 其他不符合工艺要求每处扣 2 分		

知识拓展

一、中高压电缆终端安装工艺

微课　船舶中高压电缆终端安装工艺

随着船舶技术的发展，人们对船舶的功能提出了更高的要求，因此船舶的功能日益强大，使船舶上的系统和电力设备越来越多，船舶电站容量越来越大，如果仍然采用常用 380 V 或 690 V 等低压电力系统，船舶电网的电流将很大，需要敷设更多的电缆，要在有限的船舶空间中实现敷设大量的电缆，施工难度将非常大，甚至不可能。为了降低大容量电站船舶的电缆敷设难度，通常采用中高压电力系统来减小电站的电流。

中高压电缆中高压电缆因为输送的电压很高，为了改善电缆导体电极表面电场分布和绝缘表面耐电强度，在金属导体和绝缘外层安装了一层挤包半导电屏蔽层。以 CJPJ85/SC 交联聚乙烯绝缘船用电力电缆 8.7/15 kV 为例，电缆结构如图 4-3-3 所示。

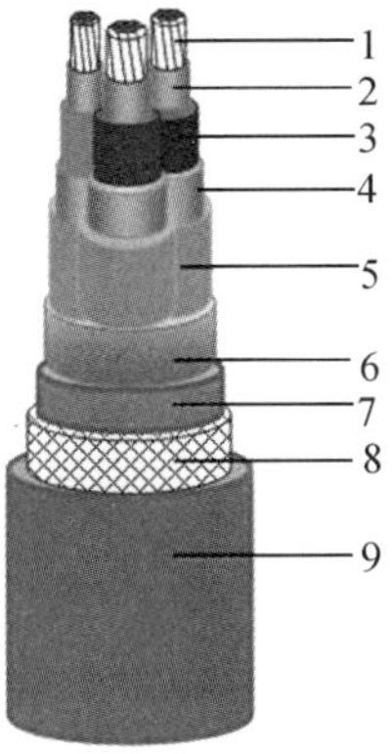

1—裸导体；2—挤包半导电屏蔽层；3—XLPE-交联聚乙烯；4—挤包半导电屏蔽层；
5—铜带；6—绕包；7—无卤聚烯烃；8—镀锡铜丝编织；9—交联聚烯烃。

图 4-3-3　中高压电缆基本结构图

导体带电时，导电线芯与屏蔽层之间将形成径向分布的电场，无限长电缆的电场只有从导线沿半径向屏蔽层的电力线，没有芯线轴向的电场（电力线），且电场分布是均匀的。但在制作电缆头时，剥去屏蔽层将改变电缆原有的电气结构，原有的电场分布发生改变，产生对绝缘极为不利的切向电场（沿导线轴向的电力线）。在剥去屏蔽层后，芯线的电力线向屏蔽层断口处电场将会达到最大，屏蔽层断口处成为最容易发生放电的部位。因此中高压电缆端头的制作必须有严格的工艺流程，以免出现电缆终端放电的危险，其常用的工艺流程如下。

1. 材料准备

在工艺实施中，需用到以下材料：

（1）绝缘管（绝缘作用）；

（2）接线端子（铜鼻子）；

（3）绝缘三芯指套；

（4）应力控制管（缓和分散电应力的作用）；

（5）密封管；

（6）相色环（区分相序，黄、绿、红各一个）；

（7）应力疏散胶（缓和分散电应力的作用）；

（8）硅脂膏（润滑便于安装、填充界面的气隙，消除电晕并隔绝灰尘，避免因为灰尘进入导致短路）；

（9）填充胶、密封胶；

（10）热缩环；

（11）地线（接地）；

（12）其他（焊接膏、手套、扎带、砂带等）；

2. 操作工艺

(1)将电缆校直、擦净,电缆端头锯齐。按图 4-3-4 所示尺寸剥去外护套,然后在距外护套断口保留 30 mm 钢铠,其余锯除。在钢铠断口处保留 18 mm 内衬层,其余切。A=700 mm (绝缘管长 650 mm) 或 850 mm(绝缘 800 mm)。

(2)除去填充物,分开线芯,塞入三角垫锥。将钢质铠装打光,将一地线绑在钢质铠装上并焊接。加入填充胶后包绕,不可外露尖角和毛刺。将热缩环收在钢质铠装部位。如图 4-3-5 工艺流程 2 所示。

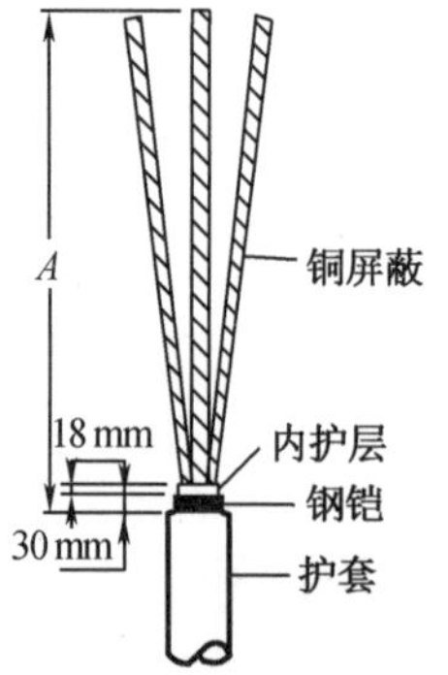

图 4-3-4　工艺流程 1

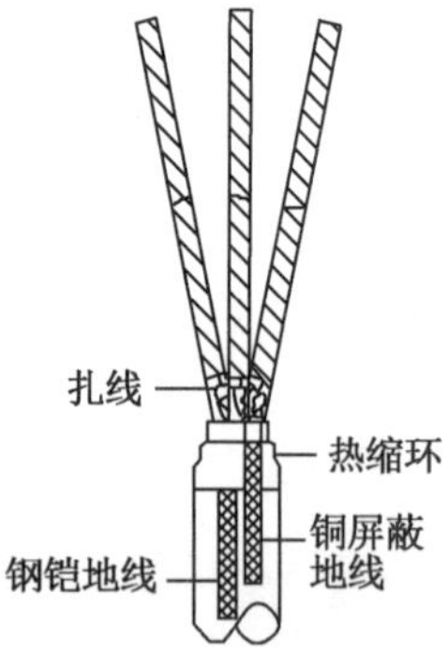

图 4-3-5　工艺流程 2

(3)再加另一大截面地线,一端分成三股,分别绑在三相铜屏蔽上并焊接。此处两根地线勿短接,加入填充胶后在电缆分杈附近包绕(可在填充胶外少涂一些硅脂膏,以防穿指套时和指套粘连),如图 4-3-6 工艺流程 3 所示。

(4)将电缆密封部位打磨擦净,套入指套,尽量下压。将两地线紧贴电缆护套,在指套边缘外用扎线绑紧。从指套下端缓慢环绕向上加热,避免残留空气。如图 4-3-7 工艺流程 4 所示。

(5)剥铜屏蔽及半导层。

从指套指端向上量取 50 mm 的铜屏蔽,其余剥除。保留 20 mm 半导层,其余剥除。如图 4-3-8 工艺流程 5-1 所示。

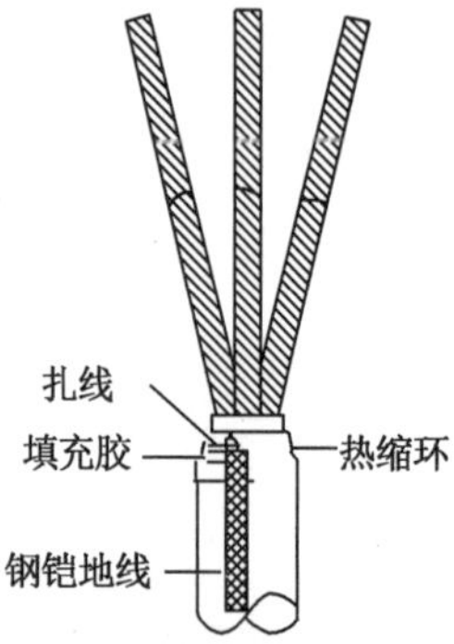

图 4-3-6　工艺流程 3

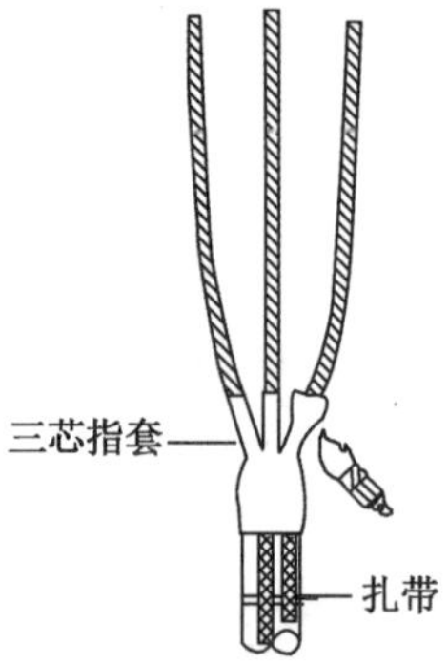

图 4-3-7　工艺流程 4

若柜内空间小,电缆线芯长度可以进一步减小。此时剥除线芯端部铜屏蔽的最小长度为 B(等于端子孔深+340 mm)。半导层保留 20 mm,其余剥除。如图 4-3-9 工艺流程 5-2

所示。

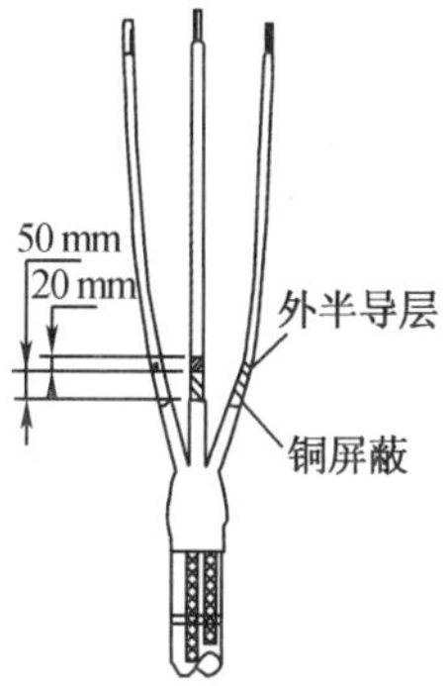

图 4-3-8　工艺流程 5-1

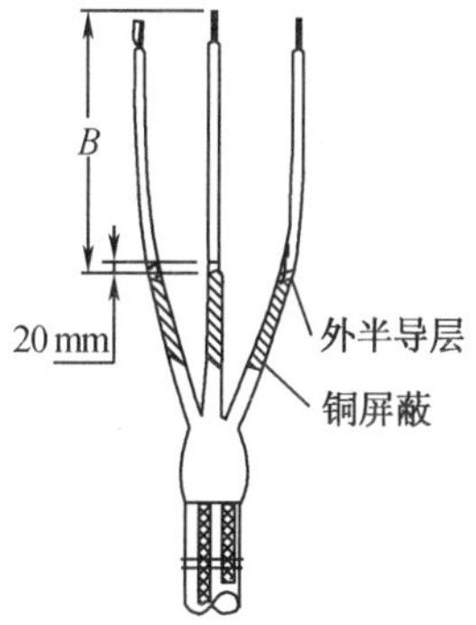

图 4-3-9　工艺流程 5-2

(6)剥线芯端部绝缘体安装接线端子。剥线芯端部绝缘的长度 K 为端子的深度加 5 mm，插上端子并压接(三个端面要在一个方向)，把压出的毛刺打磨干净。如图 4-3-10 工艺流程 6 所示。

(7)清洁线芯绝缘，用应力疏散胶将半导与绝缘体间的台阶缠平，把硅脂膏均匀涂在绝缘体表面后套入应力管，搭接铜屏蔽约 20 mm，加热固定。再用应力疏散胶将应力管与绝缘体间台阶缠平，缠绕长度为 5~10 mm 。如图 4-3-11 工艺流程 7 所示。

(8)套入绝缘管至指套根部(涂胶的一端套在指套的指头上)，自下往上环绕加热固定。如图 4-3-12 工艺流程 8 所示。

(9)套入相色管，把填充胶绕在端子压接部位与绝缘管的附近，再在其外面绕一层密封胶条，套入密封管，加热固定。如图 4-3-13 工艺流程 9 所示。

(10)如在室外，需要将三孔伞裙套入，加热固定。套入单孔伞裙(每相两个，伞裙间距为 100 mm)加热固定后再套入相色管，加热固定(如果室内安装，则此流程省略)。如图 4-3-14 工艺流程 10 所示。

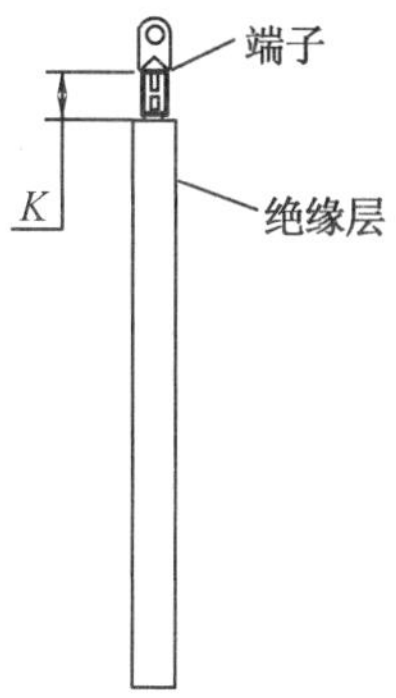

图 4-3-10　工艺流程 6

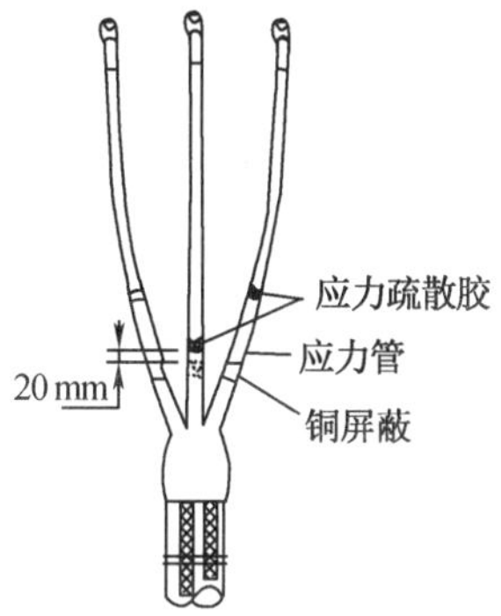

图 4-3-11　工艺流程 7

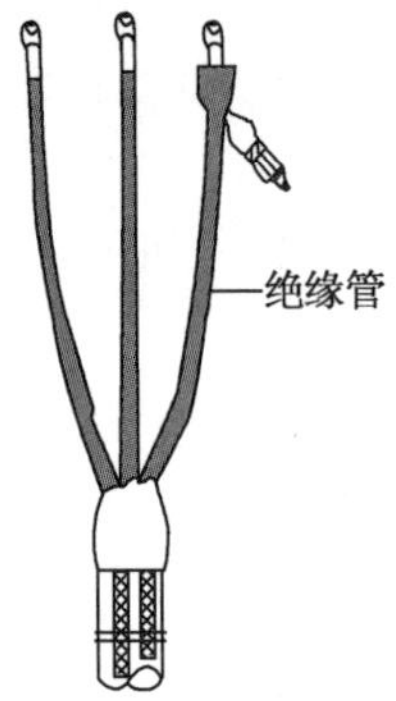

图 4-3-12　工艺流程 8

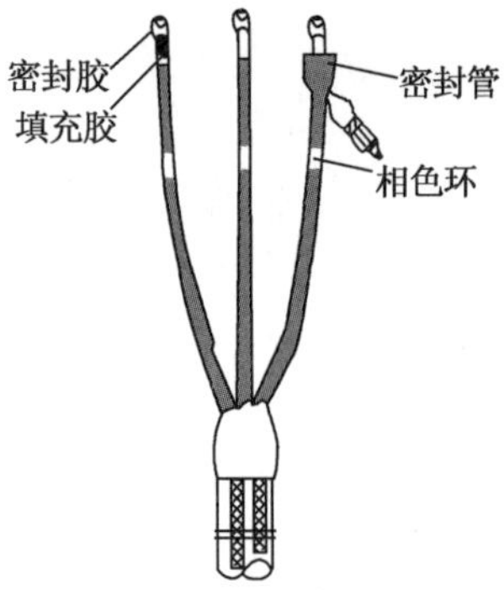

图 4-3-13　工艺流程 9

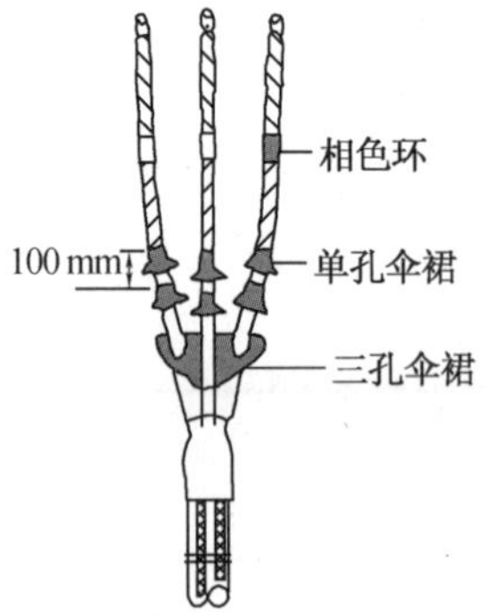

图 4-3-14　工艺流程 10

3. 绝缘测量

按照工艺流程安装中高压电缆终端后，在船舶电网通电之前，应进行中高压电缆绝缘测试。根据中压电力系统绝缘要求：绝缘电阻值≥(电网电压/1 000)+1 MΩ。例如某船为 6 600 V 的电力系统，根据上述绝缘计算值可得，绝缘值必须不小于 7.6 MΩ。如果测量后可以达到该数值则说明接线工艺良好。

二、电气接线图的识图

1. 电力一次系统图

(1) 电力一次系统图的格式要求

电力接线图的识图能力训练，必须结合电力系统图。这部分内容主要是结合造船企业电力一次系统图和接线图的实际图纸，让学生了解图纸的格式、图纸所包含的内容、图纸中所使用的符号、必要的文字说明等内容。

①图纸中应列出图纸名称、图纸编号和页码。

②图纸中应标清电气设备安装舱室的名称、电力系统名称、所连接的设备名称。

③图纸中应标清设备所处的位置，设备标号，电缆的规格、数量。

(2) 电力一次系统图图样

以某船型为例，给出船舶电力一次系统图图样，如图 4-3-15、图 4-3-16 所示，供参考和学习。

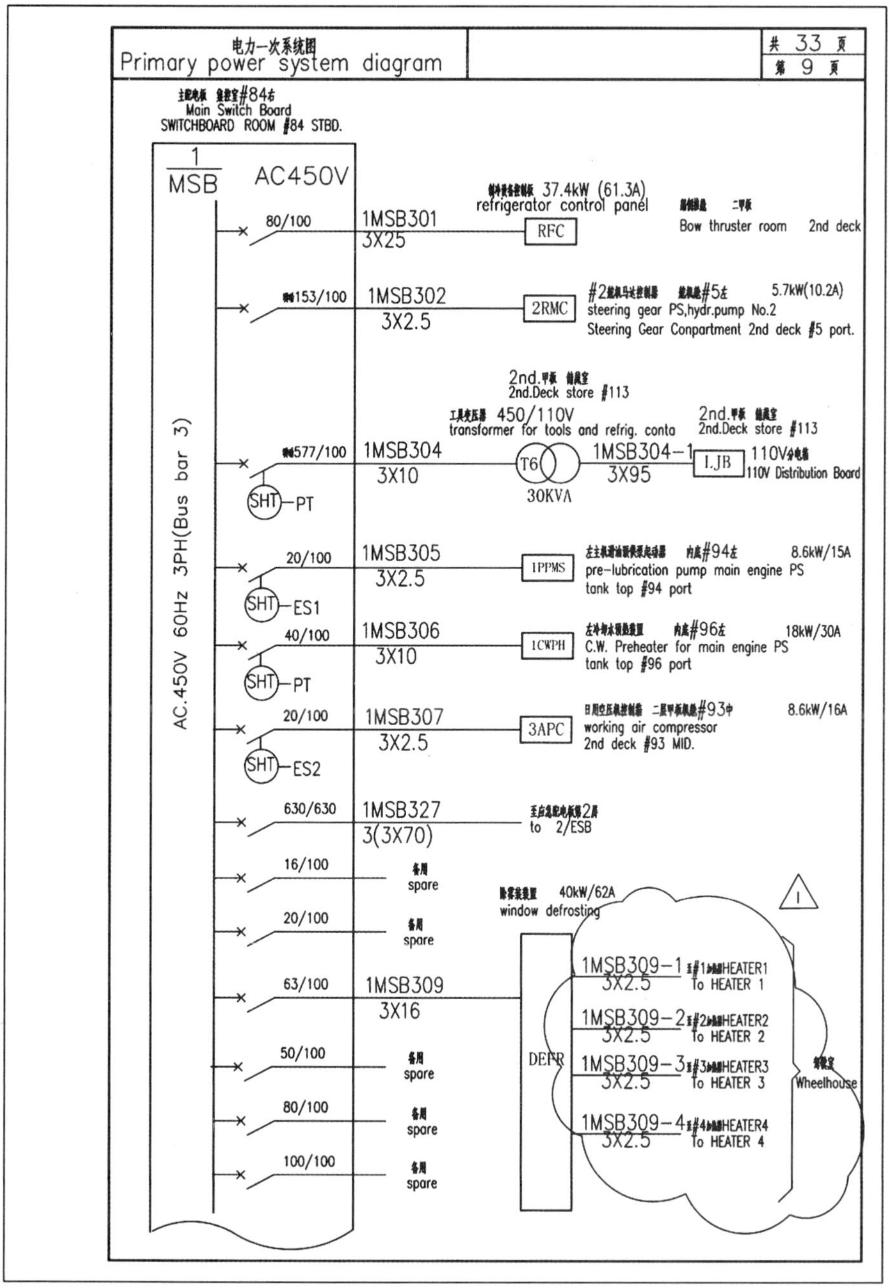

图 4-3-15 船舶电力一次系统图(1)

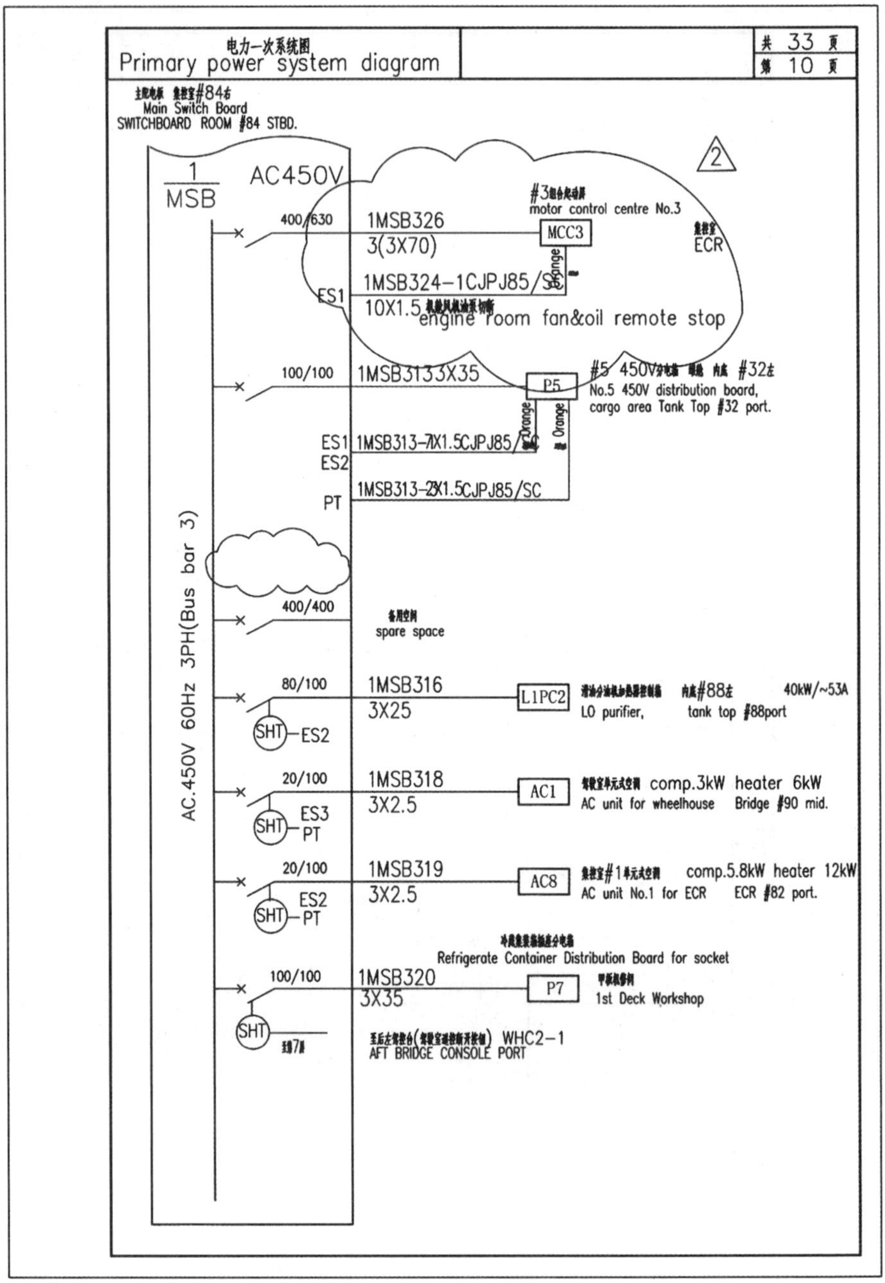

图 4-3-16 船舶电力一次系统图(2)

2. 电力一次接线图

(1)电力一次接线图的格式要求

①图纸中应列出图纸名称、图纸编号和页码。

②图纸中应标清设备号、接线板号、接线柱号、电缆号。

③电缆号的标注,要求标出电缆的型号、规格、根数,并标出电缆的芯数、截面积。

(2)电力一次接线图图样

对应电力一次系统图,以同一船型为例,给出船舶主配电板接线图图样,如图 4-3-17、

图 4-3-18 所示,供参考和学习。

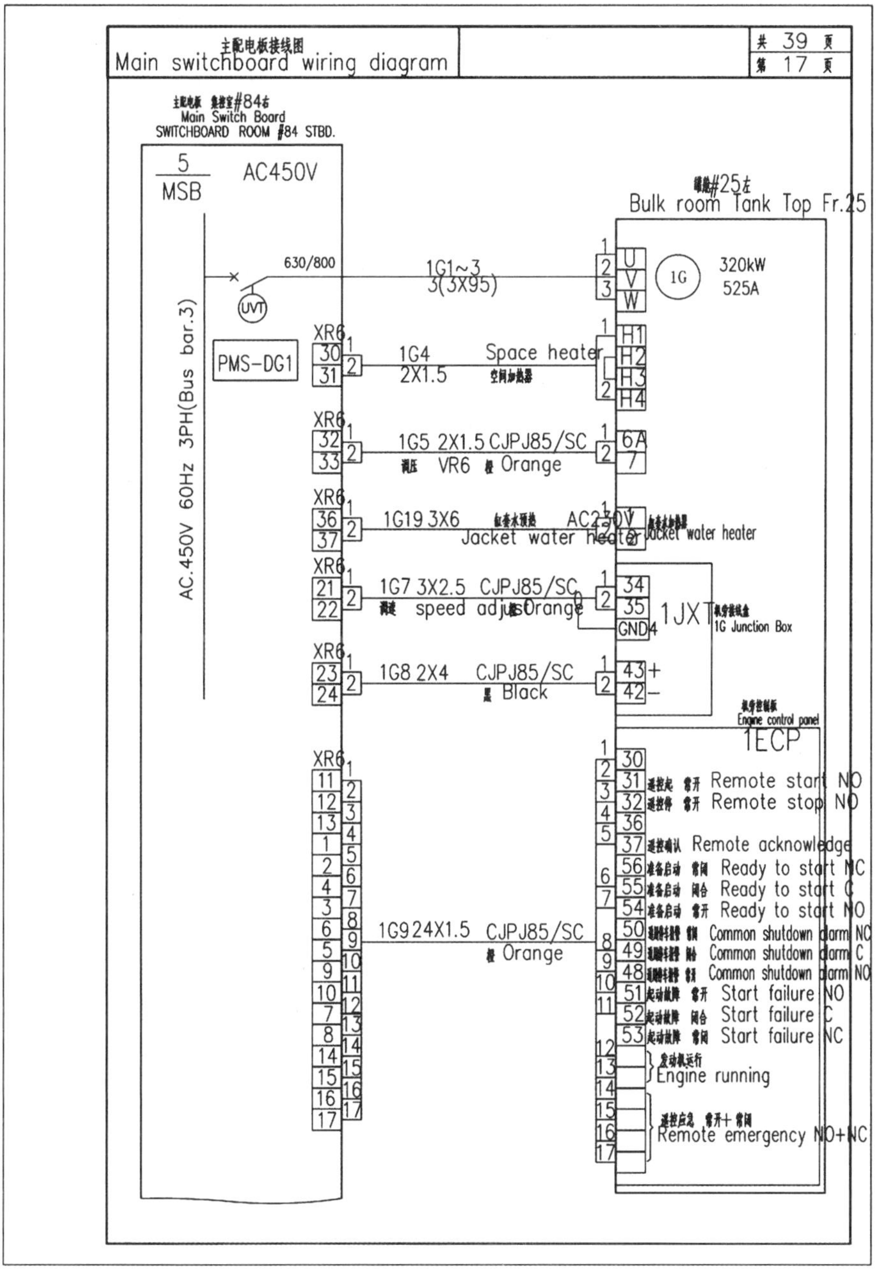

图 4-3-17　MSB 主配电板接线图(1)

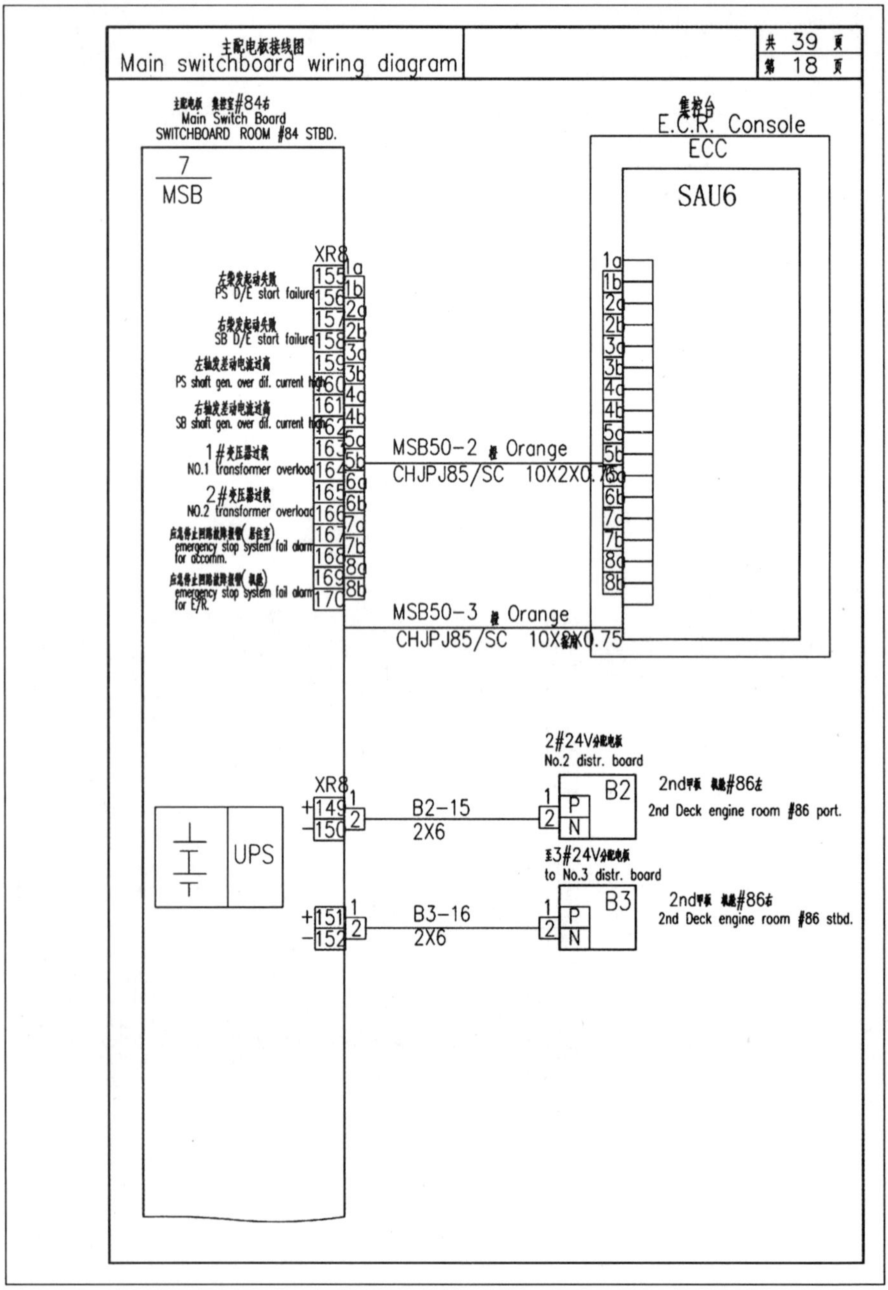

图 4-3-18　MSB 主配电板接线图(2)

项目五

船舶EMC作业

德育启迪

C919背后的故事:航空“手艺人”的坚守

2023年5月28日上午10时32分,中国东方航空使用中国商飞全球首架交付的C919大型客机,执行MU9191航班,从上海虹桥机场飞往北京首都机场,开启这一机型全球首次商业载客飞行。该航班标志着C919的研发、制造、取证、投运全面贯通,中国民航商业运营国产大飞机正式起步。

作为中国首架具有完全自主知识产权的大型客机,C919背后凝聚着几代航空人的青春与付出。从2007年2月国务院批复大型飞机研制重大科技专项正式立项,到2015年11月C919总装下线……中国人的“大飞机”梦想成为现实。

十年磨一剑,“大飞机”梦背后凝聚着无数人的心血:在生产制造C919的时候,数百万个零部件中,80%的是我国第一次设计生产,许多零件需要进行小批量的生产、试验与磨合。这就需要“航空手艺人”日复一日的精细打磨。这一次,我们将镜头对准在“大飞机”背后默默无闻奉献的航空人,一起来听听他们与“大飞机”的故事……

37年,加工零件数十万个,无一次品,这是一种怎样的体验?

在中国商飞上海飞机制造有限公司的钳工车间里,一眼就能认出这个传奇的缔造者——中国商飞总装制造中心高级钳工技师胡双钱。在一群年轻人中,头发花白的他格外引人瞩目。划线、钻孔、打磨……胡双钱头戴护目镜,身着印有“中国商飞”字样的蓝色工作衣,被淡金水染得微微发紫的双手紧握锉刀反复打磨——这动作,他重复了37年。从20世纪80年代初刚进厂时,那个看着运10起飞的懵懂青年,到如今参与C919大飞机制造的白发长者,胡双钱将自己的青春年华都献给了中国的民机制造事业。C919即将首飞,胡双钱将作为劳模代表团成员莅临现场,见证“大飞机”翱翔蓝天。他坦言:“非常期待,激动人心。这么多年的坚守,终于能见证‘大飞机’的首飞,十分骄傲!”

“一定要把产品的质量放在首位!”这是从胡双钱第一天进厂起,老师傅们天天在耳边敲的警钟。“那时候如果零件出了质量问题是要坐牢的。”师傅的话,胡双钱一直铭记在心。

“我们做的是航空零件,每一个都关系到乘客的生命,所以责任心必须非常强。”说起如何保持“无次品”这个纪录,胡双钱淡淡一笑:“其实很简单,就两个字——用心。”

简单两个字,要数十年如一日,用心做好每一个零件,没有一丝失误,谈何容易。无论零件是简单还是复杂,胡双钱都一视同仁,核对图纸、划线打磨、完成加工、交付产品,每个步骤他都反复检查数遍,直到“零瑕疵”。“这其实是个人品牌打造的过程。”胡双钱坦言,“产品做得好,声誉也会越来越好,个人品牌也就逐渐建立起来了;但若是产品有问题,不仅给自己还会给下一道工序的人带来重大影响。”正是因为这种追求完美的工匠精神,胡双钱曾连续12年被厂里评为质量信得过岗位,产品100%合格,无一例返工单,更获得了2002年的上海质量金奖。

如今,胡双钱的“金字招牌”已名扬全公司,只要有急件、难件,领导总会想到他。“我们的手机需要24小时开机的,一有任务,就要立刻赶回来。”有一回,晚上十点多,还下着瓢泼大雨,胡双钱接到了单位的紧急电话。他二话不说披上雨衣冲入雨帘,骑着他的28寸自行车直往公司赶。原来是飞机在组装时候,其中的一个螺帽垫片坏了,需要紧急再赶制一个,否则耽误组装进程,影响巨大。胡双钱观察片刻,立即开工,不到半个小时,就加工出了一个一模一样的垫片,成功救急。

这样的例子不胜枚举。还有一次,生产中急需一个特殊零件,若是从原厂调配,需要数日,会严重影响整体进程。最终公司决定当场用钛合金毛坯临时加工一个,这个“烫手的山芋”扔给了胡双钱。但加工这个零件并非易事,以往都是通过精密编程的数控车床加工,精锻而成。这个零件价值高达百万,上面散布着36个大小不一的小孔,孔的精度要求是0.024 mm,还不到人头发丝儿的一半,只能依靠胡双钱的一双手和一个普通的铣钻床来完成,而且连工装都没有。这个高难度的任务,也让胡双钱的额头沁出了一丝冷汗。他接手零件后,迅速冷静下来,反复对比零件和工装样板,采用不同尺寸的刀具逐级扩孔……“有些孔非常小,打孔的时候就要完全凭借手感。”一个小时后,胡双钱完成了零件的加工。“当时检查钻孔情况的时候,我心跳得非常快。”最终零件一次性通过验收,送机安装,胡双钱那颗悬着的心才放了下来。他的精湛技艺,也令在场所有人啧啧称奇,钦佩不已。

从20世纪80年代初刚进厂时的懵懂青年,到如今的白发长者,这段岁月里,胡双钱也经历过迷茫与彷徨。在运10项目下马的时候,厂里经济效益不佳,无活可干。身边的同事纷纷跳槽去经济效益更好的民企,而心怀飞机制造梦的胡双钱却留了下来。当时他所在的车间还能勉强接点活儿干干。“修过飞机,做过电扇,那时候干的活真的很杂。”一边干活,一边苦练本领的胡双钱从没有放松对自己的要求:购买钳工技能书籍,不断充电;在家里用橡皮泥按照设计图“做模型”,培养“手感”;自费去劳动局考六级钳工证……数十年的积累,让胡双钱练就了一手过硬的技术。

随着我国ARJ21新支线飞机项目和C919大型客机项目先后立项,中国人的大飞机梦再次被点燃。胡双钱的本领也开始逐渐发挥作用。在生产制造C919的时候,数百万个零部件中,80%的是我国第一次设计生产,许多零件需要进行小批量的生产、试验与磨合。胡双钱承担制作的相关零件,最长5 m,最小的仅有一个别针大小。加工这些零件的时候,胡双钱都把它们看作是“艺术品”,精益求精追求极致,他深知,每个零件都关乎中国人的大飞机梦。

2015年,以胡双钱名字命名的大国工匠工作室正式挂牌成立,培养新一批航空匠人的重任落在了他的肩上。他带领着班组的技术骨干主要负责C919大型客机、ARJ21新支线飞机和转包项目的零件攻关、工艺优化以及零件制造。胡双钱正将他那种“99%做到

99.99%”的工匠精神传达给下一代年轻人，激励着他们不断开拓进取，勇于创新，甘于奉献，争取能早日让中国制造的大飞机翱翔在蓝天。

2015年11月2日对于胡双钱来说是特殊的日子，对于中国飞机制造业来说也是具有里程碑意义的一天——C919大型客机首次总装下线。胡双钱作为职工代表站在了最前列，看着红幕缓缓落下，崭新的C919大飞机出现在眼前，胡双钱激动得想掉泪。“特别想伸手摸一摸大飞机，那上面有我们亲手制作的零件。看到它，就好像看到了自己的孩子一样，内心非常激动。”还有3年，胡双钱就要退休了。“3年对于大飞机制造来说太短。真想再干10年，甚至20年！”今天的胡双钱，最大希望就是有朝一日能看到大飞机正式投入生产流水线。

（摘自党建网）

知识目标

1. 了解船用接地件。
2. 掌握船舶电气设备接地方法及要求。
3. 掌握船舶电缆接地方法及要求。

能力目标

1. 能够进行船舶电气设备和电缆接地。
2. 能够编制船舶电气接地工艺。

任务一　船舶EMC作业工艺

任务描述

船舶是一个巨型的海上结构物，它集中了各种各样的机械、电气设备，这样一个复杂环境里保证每个设备能够工作正常是一个十分严峻的问题。一方面设备本身要工作性能可靠，工作正常；另外一方面，设备必须具备承受电磁干扰的能力，这就是船舶EMC的要求。那么如何解决EMC问题，解决该问题需要遵循什么要求呢？希望通过这个任务的学习，大家可以回答出这个问题。

相关知识

EMC 是 electro magnetic compatibility 的缩写，即电磁兼容性，是指设备或系统在其电磁环境中能符合要求运行并不对其环境中的任何设备产生无法承受的电磁干扰能力。因此，EMC 包括两方面的要求：一方面是指设备在正常运行过程中对所在环境产生的地磁干扰(EMI)不能超过一定的限值；另一方面是指设备对所在环境中存在的电磁干扰具有一定程度的抗扰度(EMS)。为了解决这个问题，船舶上采用的主要措施就是船舶电气设备及船舶电缆的可靠接地。

一、电气接地分类

船舶电气设备或电缆的接地就是把设备或电缆的金属外壳与船体的金属结构之间进行可靠的电气连接。其目的之一是保证船舶电气系统的正常工作；另一个目的在于保证船舶上的操作人员与设备的安全，减少设备的电气干扰，提高设备工作的稳定性。船舶电缆和电气设备接地示意图如图 5-1-1 所示。

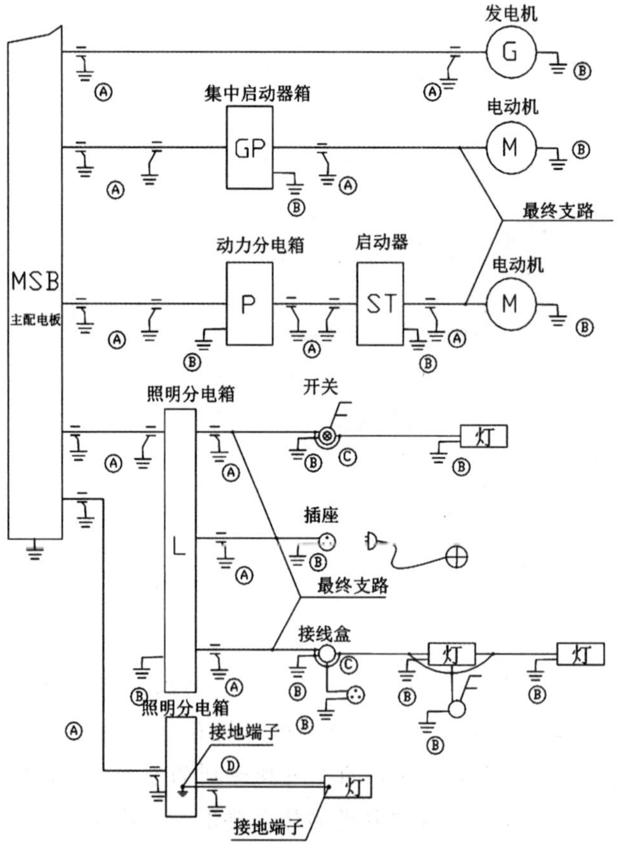

Ⓐ—电缆接地　Ⓑ—设备接地　Ⓒ—保持接地连续性　Ⓓ—二芯+E

图 5-1-1　船舶电缆和电气设备接地示意图

如图5-1-1中所示船舶电气设备和电缆均实现了可靠接地，通常船舶电气接地可以分为四种：保护接地、工作接地、防雷和防静电接地以及抗干扰接地。

1. 保护接地

所谓保护接地，是指将电气设备不带电的金属部分与船体钢结构件之间做良好的电气连接，避免因电气设备外壳绝缘损坏而可能发生的人身触电事故和电气火灾，以保护人身和财产的安全。

2. 工作接地

工作接地是指在直流供电、单相交流供电或三相四线制供电网络中，以船体金属结构件作为其中一极（负极或中线）的电流通路，为此需将电网的某些点通过接地装置与船体金属结构件做可靠的电气连接。这样可以达到节省电缆、降低成本的目的；但船舶运行的安全性和可靠性却要随之有一定程度的降低。

3. 防雷和防静电接地

所谓防雷和防静电接地是指将可能受到雷电或静电危害的设备或装置与船体的金属结构之间进行可靠的连接。船舶在广阔的海洋上航行时，位置较高的桅杆或上层建筑很容易遭受到雷击；再有，船舶在航行作业时，因物体间的摩擦而引起静电荷的积聚形成火花放电。这都直接威胁着船上人员的人身安全及船舶的安全航行。

4. 抗干扰接地

抗干扰接地是指将船舶上的无线电通信设备、助航设备及其配电箱、电源线、信号线等的外壳或电缆屏蔽层与船体结构之间进行可靠的电气连接。这样可以减小或避免上述设备工作时可能受到的干扰，提高其工作的可靠性。

二、船舶电气接地工艺要求

1. 接地设备的范围

（1）根据我国钢质海船规范的要求，额定工作电压交流≥50 V、直流≥50 V的电气设备的金属外壳应进行保护接地。

（2）船舶上的通信、导航设备的外壳，与之有关的电源、信号电缆的金属护套以及露天甲板上电缆的金属护套均应进行抗干扰接地。

（3）有电火花干扰的电气设备外壳及与之相关电缆的金属护套均应进行抗干扰接地。

（4）装有设备的钢质或木质桅杆应采用可靠接地的避雷针来进行防雷保护；对于油船上可能产生静电的装置，也应进行可靠的防静电接地。

2. 接地的工艺要求

（1）无论何种接地形式，接地线均应接到船体永久性钢质构件或与船体相焊接的基座、支架上，也可接到已可靠接地的设备的金属外壳或填料函上。接地电阻应不大于0.02 Ω。

（2）所有接地装置或器件的接触面均应刮掉油漆或锈斑，露出金属光泽，并使光泽面平贴，以保证接触良好。

（3）利用底脚接地的电气设备，应在其底脚与支架或基座之间垫以厚度不小于0.5 mm、面积略大于接触面的锡箔垫。

（4）接在接线柱上的专用接地导体，其铜接头的两侧应垫镀锡铜垫圈。

(5)所有接地装置的紧固要牢固可靠,并应设有弹簧垫圈或锁紧螺母,以防止松动。

(6)在接地装置紧固之后,应该随即在接地导体的四周涂上防锈漆进行封闭,以防止其导电接触面氧化生锈。

(7)采用设备底脚接地时,对于四个或四个以上底脚的设备,应取对角两脚接地;对于三个或三个以下底脚的设备,则可任选一脚接地。

(8)工作接地线的长度应尽量短,勿使用裸线;工作接地不能与保护接地共用接地线和接地螺钉。

(9)凡是具有电源插头的设备,均应采用插头的接地极进行接地。

(10)接地点要选择在便于检修、不易受到机械损伤和油水等浸渍的地方,但绝不允许固定在船壳板上。

(11)接地导体可选用不低于紫铜导电性能的材料,成束电缆如采用公共接地导体接地,则截面积按该束电缆中最大载流导体的截面积选取。专用接地导体截面积可按表 5-1-1 来选择。

表 5-1-1　电气设备接地导体截面积的规定

设备电源线截面积 S/mm^2	接地导体的最小截面积 Q/mm^2
$S \leqslant 2.5$	$Q=S$,且 $Q \geqslant 1.5$
$1.5<S \leqslant 120$	$Q=0.5S$,且 $Q \geqslant 4$
$S>120$	$Q=70$

(12)避雷针应以直径不小于 12 mm 的铜杆或直径不小于 25 mm 的铁杆制成,亦可选择截面积不小于 70 mm^2 的铜排或截面积不小于 100 mm 的铁条,其表面应镀锡或镀锌。

(13)避雷针的安装高度应至少高出桅顶或桅顶上的电气设备 300 mm 以上。

(14)钢桅上的避雷针应直接焊到桅杆上,而木桅上的避雷针所选的铜排或铁条应与船体做可靠的电气连接,且应尽量敷成直线。

(15)船舶上的活络桅杆与船体结构之间应有可靠的电气连接,其连接软铜线的截面积应不小于 70 mm。

(16)油船上的桅索等可能产生静电的装置应与船体结构有可靠的电气连接。

(17)油船上所有金属活动件(如钢质门窗、舱口盖及扶梯等连接处)之间及油气、水管的法兰连接处均应有可靠的电气连接。

(18)油船上的桅索或金属活动件接地时,其接地电缆的截面积应不小于 16 mm^2。

(19)对于经过无线电室的金属管道内的电缆,应在其进、出无线电室处进行可靠接地,以防止无线电干扰的引入和引出。

(20)对于无线电设备分电箱、无线电助航仪器分电箱、无线电室内的电气设备、滤波器的金属外壳、电缆的金属护套及敷设电缆的金属管道等,均应进行可靠接地,其电缆至少应在两端可靠接地。

(21)电缆的金属护套一般均应在两端做有效接地;但在安全区域里,最后分支电缆的金属护套，允许仅在靠近电源一端做可靠接地。

(22)对于本质安全(控制和仪表信号)电缆，可以依据设备技术说明书的要求，若一端接地较为有效时，则无须两端接地。

(23)接地点的位置应选择在便于检修、维护，并保证接地线本身不易受到机械损伤和腐蚀的部位。

(24)铅护套电缆不得用铅护套作为接地的唯一措施，应另设导体接地。单芯电缆只准在一端接地。

(25)所有电缆的金属护套，在其全长上应保证其导电的连续性。

(26)电缆接地的导体截面积见表 5-1-2。

表 5-1-2　电缆接地导体截面积的规定

电缆截面积 S/mm^2	接地导体的最小截面积 Q/mm^2
$S\leqslant 16$	$Q=S$，且 $Q\geqslant 1.5$
$16<S\leqslant 120$	$Q=0.5S$，且 $Q\geqslant 16$
$S>120$	$Q=70$

三、认识船舶电气接地件

根据标准《船舶电缆敷设和电气设备安装附件 接地件》(CB/T 3667.3—1995)中规定，船舶电气接地件主要包括跨接片、接地板和夹箍。

1. 跨接片

跨接片结构如图 5-1-2 所示，其材料为 T2 纯铜片，表面镀锡，镀层厚度为 20~30 μm。型号及尺寸见表 5-1-3。

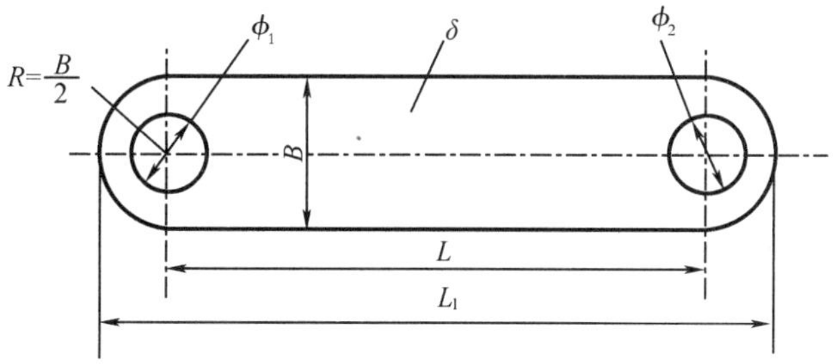

图 5-1-2　跨接片结构

表 5-1-3　跨接片尺寸

型号	L/mm	L_1/mm	B/mm	δ/mm	ϕ_1/mm	ϕ_2/mm	配用减振器型号	质量/(kg/1 000 个)
KP-70×15	70	85	15	0.2	7	5	B-1、B-2、B-3	2.1
KP-80×15	80	95	15	0.2	9	7	E-10、E-15、E-25	2.3
KP-100×15	100	115	15	0.2	9	7	B-4、B-6、B-10、B-120	2.8

表 5-1-3(续)

型号	L/mm	L_1/mm	B/mm	δ/mm	ϕ_1/mm	ϕ_2/mm	配用减振器型号	质量/(kg/1 000 个)
KP-100×25	100	125	25	0.2	13	9	E-40、E-60	5.0
KP-120×30	120	150	30	0.2	13	9	B-25、B-85	7.2
KP-140×35	140	175	35	0.5	19	13	E-120、E-160	24.2
KP-150×40	150	190	50	0.5	25	15	E-220、E-300	29.3
KP-160×50	160	210	50	0.5	28	17	E-400	40.6

2. 接地板

接地板结构如图 5-1-3 所示,型号及尺寸见表 5-1-4。接地板材料为普通碳素钢板 Q235A。

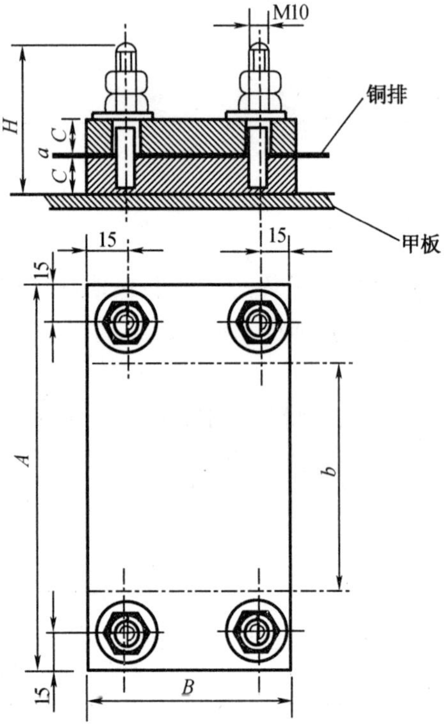

图 5-1-3　接地板结构(单位:mm)

表 5-1-4　接地板尺寸

型号	a/mm	b/mm	A/mm	B/mm	C/mm	H/mm	质量/kg	适用范围
JB-50	0.5	50	110	80	12	40	1.7	功率 50 W 及 50 W 以下的发信机
JB-100	0.5	100	170	100	16	50	4.3	功率 500 W 以下的发信机
JB-150	0.5	150	220	120	18	55	3.3	功率 500 W 以上及 1 000 W 的发信机
JB-200	0.5	200	270	120	20	60	14.0	功率 1 000 W 以上的发信机

3. 夹箍

夹箍结构如图 5-1-4 所示，型号及尺寸见表 5-1-5。其材料为不经退火的纯铜 T2。

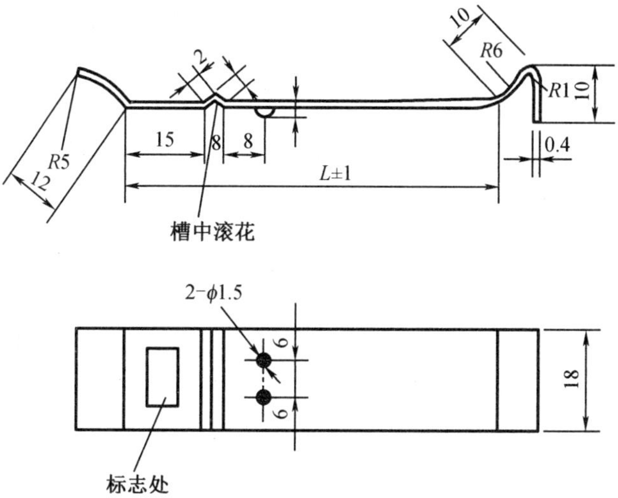

图 5-1-4　夹箍结构(单位:mm)

表 5-1-5　夹箍尺寸

型号	夹箍有效长度 L/mm	适用电缆外径		标志
		公称外径/mm	范围/mm	
JK-10	31	10	9.5~11.4	10
JK-12	38	12	11.5~13.4	12
JK-14	44	14	13.5~15.4	14
JK-16	50	16	15.5~17.4	16
JK-18	57	18	17.5~19.4	18
JK-20	63	20	19.5~21.4	20
JK-22	69	22	21.5~23.4	22
JK-24	75	24	23.5~27.4	24
JK-26	82	26	25.5~27.4	26
JK-28	88	28	27.5~29.4	28
JK-30	94	30	29.5~31.4	30
JK-32	101	32	31.5~33.4	32
JK-34	107	34	33.5~35.4	34
JK-36	113	36	35.5~37.4	36
JK-38	119	38	37.5~39.4	38
JK-40	126	40	39.5~41.4	40
JK-42	132	42	41.5~43.4	42
JK-44	138	44	43.5~45.4	44
JK-46	145	46	45.5~47.4	46

表 5-1-5(续)

型号	夹箍有效长度 L/mm	适用电缆外径		标志
		公称外径/mm	范围/mm	
JK-48	151	48	47.5~49.4	48
JK-50	157	50	49.5~51.4	50
JK-52	163	52	51.5~53.4	52
JK-54	170	54	53.5~55.4	54
JK-56	176	56	55.5~57.4	56
JK-58	182	58	57.5~59.4	58

如上所述,船舶电气 EMC 作业通常包括船舶电气设备和船舶电缆接地,并按照一定的要求和工艺规范实施,从而使得电气设备不仅可以正常工作,同时也不会对其他设备产生干扰和影响。

任务实施

任务名称:船舶接地件的认识

一、目的

1. 正确区分船舶接地类型。
2. 正确识别船舶接地件的形式。

二、实训条件准备

某区域内设备及电缆接地完好。

三、项目内容及要求

首先根据现场情况识别接地类型,然后对采用的接地件进行识别,认知考核表见表 5-1-6。

表 5-1-6　船舶接地件认知考核表

任务	考核内容及要求
船舶接地件的识别	1. 对船舶接地类型进行分类。 2. 对船舶接地件进行区分: (1)跨接片; (2)接地板; (3)夹箍

四、项目评价

船舶电气接地件认知考核表见表 5-1-7。

表 5-1-7　船舶接地件认知考核表

<table>
<tr><td colspan="6">任务编号:　　　　　　　　　　组号:　　　　　姓名:　　　　　总分:</td></tr>
<tr><td>考核任务</td><td>考核内容</td><td>分值</td><td>评分标准</td><td>得分</td><td>备注</td></tr>
<tr><td>船舶接地件认知</td><td>任选 10 处,对实训室设备及电缆接地件进行识别,每错一处扣 1 分</td><td>20 分</td><td>1. 接地类型分析错误,每错一处扣 1 分;
2. 接地件识别错误,每错一处扣 1 分</td><td></td><td></td></tr>
</table>

任务二　船舶电气设备接地作业

任务描述

从前面的学习我们可以知道,船舶电气设备需要进行接地以及接地中应满足的工艺要求,那么船舶电气设备接地应采取什么样的接地方式呢? 通过本任务的学习,希望大家可以回答这个问题。

微课　电气设备接地装置安装

相关知识

微课　船舶电气设备接地

一、船舶电气设备的接地方法

船舶电气设备分布于船舶各个舱室,其安装环境、安装方式以及电磁兼容性的要求均不相同,那么对于不同的设备应采取不同的接地方式。

1. 专用接地线的接地方式

专用接地线的接地方式主要用于接地要求较高、接地难以处理或安装在绝缘座上的设备的接地方式,连接方式如图 5-2-1 所示。

如图所示其中图 5-2-1(a)(b)分别表示安装在具有木作绝缘舱室和钢质舱壁上电气设备的接地形式,其采用了专用导体接地即需要另外准备一根专用的接地导体将设备与船体结构进行连接。专用导线的一端与设备本体或者设备基座通过锡箔垫进行螺栓连接固定,另外一端与船体进行连接固定,其固定方式如图 5-2-2 所示。

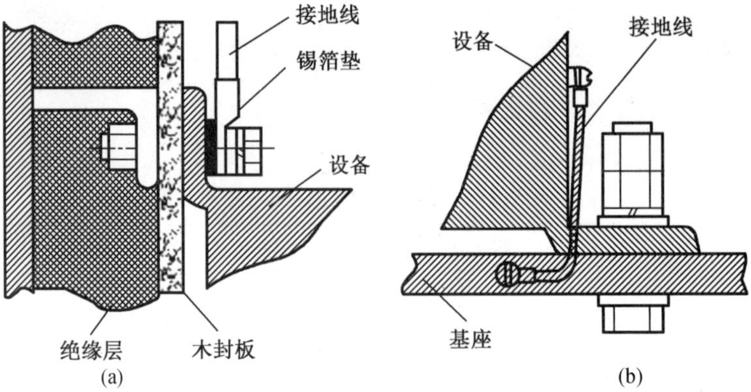

图 5-2-1　专用接地线用于设备的连接

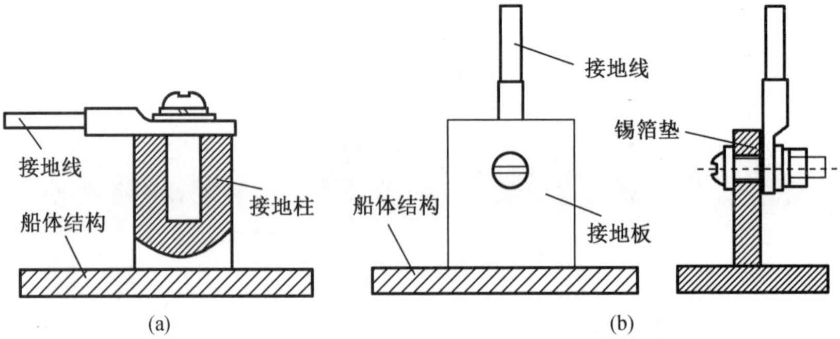

图 5-2-2　专用接地线与船体结构的连接

从图 5-2-2 中可以看出,与船体的连接一般是通过接地柱或接地板这类接地件进行过渡,进而连接到船体结构上的。

2. 木封板上用长条铜皮进行接地

对于安装在具有木作绝缘的起居处所的电气设备,还可以采用长条铜皮进行接地,其接地形式如图 5-2-3 所示。

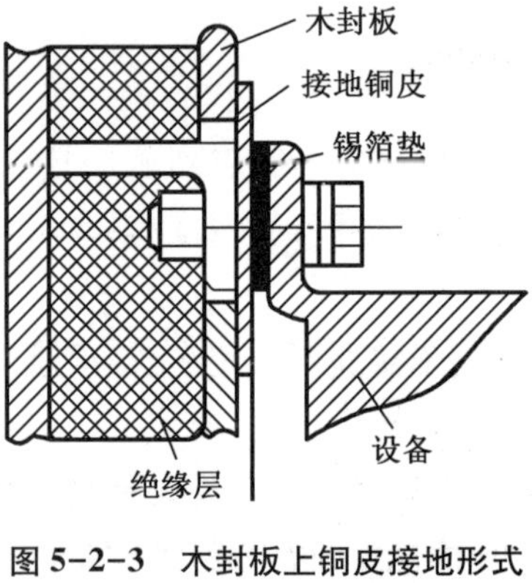

图 5-2-3　木封板上铜皮接地形式

从图 5-2-3 中可以看出,安装电气设备的基座与船体结构进行焊接固定,并位于木封板内,设备与基座相连进而连接至船体结构。长条铜皮一端与设备底脚相连并加上了锡箔垫，另外一端与船体结构相连，实现设备的可靠接地。

3. 利用设备底脚与底座间的连接进行接地

对于安装在钢质舱壁的电气设备可以采用通过设备基座与船体连接的方式实现接地，其连接形式如图 5-2-4 所示。

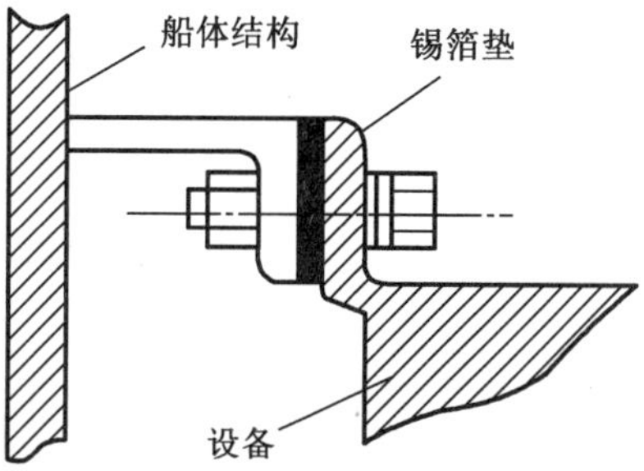

图 5-2-4　设备底脚与基座连接进行接地

从图 5-2-4 中可以看出，安装在钢质舱壁的电气设备，由于设备固定在基座上，而基座又是与船体进行焊接，因此可实现设备的接地，需要注意的是设备和基座之间为了增加接触面积保证接触良好，仍然需要增加锡箔垫。

4. 利用固定螺栓接地

对于有些安装在具有木作绝缘的舱室的电气设备，由于木作绝缘厚度的限制无法安装设备基座。此时为了实现电气设备的接地，可通过固定螺栓来实现，如图 5-2-5 所示。

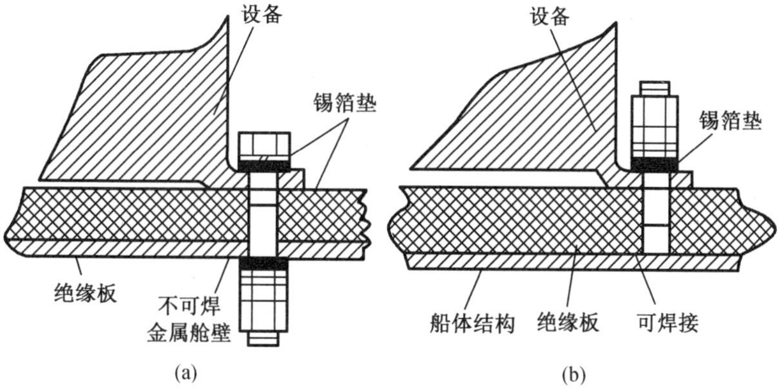

图 5-2-5　利用固定螺栓接地

如图 5-2-5 所示，绝缘板厚度较小无法安装设备基座，因此设备通过螺栓穿过绝缘板固定在船体结构上。这种接地方式以固定螺栓未接地线，将其中一端连接至船体结构上，另外一端与设备通过锡箔垫进行固定。需要注意的是，对于无法进行焊接的舱壁，螺钉两端均应垫上锡箔垫，以保证可靠接地。

5. 利用减振器接地

对于安装在机舱的电气设备，容易受到其他设备运行时产生的振动影响，因此安装时需通过减振器进行连接。因此这类设备的接地形式如图 5-2-6 所示。

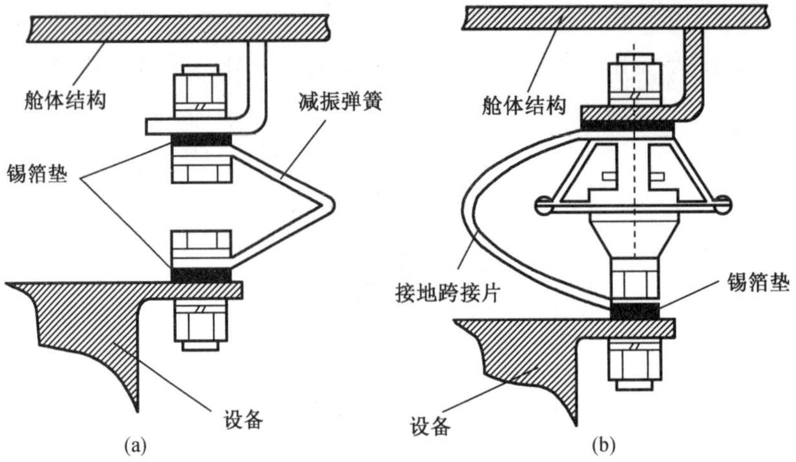

图 5-2-6　利用减振器接地

由于减振弹簧本身为金属,因此设备可通过减振与基座相连,并在连接处仍需加上锡箔垫;基座与船体结构焊接从而实现设备的可靠接地。

通过以上接地方式可以看出,船体结构即为"大地",电气设备接地的主要宗旨就是将设备与钢质船舶舱壁相连。其可以通过多种方式,可以是专用导线,也可以是设备机座、固定螺栓、减振器等金属构件,并通过锡箔垫实现电气设备的可靠接地。

二、典型电气设备的接地形式

除了设备不超过交流 50 V 和直流 50 V 不需要接地以外,所有电气设备非载流的金属部件均需要接到船体实现可靠接地,接地方式可以根据情况采用特殊垫片或接地元件连接。船舶电气设备主要包括配电板、控制台、分电箱等多种配电设备,还有电动机、照明设备、插座等小型用电负载。它们分别安装在不同的区域,对于这类电气设备的接地其接地方式需以与船体结构牢固连接为宗旨进行灵活选择,下面对每类设备的接地方式进行了总结,见表 5-2-1。

表 5-2-1　电气设备接地应用

接地方式	电气设备	保护接地形式
用专用接地导体接地	—主配电板 —应急配电板 —集控台 —驾控台 —货控台或压载控制台(每屏必须单独接地)	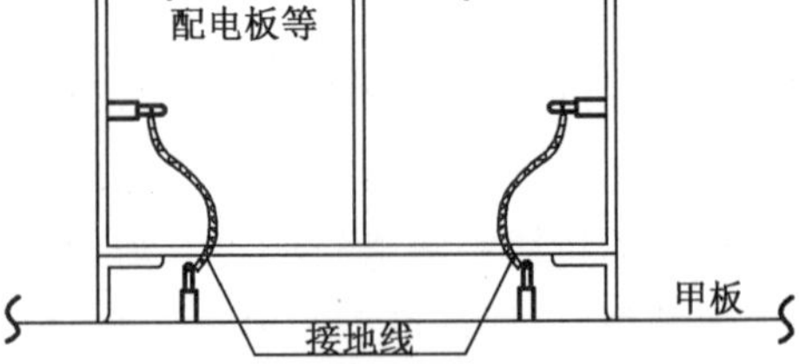

表 5-2-1(续 1)

接地方式	电气设备	保护接地形式
用专用接地导体接地	—电控箱(辅机控制箱、锅炉控制箱、阴极保护装置等) —电力分电箱 —照明分电箱 —单个启动箱	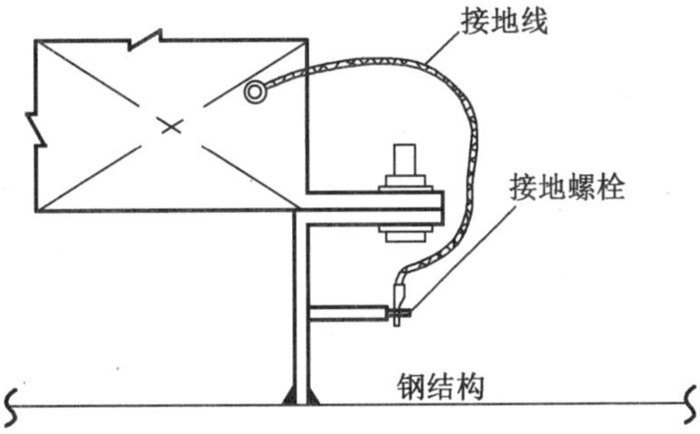
	—发电机 —电动机 —变压器	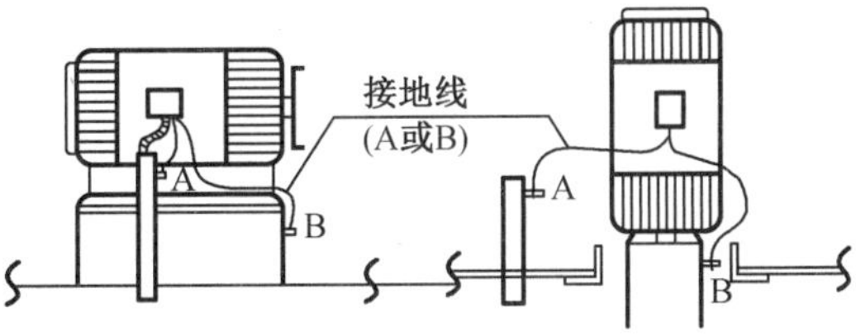
	安装在露天或危险区域的设备接地	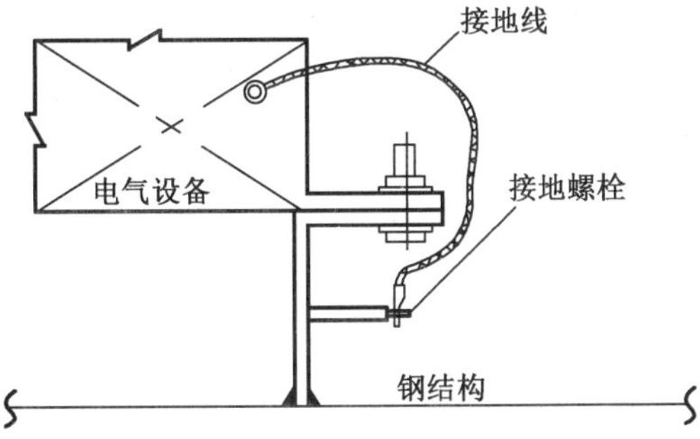
	带橡皮减振器或木垫上的设备的接地	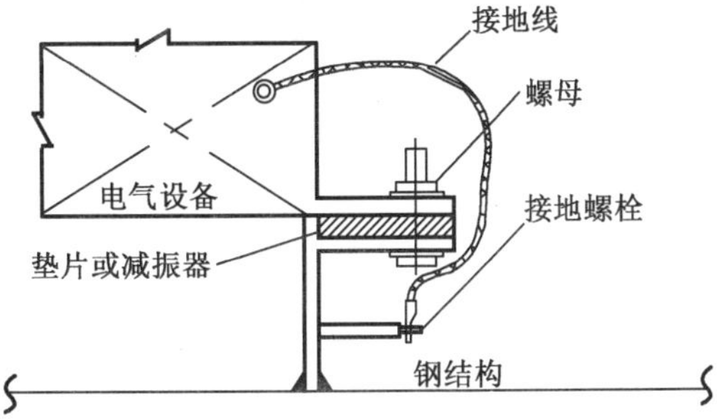

表 5-2-1(续 2)

接地方式	电气设备	保护接地形式
用专用接地导体接地	安装在岩棉板或木作上的设备接地	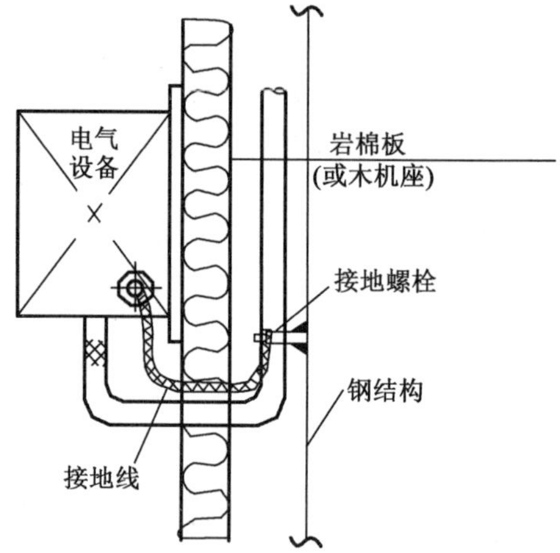
用电缆芯线连续接地（二芯+接地芯）	照明设备(仅适用于上建)	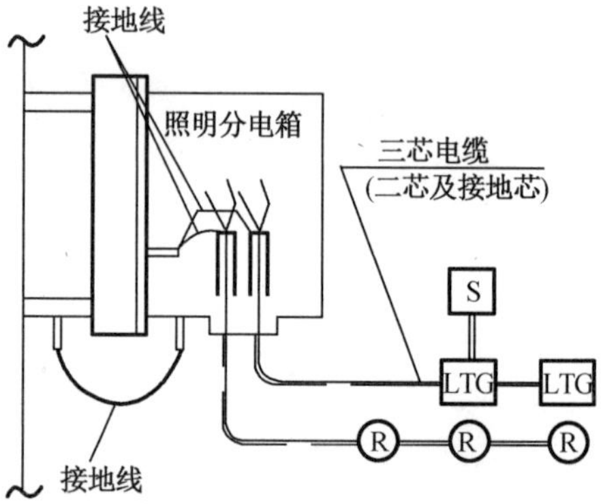
	安装在岩棉板或木作上的设备(仅适用于照明分支回路)	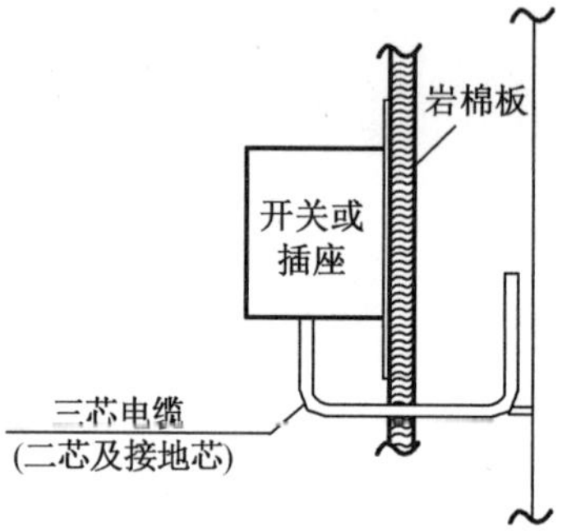
用锡箔或梅花垫片接地	安装在可靠接地的基座或支架上的设备接地	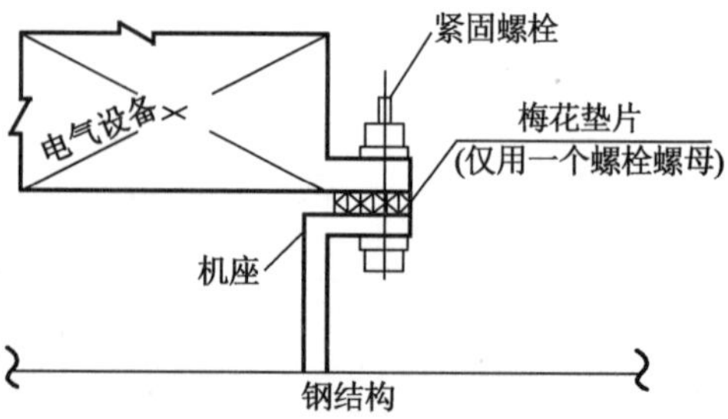

其中梅花垫片的结构如图 5-2-7 所示,尺寸见表 5-2-2。

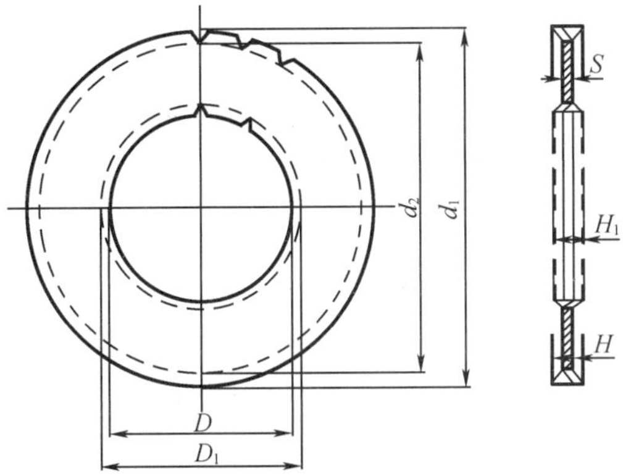

图 5-2-7　梅花垫片的结构

表 5-2-2　梅花垫片的尺寸

d	D/mm	D_1/mm	d_1/mm	d_2/mm	S/mm	H/mm	H_1/mm	齿数/个	
								内齿	内齿
3	3.2	5	14	11.2	0.3	1.9	1.2	6	14
4	4.2	6.4	17	14	0.5	2.2	1.5	7	16
5	5.2	7.5	19	16	0.7	2.3	1.7	8	18
6	6.2	8.7	22	18.6	0.7	2.5	1.8	9	
8	8.2	11	24	20.6	0.8	2.9	2.2	10	20
10	10.2	13.5	27	23.6	1.2	3.1	2.6	11	22

任务实施

任务名称:船舶电气设备接地

一、目的

1. 掌握船舶电气设备接地工艺要求和方法。
2. 实际完成船舶电气设备接地。

二、实训条件准备

1. 材料与工具准备。
2. 接地工艺文件。
3. 检测设备。

三、项目内容及要求

根据任务表5-2-3进行电气设备接地。

表5-2-3　船舶电气设备接地

任务	考核内容及要求
船舶电气设备接地	1. 机舱区域 (1)配电板电气接地; (2)发电机接地; (3)动力分电箱接地。 2. 居住舱 (1)开关插座接线盒; (2)厨房设备。 3. 驾驶室 (1)航行设备; (2)通信设备; (3)驾驶室顶部的探照灯等

四、项目评价

根据所学知识结构,确定船舶电气设备接地工艺和接地方式,评分表见表5-2-4。

表5-2-4　船舶电气设备接地评分表

任务编号:		组号:	姓名:　　总分:		
考核任务	考核内容	分值	评分标准	得分	备注
船舶电气设备接地	遵循船舶电气设备接地工艺要求,完成部分设备的接地施工,并进行检查,不少于10处	20分	1. 接地方式错误,扣1分; 2. 接地设备和接触面未垫锡箔垫,扣1分; 3. 接地电阻超过固定值,扣1分; 4. 螺母松动,扣1分; 5. 对于无线电及易受干扰的设备未接地,扣1分; 6. 露天设备未接地,扣1分		

任务三　船舶电缆接地作业

任务描述

微课　船舶电缆接地

船舶 EMC 作业是一个综合工程,其不仅包括船舶电气设备接地,同样也包括船舶电缆接地,本任务将重点介绍船舶电缆接地的常用方式以及常用船舶电缆接地的典型应用,希望通过本任务的学习,大家可以对船舶电缆接地有一个完整的认识。

相关知识

一、船舶电缆接地方式

与船舶电气设备接地一样,船舶电缆接地同样是将电缆金属护套与船体结构相连,从而增强电气系统的抗干扰能力。其主要接地方式有 5 种。

1. 金属夹箍接地

对于外护套为金属铠装层的多根船用电缆接地,可以采用金属夹箍的方式,其接地方式如图 5-3-1 所示。

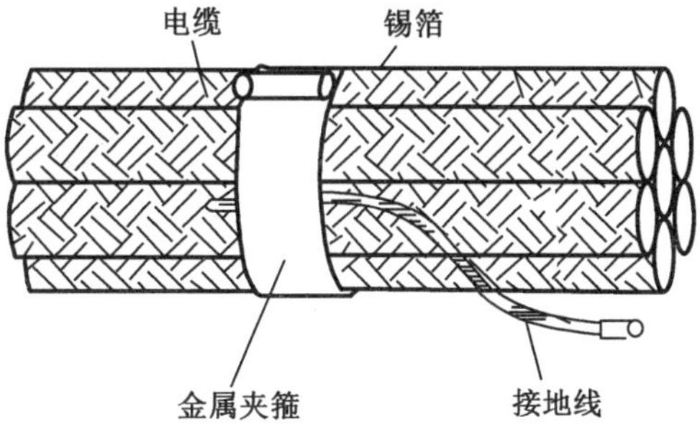

图 5-3-1　金属夹箍接地

由于电缆外护套为金属,因此可以将电缆外包裹几层锡箔后引出一根接地线,然后用金属夹箍将锡箔和接地线与电缆铠装层进行固定,然后将接地线与船体结构相连即可。

2. 金属护套接地

对于单根外护套为金属铠装层的船用电缆接地,可以采用电缆金属护套单独接地的形式,如图 5-3-2 所示。

如图所示,单根电缆接地时可以将电缆的金属护套剥离,编织成辫子并安装上接地端头与船体结构进行连接，在编织过程中，不可使之断线。

3. 填料函螺母压紧方法接地

对于防水电气设备其进线处通常有填料函，此时则可以通过填料函实现电缆接地，其接地方式如图 5-3-3 所示。

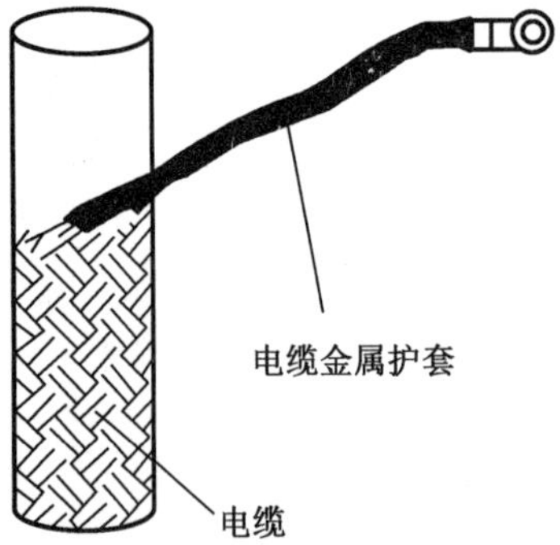

图 5-3-2 电缆金属护套接地

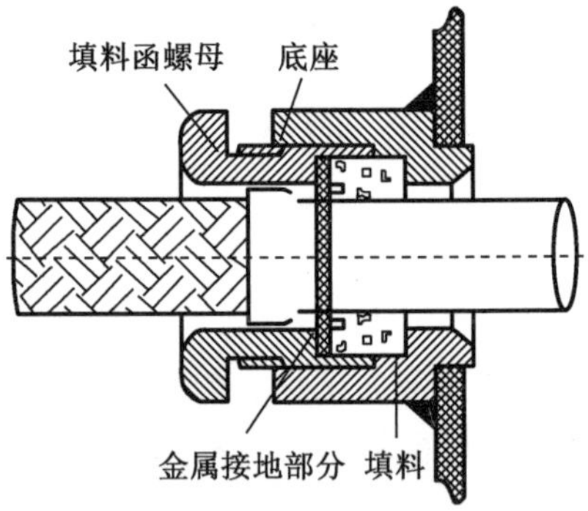

图 5-3-3 填料函式电缆接地

如图所示单根电缆通过填料函时，将电缆铠装层与填料函的压紧螺母进行连接，然后通过填料函与设备连接，设备与船体连接，从而实现电缆铠装层的接地。

4. 通过电缆卡板或电缆紧钩接地

对于敷设在电缆组合支架和电缆紧钩上的多根电缆，可以通过与电缆支承件连接，进而与船体结构连接实现接地的方式，其形式如图 5-3-4 所示，这种连接形式较为方便。

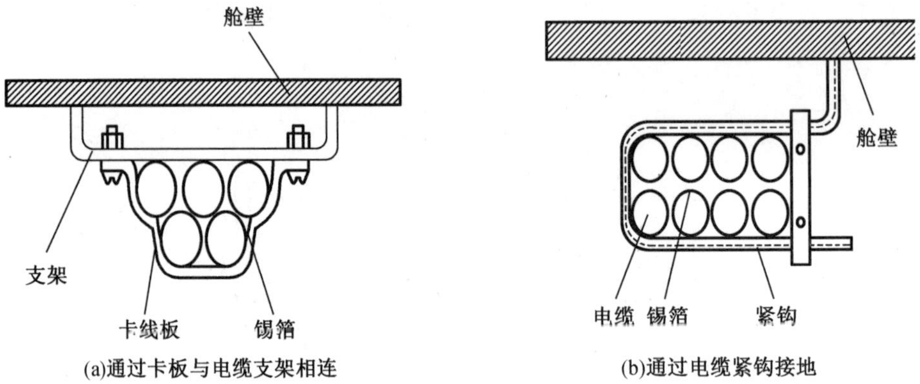

(a)通过卡板与电缆支架相连　　(b)通过电缆紧钩接地

图 5-3-4 电缆支架上的多根电缆接地

在进行电缆接地时，需在电缆束的层间及外围绕包 3~5 层锡箔，并收紧电缆紧固件，压紧电缆束，并在接地体周围涂防锈漆，以防止生锈。

二、船舶电缆保护接地应用

船舶电缆接地的方式很多，对于不同的电缆、不同的环境需要进行灵活的选择和使用，表 5-3-1 列举了几种常用的电缆接地形式。

表 5-3-1　船用电缆接地

电缆	接地方式	保护接地形式
铠装电缆	进设备电缆接地（利用电缆扎带接地）	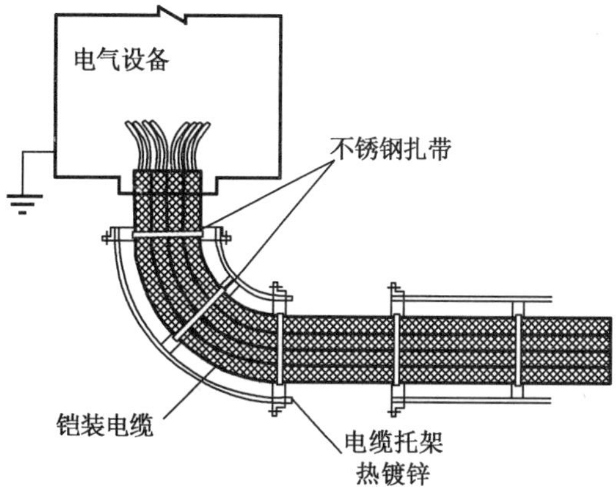
带 PVC 护套铠装电缆	进设备电缆接地（电缆用电缆金属编织护套编成辫子接地）	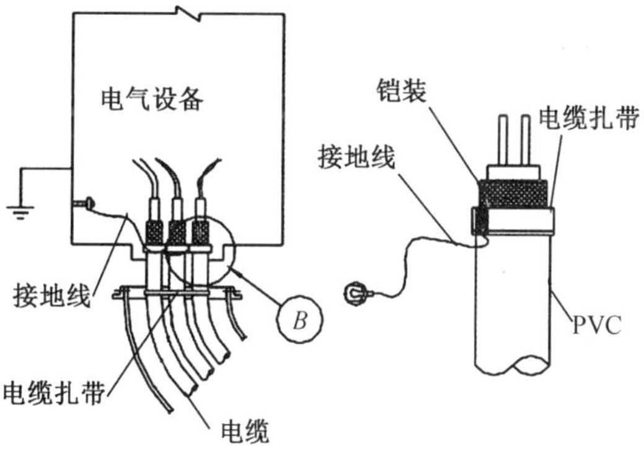
带 PVC 护套铠装电缆	用专用接地填料函接地	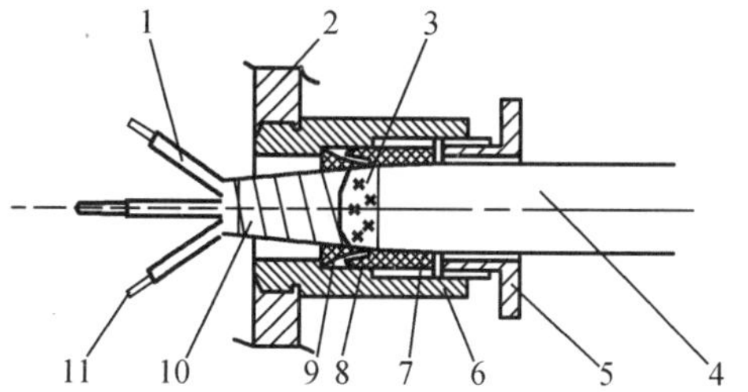 1—电缆芯线绝缘；2—设备箱壁；3—电缆金属编织护套；4—电缆；5—电缆接地填料函；6—平垫圈；7—橡皮圈；8—接地外锥圈；9—接地内锥圈；10—聚氯乙烯胶带；11—电缆芯线

表 5-3-1(续)

电缆	接地方式	保护接地形式
带 PVC 护套铠装电缆	进控制(启动)箱的电缆用金属夹箍接地	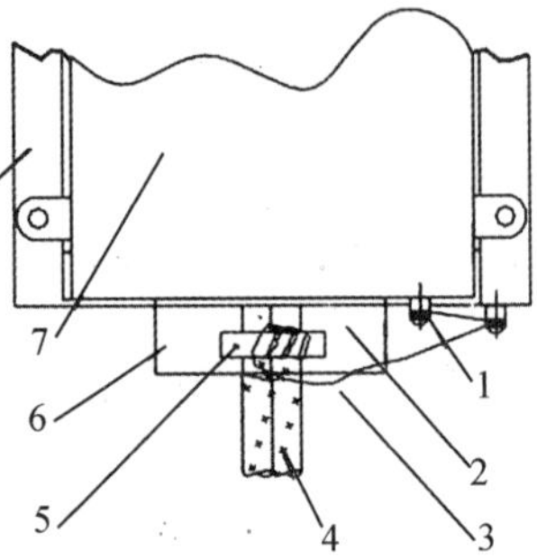 1—设备基座接地柱;2—设备接地柱;3—专用接地导体(与电缆间衬锡箔);4—金属铠装电缆;5—金属夹箍(不锈钢扎带);6—托线板;7—控制(启动)箱;8—设备基座
带 PVC 护套铠装电缆进配电控制柜的电缆接地	进配电控制柜的电缆接地	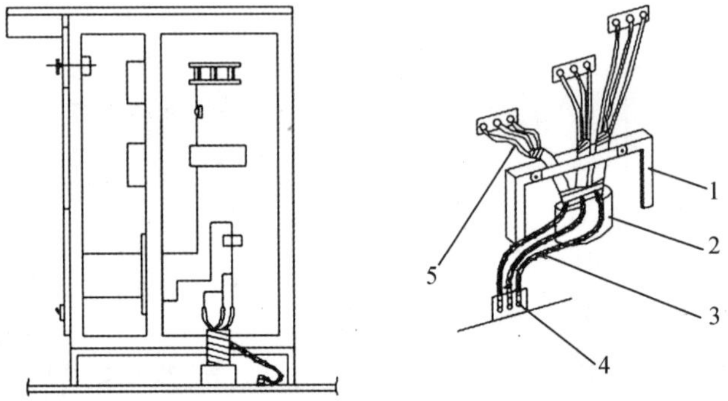 1—电缆托架;2—电缆筒;3—金属编织护套(接地);4—接地柱;5—电缆芯线

对于电气电缆的接地的位置,应在电缆两端进行有效接地,除非末端分支电路仅在供电端接地,如图 5-3-5 所示。

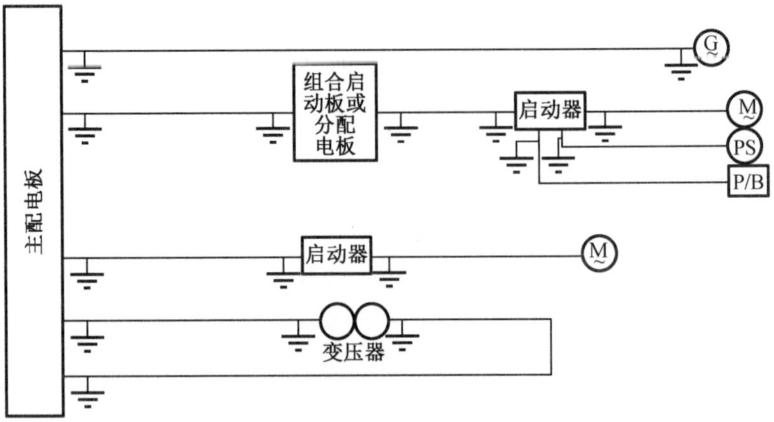

图 5-3-5 金属护套电缆接地位置

任务实施

任务名称:船舶电缆接地

一、目的

1. 掌握船舶电缆接地工艺要求和方法。
2. 实际完成船舶电缆接地。

二、实训条件准备

1. 材料与工具准备。
2. 接地工艺文件。
3. 检测设备。

三、项目内容及要求

根据任务表 5-3-2 进行船舶电缆接地。

表 5-3-2　船舶电缆接地

任务	考核内容及要求
船舶电缆接地	1. 进非水密设备的多根金属铠装电缆接地; 2. 进非水密设备的带 PVC 护套的铠装电缆接地; 3. 通过填料函进设备的带 PVC 护套的铠装电缆接地; 4. 进配电柜的带 PVC 护套的铠装电缆接地

四、项目评价

根据所学知识结构,确定船舶电缆接地工艺和接地方式,评分表见表 5-3-3。

表 5-3-3　船舶电缆接地评分表

<table>
<tr><td colspan="6">任务编号:　　　　组号:　　　　姓名:　　　　总分:</td></tr>
<tr><td>考核任务</td><td>考核内容</td><td>分值</td><td>评分标准</td><td>得分</td><td>备注</td></tr>
<tr><td>船舶电缆接地</td><td>遵循船舶电缆接地工艺要求,完成部分设备的进线电缆接地施工,并进行检查,不少于 10 处</td><td>20 分</td><td>1. 接地方式错误,扣 1 分;
2. 接地端头和接触面未垫锡箔垫,扣 1 分;
3. 接地电阻超过固定值,扣 1 分;
4. 螺母松动,扣 1 分;
5. 电缆无两端接地,扣 1 分;
6. 接地线过长,扣 1 分;
7. 接地线无护套,扣 1 分</td><td></td><td></td></tr>
</table>